Ulrich Schmidt

Lesen, erschließen, verstehen

Interpretation - Wege zum Verständnis und zur Anwendung eines wunderschönen Handwerks

© 2020 Ulrich Schmidt
Verlag & Druck: tredition GmbH,
Halenreie 40-44,
22359 Hamburg

Coverbild: Ulrich Schmidt

ISBN

978-3-347-17896-0 (Paperback)
978-3-347-17897-7 (Hardcover)
978-3-347-17898-4 (e-Book)

Inhaltsverzeichnis

Einleitung

Einleitung

Als bibliophiler Mensch habe ich in meinem Leben naturgemäß viele Bücher gelesen, um nicht zu sagen: in mich eingesogen, und bin dabei zumeist meinem ebenso intuitiven wie subjektiven Verständnis gefolgt. Als Deutschlehrer habe ich dann mein Hobby zum Beruf gemacht und auch in dieser Lebensphase eine große Zahl von Texten für und mit meine/n Schülern gelesen und interpretierend erarbeitet.

Was also lag nach meiner Pensionierung näher, als auch für diesen neuen Lebensabschnitt meine Leidenschaft für das geschriebene Wort zum Gegenstand meiner Beschäftigung zu machen. Als neue Herausforderung diente nun aber das Vorhaben, nicht nur lesend mit Texten umzugehen, sondern mögliche Wege des Verstehens auch erklärend darzustellen und an andere Leser weiter zu reichen.

Menschen, die eine emotionale Nähe zur Vielschichtigkeit von Sprache und Literatur mitbringen, fällt es sicher leichter, *intuitiv* zu einem Verständnis von Texten zu gelangen.

Aber - und hierin liegen Grundgedanke und Zielsetzung all meiner Ausführungen - die Fähigkeit, zu einem intersubjektiven Verständnis von Texten zu kommen, muss nicht wenigen Begabten oder Privilegierten vorbehalten bleiben. Denn diese Fähigkeit basiert nicht auf einem ausschließlich exklusiven, weil angeborenen, sondern auch auf einem durchaus erlernbaren Sprachbewusstsein.

Meine Ausführungen mögen dazu dienen, die dafür notwendigen Techniken und Fertigkeiten exemplarisch aufzuzeigen.

1   Vorbemerkungen

1.1   Verstehendes Lesen

Lesen als Freizeitbeschäftigung

Sicher sind Gedichte, Theaterstücke und Romane für jeden Leser heute zunächst einmal (nur) *ein* Teil unserer Freizeitkultur. Buchhandlungen und Bibliotheken bieten dem Leser eine schier unendlich erscheinende Fülle an Literatur. Wir selbst sind es, die uns durch Titel, Titelbilder, Klappentexte, Rezensionen oder auch Filme inspirieren lassen, ganz bestimmte Bücher aus der riesigen Auswahl herauszugreifen. Und wenn wir gern lesen, ist die Welt, die der Autor durch seine Worte vor unserem inneren Auge entstehen lässt, für uns ein Rückzugsort der Entspannung und Entlastung vom Alltag. Natürlich muss niemand   rational interpretierend an ein solches Stück Literatur herangehen - aber dennoch interpretieren wir bereits, sobald die Worte des Verfassers in uns Bilder und Phantasien auslösen. Intuitiv haben wir die Formulierungen des Verfassers in Bilder übersetzt, weil das im Text Gesagte in uns - und nur in uns - genau diese und keine anderen Bilder hervorgerufen hat. Wir haben im Lesevorgang ein subjektives Verständnis des Geschriebenen entwickelt, ein Verständnis, das uns den gelesenen Text als mehr oder weniger reizvoll und lesenswert erscheinen lässt - und die Bedeutung des Wortes interpretieren besteht ja insbesondere darin:
Die sprachlich gefasste Gedankenwelt eines anderen Menschen verstehend zu erschließen.

Lesen in der Schule

Im scheinbaren Kontrast dazu steht das, was viele Schüler als Interpretation in ihrer Schulzeit kennengelernt haben. Denn hier ist man in der Regel nicht der autonom seinen Gegenstand auswählende Leser, der selbst entscheidet, was er zur Hand nimmt und liest, hier wird ein Kanon oder eine Obligatorik abgearbeitet, die dem Schüler - wie zumeist auch dem Lehrer - vorgegeben ist. Nicht das, was einem selbst als Leser nahe ist, soll also in den Blick genommen werden, sondern Werke, die anderen Lesern zu früheren Zeiten gefallen, die sie für gut befunden haben. Während wir zudem als privater Leser das Lesen als einen mit Ruhe und Zeit verbundenen, rein konsumierenden, auf individuelles Verstehen ausgerichteten Vorgang betrachten und schätzen, stellt Lesen und Interpretieren in der Schule eine zu leistende *Arbeit* dar, die uns nicht nur abverlangt zu erklären, wie wir ein literarisches Werk verstanden haben, sondern auch, woran wir denn unser Verständnis festmachen, also quasi beweisen können.

Schulisches Interpretieren strebt also ein verobjektiviertes Verständnis an. Außerdem fungieren jedes literarische Werk ebenso wie jeder in der Schule behandelte Sachtext als Beispiele für viele andere, mit deren Hilfe die Sprach- und Verstehenskompetenz der Schüler zu erweitern ist. Zudem ist diese Erstellung eines Verstehensproduktes in den Stundentakt eines Unterrichtsvormittags gepresst und wird dann auch noch kriteriengeleitet beurteilt.

Die gerade genannten Faktoren - keine eigene Auswahl, keine Zeit, kein subjektives, sondern intersubjektives Verstehen, nicht Lust, sondern Last - tragen dann dazu bei, dass der dergestalt zur Interpretation genötigte Leser - nicht nur bei älteren Texten mit nicht mehr verstandenen Ausdrücken - zum Blockieren neigt und so einen Verstehensprozess gar nicht erst zulässt. Von daher kennt jeder, der sich schon einmal als Schüler oder Student mit der Interpretation von Texten zu beschäftigen hatte, den Gedanken: Interpretieren kann man entweder oder nicht! Die durchaus gefährliche Folge solcher Frustration: Viele derart lese-sozialisierte Menschen meiden im weiteren Verlauf ihres Lebens, wo immer möglich, ihre in der Schule erworbene Lesefähigkeit. Die zwangsläufige Folge: Die schon erworbenen, aber kaum noch genutzten Lese- und Verstehenskompetenzen werden geringer und in Situationen, in denen das Lesen unvermeidbar ist, können sich kaum überwindbare Hürden auftun.

Lesen als unverzichtbare Kompetenz

Dennoch ist das Lesen - und damit selbstverständlich einhergehend: das Verständnis des Gelesenen - keine nur in der Schule geforderte Kompetenz. Lese- und Verstehensanforderungen stellen sich uns immer wieder in allen Bereichen unseres Lebens. In all den im Privat- wie im Berufsleben zur Kenntnis zu nehmenden Texten geht es zumeist nicht um ein Lese-Vergnügen, sondern eher um ein eindeutiges Verstehen, d.h. also um ein sachangemessenes Interpretieren des Gelesenen.

Texte im Alltag dienen dann sicher in erster Linie dazu, z.B. in beruflichen Zusammenhängen Fachwissen oder fachlich und situativ angemessene Techniken zu verstehen, zu erlernen und/oder zu vermitteln. Im Privatbereich stehen wir oft vor der Aufgabe uns mit der Funktion und Bedienung von Haushaltsgeräten oder auch dem Aufbau von im Handel erworbenen Gegenständen des täglichen Gebrauchs auseinander zu setzen, oft auch mit der Anforderung, die Allgemeinen Geschäftsbedingungen eines Anbieters nachvollziehen können zu sollen. Nicht minder bedeutsam ist in unserer verrechtlichten Alltagswelt im Zusammenhang mit Verträgen, Streitfällen o.ä. die Auseinandersetzung mit juristischen Texten.

Viele dieser Texte bieten dem um Verstehen bemühten Leser Hindernisse: Sei es aufgrund einer Tendenz zu einem verkürzenden Sprachgebrauch, sei es aufgrund einer großen Zahl von fachlichen Ausdrücken oder auch aufgrund von (schlechten) Übersetzungen.

Intuition wird hier nicht immer hinreichen, solche textlichen Aufgaben zu bewältigen. Insofern kann ein weniger vorgebildeter Leser selbst im Zusammenhang mit Sachtexten immer wieder an seine Grenzen stoßen.

Hier liegt denn auch die wesentliche gesellschaftsrelevante Begründung, warum Schulministerien ihren Schulen, insbesondere auch den Deutschlehrern, als Aufgabe stellen, die sprachliche, damit auch die Verstehenskompetenz der Schüler zu fördern.

1.2 Vom intuitiven Verstehen zur Interpretation

Der oben bereits angesprochenen, eher resignierenden Haltung: Interpretieren könne man entweder oder nicht, kann und darf man daher auf der Grundlage der bereits geschilderten unterschiedlichen Rahmenbedingungen von lesen als Freizeitbeschäftigung und lesen und interpretieren als schulische Arbeit, aber auch außerschulische gesellschaftliche Anforderung nur bedingt zustimmen. Ziel eines Unterrichtenden, der nicht einfach nur seinen Job macht, sondern seine Schützlinge an Sprache und Literatur heranführen *möchte*, muss es zunächst sein, die geschilderten Lese- und Verstehens-Blockaden abzubauen. Dies gelingt in den meisten Fällen, indem man die natürliche menschliche Neugier anspricht. Zwar wird es in funktionalen räumlichen Gegebenheiten - wie in Schulen oder Universitäten - kaum möglich sein, eine Atmosphäre der Muße und des Privaten zu schaffen; dennoch aber kann (und *muss*) es gelingen - und sei es durch den vortragenden oder auch vorlesenden Unterrichtenden - die Schüler zu öffnen für den zu betrachtenden Text. Wie bei einer privaten Lektüre muss im Schüler der Reiz geweckt werden, wissen zu wollen, worin dieses oder jenes Gefühl begründet liegt, aus welchen Motiven sich eine Figur zu welcher Handlung hinreißen lässt und zu welchem Ende denn genau diese Problematik führt. Oder auch bei einem schwierigen Sachtext: Was genau denn nun der Verfasser an Information oder auch Meinung transportieren möchte und woran man das erkennen und unterscheiden kann.
Denn sicher sollte jemand, der sich mit komplexen Texten auseinandersetzen will - und noch mehr derjenige, der dies (aus

beruflichen Gründen) tun muss -, ohne Angst lesen, den Verstehensprozess nicht bewältigen zu können. Noch besser wäre es natürlich, wenn dieser Leser eine gewisse Neugier auf (literarische) Texte entwickeln könnte und zugleich eine Neigung sich emotional wie intellektuell auf die Gedanken- und Empfindungswelt, d.h. auf die spezifischen sprachlichen Gestaltungsweisen eines anderen Menschen einzulassen.

Dies gilt umso mehr, wenn Schüler im vorgegebenen Rahmen von Schule nicht nur lesen, sondern an einen rational fundierten und so intersubjektiv nachvollziehbaren Verstehensprozess herangeführt werden sollen. Umgekehrt gilt aber sicher auch, dass es ein Lehrer, der selbst keine ausgeprägte Neigung zur Auseinandersetzung mit den sprachlichen Nuancen von Texten spüren lässt, schwer haben wird, eine entsprechende Motivation zur detaillierteren Beschäftigung mit komplexeren Texten in seinen Schülern entwickeln zu helfen. Denn die Anregung und Motivation zum Lesen ist für das Gelingen des Lese- und Verstehensprozesses von Literatur eine wesentliche Voraussetzung. Hinzukommen muss nun aber noch ein Weiteres: Der Schüler soll dahin gelangen, seinen Verstehensprozess nachvollziehbar darzustellen. Dazu aber reicht es nicht, so viel Neugier und Motivation aufzubringen, wie nötig ist, das literarische Werk tatsächlich zu lesen. Denn das, was man gelesen und im besten Fall auch intuitiv verstanden hat, soll nun auch noch aus dem Bereich des intuitiven Verstehens in einen bewussten Verstehensvorgang überführt werden. Der Leser soll also erst sich selbst klar machen, welche sprachliche Ausdrucksform und welche inhaltliche Bedeutungsidee sein Verstehen ausgelöst hat und schließlich auch noch dies sein bewusstes Verstehen selbst schriftlich so darstellen, dass ein anderer, im Idealfall jeder andere, nachvollziehen und als angemessen anerkennen kann, warum sich bei *diesem* Leser *genau dies* Verständnis entwickelt hat.

Wer also von einem subjektiven Verständnis zu einem bewussten, vom Verstand gelenkten Verstehensprozess gelangen möchte, muss neben der Bereitschaft, sich auf eine fremde Gedankenwelt einzulassen, das mitbringen, was Goethe in seinem Sonett *Natur und Kunst* (1800) zum Ausdruck gebracht hat:

Es gilt wohl nur ein redliches Bemühen!
Und wenn wir erst in abgemessnen Stunden
Mit Geist und Fleiß uns an die Kunst gebunden,
Mag frei Natur im Herzen wieder glühen.

Das, was Goethe vor mehr als 200 Jahren für den nach Perfektion („Vollendung") strebenden klassischen Künstler als Handlungsanweisung formuliert hat, gilt so auch für den Interpreten. Auch dieser muss sich Zeit nehmen, d.h. sich „in abgemessnen Stunden" ernsthaft mit dem literarischen Werk oder auch einem schwierigen juristischen Text auseinander setzen und so sein „redliches Bemühen" erkennen lassen. Mehr noch: Bevor - „wenn wir erst" - das subjektive Verstehen des Interpreten sich dem konkreten Interpretationsgegenstand zuwenden kann, muss der (künftige) Interpret sich die allgemeinen Prinzipien von künstlerischer und/oder sprachlicher Gestaltung mit großer intellektueller („Geist") Anstrengung, aber auch der Willenskraft, Widerstände zu überwinden („Fleiß"), angeeignet haben.
Der Interpret muss sich also das notwendige Handwerkszeug der Interpretation eines jeden Textes erst erarbeiten.

Was heißt interpretieren[1]

Interpretieren heißt zunächst einmal: etwas Mehrdeutigem eine Eindeutigkeit geben, indem das interpretierende Subjekt inhaltliche wie sprachliche Elemente eines Textes herausgreift und diese in erklärender Weise in einen in sich stimmigen, d.h. auch von anderen nachvollziehbaren Zusammenhang bringt.
Das subjektive Moment einer solchen Erklärung liegt in der durch den Interpreten vorgenommenen Festlegung dessen, was er als zentral und dementsprechend als wesentlich für sein Verständnis eines Textes ansieht. So verläuft im Normalfall unser alltägliches

Lesen und (interpretierendes) Verstehen sei es bei der Lektüre der Tageszeitung oder auch anderer schriftlicher Äußerungen wie z.B. in einem Whatsapp-Chat.

Die Problematik solcher subjektiven Deutungen erleben wir alle in unserer alltäglichen Kommunikation mit unseren Mitmenschen: Sätze, die der eine Kommunikationspartner als zentral, völlig „normal" oder wertungsfrei empfunden hat, werden von einem anderen Kommunikationspartner als nebensächlich, als Angriff, als Beleidigung o.ä. wahrgenommen. Worte für sich genommen, aber auch in bestimmten Kontexten können für einen Betrachter, je nachdem, wann und wo sowie unter welchen familiären und sozialen oder auch kulturellen Rahmenbedingungen er aufgewachsen ist, durchaus recht verschiedene Bedeutungen annehmen. Der subjektive Charakter eines (interpretierenden) Verstehens beschränkt sich also nicht auf die Festlegung der Deutungsschwerpunkte, sondern umfasst auch noch zumindest das im Verlauf des individuellen Lebens gebildete und geprägte Verständnis von sprachlichen Elementen.

Zu fragen ist also, wie sich das Verstehen alltäglicher oder/und literarischer Texte aus den mehr oder weniger unbewussten Fesseln der subjektiven Deutungen lösen kann?

Die Grammatik als Hilfsmittel der Interpretation

Ein Weg zu diesem Ziel kann im Erwerb des oben schon angesprochenen Handwerkszeugs der Interpretation liegen. Worin aber besteht dieses Handwerkszeug? - Zunächst einmal ist jeder Text eine sprachlich Darstellung von Empfindungen, Eindrükken, Wahrnehmungen, Handlungen. Ein sprachliches Kunstwerk möchte ebenso wie ein alltäglicher Text oder ein Fachtext einen möglichen Leser als Adressaten ansprechen und von diesem verstanden werden. Nun besteht jeder Text zumeist aus verschiedenen Sätzen, die sich gegenseitig einen Zusammenhang geben und so ein in sich sinntragendes Gebilde darstellen. Das bedeutet, dass diese Sätze zumeist - selbst in lyrischen Texten -

in eine zumindest reduzierte grammatische Struktur gefasst und unter Zuhilfenahme der Grammatik auch (intersubjektiv) analysierbar und schließlich deutbar sind.

Um diesen Gedanken zu veranschaulichen, folgt nun exemplarisch eine grammatisch-formale Analyse und Interpretation insbesondere eines Verses[2] (Strophe vier, Vers eins) aus Franz Werfels Gedicht *Die Wortemacher des Krieges*:

Die Dummheit hat sich der Gewalt geliehen,
(Die Bestie darf hassen, und sie singt.)

Die *Anaphern* („Die...Die...) in Strophe vier, Verse eins und zwei verweisen bereits formal auf einen engen Zusammenhang dieser beiden Verse, ein Zusammenhang, der auch durch den **parallelen Aufbau der *Satzglieder*** und die Tatsache gestützt wird, dass **der erste Satz in Strophe vier erst am Ende von 4.2 mit einem Punkt als Satzschlusszeichen beendet wird.** Geprägt werden diese zwei Verse zudem durch **mehrere *Personifikationen* von z.T. abstrakten Begriffen.** Deutlich wird so durch die Personifikation „**Die Dummheit hat sich [...] geliehen**"(4.1), dass damit nicht eine einzelne Person, sondern eine Eigenschaft oder Haltung vieler gemeint ist, die Haltung nämlich nicht nachdenken zu wollen oder zu können und zugleich die Bereitschaft dieser vielen, Entscheidungsbefugnisse, aber auch - erkennbar am **Reflexivpronomen „sich"** - Verfügungsmacht über die eigene Person abzutreten. Diese Deutung lässt sich ebenso durch den **grammatischen Zusammenhang der Satzglieder in 4.1** belegen: **Handelnde Figur, also *Subjekt* des (*Aktiv-*) *Satzes*, ist in diesem Fall „Die Dummheit" (wer oder was hat [sich] geliehen?).** Die Aktivität des Subjekts besteht in dem Vorgang des ʹLeihensʹ; das Reflexivpronomen (hier: „sich"), das stets einen grammatischen Rückbezug auf die handelnde oder sprechende Person angibt, verweist zudem darauf, dass nicht irgend ein Gegenstand oder gar Geld „geliehen" worden ist, sondern die eigene Person, die hier, in Form eines pars pro toto, durch eine ihrer Eigenschaften, die „Dummheit", repräsentiert wird. Zielfigur bzw. Adressat des Leihvorgangs, also Leihnehmer, ist das *Dativ-Objekt* (**wem hat die Dummheit sich geliehen?**) „**der Gewalt**". Das bedeutet, dass aufgrund dieses Leihvorganges die Dummen künftig das zu tun haben, was der Leihnehmer, also die hier ebenfalls **personifizierte Gewalt**, anordnet. Auch mit der Gewalt sind natürlich Menschen gemeint und zwar diejenigen, die gewaltbereit sind, worunter im Kontext dann in erster Linie die im Titel genannten „*Wortemacher des Krieges*" zu verstehen sind. [*die komplette Interpretation des Gedichtes findet sich im Anhang/Kapitel Lyrik*]

Dies Beispiel mag deutlich machen, dass ein erster möglicher Weg, das eigene *intuitive* Verständnis intersubjektiv nachvollziehbar zu veranschaulichen, darin bestehen kann, die (objektiv festmachbaren) grammatischen Bezüge und Verhältnisse in den zu interpretierenden Texten zu untersuchen und die dabei gewonnenen Einsichten für die Darstellung des eigenen Verständnisses zu nutzen.

Differenzierung von Analyse und Interpretation

Ausgangspunkt jeglichen Bemühens um Verstehen ist also zunächst ein Text oder zumindest ein frag-würdiger Auszug aus einem Text, in unserem zweiten Beispiel die folgende Sequenz:

> „*So **sei** es*", ***flüsterte*** *der Delinquent, als das Fallbeil auf ihn **herabgelassen wurde**.*

Die Analyse der sprachlichen Elemente könnte dann wie folgt lauten:

Im Beispielsatz finden sich bei den Unterstreichungen drei Modalformen von Verben, von denen die erste „sei" im Konjunktiv I, die zweite „flüsterte" im Prät.Ind.Aktiv und die dritte „herabgelassen wurde" im Prät. Ind. Passiv steht. Zudem liegt im Teilsatz „als das...wurde." ein Temporalsatz der Gleichzeitigkeit vor.

15

Festgestellt worden sind hier auf der Ebene der Grammatik die in den Teilsätzen verwendeten Modalformen der Verben sowie die Art des gefundenen Nebensatzes.

Verknüpft man nun diese Analyseergebnisse mit den Erklärungen zur üblichen Funktion des Festgestellten und denen zur konkreten, aus dem Zusammenhang erschließbaren Bedeutung, dann lässt sich im folgenden, fett hervorgehobenen Teil erkennen, inwieweit die Interpretation über die Analyse hinausgeht:

Im vorliegenden Satz finden sich drei Modalformen von Verben, von denen die erste „sei" im Konjunktiv I steht. **Der Konjunktiv I der indirekten Rede drückt üblicherweise die sachliche Wiedergabe des von einem anderen Gesagten aus und gibt hier das - eher gequälte - Zugeständnis des Delin-quenten zu dem, was er ohnehin nicht mehr ändern kann, wieder. Das, was er nicht mehr ändern kann, ist seine Hinrichtung, damit sein Tod; denn offenbar liegt er ja schon als für schuldig Befundener und zum Tode Verurteilter („Delinquent") auf dem Schafott.** Die zweite, im Prät.Ind.Aktiv gehaltene Modalform „flüsterte" **stellt aus dem Erzähltempus Präteritum die leise Redeweise des Hinzurichtenden unmittelbar vor seinem in der Vergangenheit erfolgten Tod heraus,** während die dritte, im Prät. Ind. Passiv stehende Modalform „herabgelassen wurde" **zum Ausdruck bringt, dass das Fallbeil keine selbstständige, also aktive Handlung begeht, sondern von einer nicht genannten Person bedient wurde. Diese Person hat den Auslösemechanismus des Fallbeils im gleichen Moment („als...") betätigt und es damit an seine Aufgabe geschickt, in dem der Hinzurichtende seine letzten Worte „flüsterte".**

Die Verständnisanforderungen hier gehen also davon aus, dass der Leser als Handwerkszeug der Interpretation die Arten von Nebensätzen und ihre Funktion ebenso wie die Modalformen der Verben und ihre sprachliche Bedeutung kennt und auf textlich-inhaltliche Zusammenhänge anwenden kann. Dies ist eine durchaus anspruchsvolle Aufgabe, die natürlich so noch nicht von

Fünftklässlern bewältigt werden kann.

Die hohen Hürden jeder Interpretation

Nun ist die Grammatik noch das rationalste Hilfsmittel, das eigene Verständnis eines Textes auch für andere nachvollziehbar zu gestalten.

Schwieriger wird jede Deutung, wenn man sich auf die Ebene der Wortbedeutung begibt: Zu Zeiten, in denen es in einem Sprachraum eine vorherrschende Verkehrssprache gibt, sind neben überregional festgelegten Ausspracheregelungen zumindest die Hauptbedeutungen von Einzelworten den meisten in diesem Sprachraum lebenden Menschen präsent und gemeinsam. Neben diesen Hauptbedeutungsströmungen existieren aber zumeist regional oder auch lokal, gelegentlich sogar familiär differente Nebenbedeutungsströmungen, die jeder im Heranwachsen intuitiv vermittelt bekommt und nutzt. Da Autoren in der Regel ebenfalls unter solchen Umständen heranwachsen, nutzen sie neben den Haupt- , vermutlich auch solche Nebenbedeutungen.

Dass jede Interpretation von Unterschiedlichkeiten im Verständnis von Ausdrücken - sowohl auf Seiten des Autors wie auch der des jeweiligen Interpreten - bedingt sein kann, ist somit eine zweite Rahmenbedingung von Interpretation.

Da Wortbedeutungen jedoch nicht nur lokal, sondern auch im Ablauf von Zeit Veränderungen unterworfen sind, kommt eine dritte Erschwernis für eine um Eindeutigkeit bemühte Interpretation hinzu. Denn das jeweilige Verständnis der Bedeutung von Worten hängt letztlich davon ab, in welcher wie entwickelten und von welchen Einflüssen geprägten Welt ein Mensch lebt.

So wird in einer nicht von historischem Denken geprägten und technisch wenig entwickelten Welt das Wort `Kreis´ orientiert sein an der Vorstellung von einer Form ohne Anfang und Ende. Verbunden worden sein wird dieses Wort zugleich mit dem Staunen darüber, dass es sonst in dieser Welt nichts ohne einen Anfang und ein Ende gibt. Die Idee vom Kreis wird also zu einer idealisierten, den Alltag übersteigenden Vorstellung. Wieder in den Alltag gebracht wird die Form Kreis zum Rad, das es ermöglicht, auch vorher nicht transportable Lasten bewegen zu können.

Und heute, was verbinden wir heute noch mit dem Wort Kreis? Eine geometrische Figur, deren Flächeninhalt wir berechnen können, dessen praktische Nutzung seit Jahrhunderten so universell geworden ist, dass der einzelne Kreis als Rad im Alltag zur Normalität geworden ist und so an staunenswerter Bedeutsamkeit eingebüßt hat.

Die Unterschiedlichkeiten in Wortgebrauch und Wortverständnis sind also nicht nur lokal, sondern auch zeitlich bedingt. Kein Interpret kann zugleich alle Wortbedeutungsvarianten für Autoren seiner Zeit, geschweige denn für die aller Zeiten kennen und im Rahmen seiner Deutung berücksichtigen. Dies gilt nicht minder dann, wenn man die textimmanente Deutung noch ergänzen möchte um z.B. historische, sozialgeschichtliche oder gar psychologische Gesichtspunkte, wie sie zur Entstehungszeit des Werkes bedeutsam gewesen sein sollen. Jedoch sind alle Informationen, auf die wir über die Entstehungszeit und die Gemütsverfassung des Autors zurückgreifen könn(t)en, ebenfalls äußerst deutungsbedürftig. Insofern besteht immer die Gefahr, dass durch den Bezug auf solche Zusatzinformationen weitere Fehlerquellen für das Verständnis eines Textes eröffnet werden.

Über das Lernen von Demut oder: Grenzen der Interpretation

Zu lernen ist aus diesen jede Interpretation bedingenden Aspekten insbesondere eines: Demut! Und zwar die Demut dessen, der w e i ß , dass es eine einzige, eindeutig gültige Interpretation jeder schriftlichen Äußerung, d.h. dessen, was der Autor denn nun gemeint h a t , nicht gibt. Das gilt natürlich nicht nur für literarische Texte, sondern ebenso für die Aussagen eines Menschen in einer alltäglichen Gesprächssituation. Als Zuhörer auch eines Sprechenden sind wir immer zugleich Interpreten und wir müssen stets damit rechnen, dass wir etwas überhört haben, etwas anders verstanden haben, als es vom Sprechenden gemeint war, aber natürlich auch, dass der Sprechende sprachlich nicht bewusst genug gestaltet - d.h. um Eindeutigkeit bemüht - und so den Verstehensprozess des von ihm Gemeinten erschwert.

Möglichkeiten der Interpretation

Muss man dann nicht jede Deutung akzeptieren oder heißt das sogar, wir können es auch gleich sein lassen?
Natürlich nicht - außer bei der privaten Lektüre! Aber die „öffentliche" Beschäftigung mit der Deutung von Texten ist nicht in die willkürliche Beliebigkeit des deutenden Subjektes zu stellen! Es gibt zwar keinen Wahrheitsanspruch hinsichtlich einer Interpretation, aber wir können - wie oben bereits angedeutet - durchaus einiges dafür tun, um uns zumindest möglichst genau dem anzunähern, was ein Autor mit dem von ihm Gesagten   oder Geschriebenen   gemeint   haben k ö n n t e .
Maßstab einer als angemessen zu bezeichnenden Interpretation kann zunächst einmal nur der intersubjektiv erkennbare und nachvollziehbar zutreffende Bezug auf den interpretierten Text sein! Denn es gilt nicht, über dem Text schwebend zu phantasieren, sondern im Text dem Zusammenhang von Worten in Sätzen erklärend auf den Grund zu gehen. Hier auch liegt in erster Linie die Basis der Möglichkeit einer Interpretation jedes Textes!

1.3 Deutschunterricht und Interpretation

Im Deutschunterricht - aber   auch in jedem anderen Sprachunterricht - der weiterführenden Schulen wird das oben exemplarisch eingesetzte, für Analyse und Interpretation nötige

Handwerkszeug als Fachwissen vermittelt. Wie die nachfolgende Tabelle zeigt, geschieht dies über mehrere Jahre verteilt.

Das beinhaltet natürlich - angesichts der in zehn weiteren Unterrichtsfächern ebenfalls zu erlernenden Fachkenntnisse - den Vorteil, dass die Kenntnisse so noch erlernbar sind.

Von Nachteil ist jedoch, dass diese Kenntnisse oft als Lernstoff im Rahmen von zu einem bestimmten Zeitpunkt durchgeführten Lernerfolgsüberprüfungen genutzt, abgefragt und anschließend in der Fülle anderer Unterrichtsgegenstände nicht oder nicht mehr explizit nachgefragt werden. Die Konsequenz: Der Schüler legt diesen Kenntnissen keine große Bedeutung bei und vergisst sie wieder, da der Anwendungsbezug: Analyse und Interpretation, erst Jahre später im Lehrplan steht.

Ein weiterer Nachteil: der grammatische Stoff wird von Schülern oft als lästiges, auswendig zu lernendes Fachvokabular (miss-) verstanden, dessen Lern-Sinn nicht verstanden wird, weil zum einen der Anwendungsbezug im (Schul-) Alltag fehlt, zum anderen dieser Anwendungsbezug nicht hinreichend mitgelernt und aufgezeigt wird.

Insofern muss im Deutschunterricht auch der unteren Klassen der Einzelgegenstand vom Lehrer immer auch im Kontext der gesamten fachlichen Schullaufbahn gesehen werden: Grammatik lernt man nicht um des Grammatiklernens oder des Gedächtnistrainings willen, sondern um das Handwerkszeug zur Erzielung eines besseren, d.h. genaueren Textverständnisses zu erwerben. Das Detail eines Textes, also z.B. ein bestimmtes sprachliches Bild, deutet man nicht in erster Linie wegen des diesem innewohnenden ästhetischen Gehalts, sondern weil die Kompetenz zur Entschlüsselung von frag-würdigen Textdetails hilft, einen Text, jeden Text als Ganzes besser zu verstehen.

Grammatikvermittlung als Teil des Deutschunterrichts

Dieser Möglichkeit zur Erschließung dient in der Schule die Vermittlung eines *grammatischen* Handwerkszeugs zur Annäherung an ein intersubjektives Verständnis. Dabei werden in den jeweiligen Jahrgangsstufen einzelsprachlich-grammatische Phänomene mit dem Ziel betrachtet, dem Schüler zu ermöglichen, diese in Texten zu erkennen und zu benennen.

Beispiel	Analyse	Klasse
1) Peter ging in die Schule und kam an einem Baum vorbei. **Hilfreich**: Absprachen zur Vereinheitlichung der Terminologie in allen an einer Schule vermittelten Sprachen	- **Wortarten** - **Satzglieder**, ihre grammatische Funktion *und inhaltliche Aufgabe*	5
2) Peter **wird** ... **gebracht haben**... Alle sechs Tempusformen des Indikativ Aktiv	- Tempusformen *und ihre Bedeutung für das Verständnis und die Unterscheidung von Zeitebenen in Texten*	5
3) Peter **wird**...**gebracht**... Insbesondere Vorgangspassiv	- Aktiv/**Passiv** *und deren Bedeutung für Subjekte und Objekte*	6
4) Peter **gehe**... und **komme**... - Formen des Konjunktiv I, abgeleitet vom Indikativ Präsens Aktiv, - verwendet zumeist in der 3.Person Singular - nur bei Übereinstimmung mit dem Indikativ (z.B. in der 1.Person Singular „ich gehe") erfolgt Umschreibung mit dem	- **Konjunktiv I** (Realis) der *indirekten Rede* zur Darstellung (= sachlichen Wiedergabe) des von anderen Gesagten [Funktion für den Verwender der indirekten Rede] - Indirekte Rede	7

„würde"-Konjunktiv: „ich würde gehen"	macht deutlich, dass das Gesagte nicht vom Sprecher oder Schreiber selbst stammt, sondern dass er einen anderen (indirekt) zitiert [Funktion für den Interpreten von Sprache]	
5) Peter *ginge*...und *käme*...	- **Konjunktiv II** (Irrealis) dient dem Sprachverwender zur Distanzierung; er will ausdrücken, dass er an eine Realisierung oder an etwas Behauptetes nicht glaubt - Für den Interpreten gilt es, diese Distanzierung zu erfassen, die ja bedeutet, dass der Sprachverwender sagen will: Peter wird nicht gehen!	7
6) **Peter** *ging*. 7) *Peter ging einen großen Umweg*. **Ging Peter einen großen Umweg**?	**Satzlehre**: - der einfache Satz aus **Subjekt** und *Prädikat* - der um Objekte erweiterte Satz - die	5

22

8) **Weil** Peter einen großen Umweg ging, kam er an einem Baum vorbei.	Unterscheidung der Satzarten: *Aussagesatz*, **Fragesatz**,... - die Unterscheidung von Hauptsatz und **Nebensatz**	
9) Als Peter... ; während Peter...; wenn Peter...; Peter sagte, dass...; Peter sagte zu Sebastian, den er...	**Arten von Nebensätzen** und ihre inhaltlich-gedankliche Funktion für den Gesamtsatz	7

Diese durchaus gut gemeinte Verteilung und didaktische Reduktion des Lernstoffs bedeutet, dass für die ja noch sehr jungen Schüler zunächst einmal das Erlernen von Fachbegriffen in einfachen textlichen Sinnzusammenhängen in den Vordergrund gerückt wird. Ein Problem, das hierbei oft beklagt wird, ist, dass Schüler diesen Lernstoff nur im Hinblick auf eine anstehende Klassenarbeit lernen. Steht dann ein anderer Lerngegenstand - wie z.B. die Konzentration auf den Inhalt einer Lektüre - im Vordergrund, gerät schnell das für die letzte Arbeit gelernte (grammatische) Handwerkszeug in Vergessenheit.

Daher sollten während der gesamten Lernlaufbahn die Fachbegriffe stets anhand exemplarischer Übungen wiederholt werden. Dies gilt auch für die damit einhergehende sukzessive Erweiterung des Wissens um die inhaltliche Bedeutung und Funktion dieser Begriffe. Um der Nachhaltigkeit des Lernerfolgs willen sollte das so stabilisierte und erweiterte Wissen immer wieder in kleineren Teilaufgaben von Klassenarbeiten mit überprüft werden.

Interpretation als Zusammenschau von Form und Inhalt

Im folgenden Abschnitt soll an drei Beispielsätzen unterschiedlichen Schwierigkeitsgrades der in der Überschrift benannte Zusammenhang erläutert werden.

a Vom einfachen zum komplexeren Satz

Die Schwierigkeiten, aber auch die Möglichkeiten der Interpretation sollen nun am ersten Satz aus der obigen Tabelle veranschaulicht werden:

„Peter ging in die Schule und kam an einem Baum vorbei."

Schon dieser recht einfache, zwei Aussagen - „Peter ging in die Schule" sowie „kam an einem Baum vorbei" - umfassende Satz ist nicht gänzlich eindeutig: **Problematisch** ist hier die Mehrdeutigkeit mit sich bringende Verknüpfung der beiden Hauptsätze durch „und": wann „kam" er denn nun „am Baum" vorbei ? Auf dem Weg zur oder etwa gar **in** der Schule? Auch dieser scheinbar so einfache Satz bedarf also einer **Interpretation**, die eine Entscheidung dieser Zweifelsfrage ermöglicht. Da der betrachtete Satz selbst keine Entscheidungshilfe für den Interpreten gibt, könnte ein Interpret den (hier nicht gegebenen) textlichen Zusammenhang in den Blick nehmen, um dort nach Hinweisen zu suchen, die helfen zu einer eindeutige(re)n Deutung zu gelangen (z.B. durch die Aussage, dass es in der Schule ein Begrünungsprojekt gibt, das die Schule durch Pflanzen/Bäume in Pflanzkübeln oder durch die Gestaltung eines Innenhofes lebenswerter machen will).

Noch problematischer (und deutungsbedürftiger) würde ein Text, wenn die einfache Form des obigen Beispiels durch sprachliche Bilder und grammatische Modifikationen abgewandelt wird:

a)   *Peter geht in die* **Schule des Lebens** *und kommt am* **Baum der Erkenntnis** *nicht vorbei.*

Die oben hervorgehobenen Verständnisschwierigkeiten dieses Beispiels sind unterschiedlicher Natur: Problematisch hinsichtlich der Satzstellung ist die Position von „nicht". Eindeutig (grammatisch!) wäre der Satz lediglich bei folgender Formulierung: „...und kommt nicht...", die aufzeigte, dass Peter keine räumliche Berührung mit dem „Baum..." bekommt, da dieser nicht auf seinem Weg liegt.

Mehrdeutig ist dagegen die Stellung von „nicht" , wie sie das Beispiel zeigt; zum einen ist hier das oben aufgeführte Verständnis möglich, zum anderen aber auch, dass Peter auf seinem Lebensweg auf besagten „Baum..." trifft, an ihm „nicht vorbei-kommt", also: es nicht vermeiden kann auf ihn zu treffen und von ihm beeinflusst zu werden.

Auf der Ebene der Analyse lassen sich die Satzglieder „in die Schule des Lebens" und „am Baum der Erkenntnis" grammatisch-formal als Adverbiale Bestimmungen des Ortes mit jeweils integriertem, die Deutung erschwerendem Genitiv-Attribut („der Erkenntnis" und „des Lebens") bestimmen; auf der Ebene der sprachlichen Analyse sind beide Adverbiale als Metaphern einzuordnen. Die beiden Genitiv-Attribute geben den beiden vergleichsweise eindeutigen Ding-Nomen „Schule" und „Haus" eine vom Ursprung abgehobene Bedeutung. So ist das Nomen Schule definiert als ein Gebäude, in dem zumeist jüngere Menschen das an Wissen - z.B. über die Geschichte Europas, die Vokabeln der englischen Sprache etc. - und Fähigkeiten – wie z.B. lesen, schreiben etc. - erlernen, das sie für eine gesellschaftliche Teilhabe benötigen. Wenn jedoch dem Nomen „Schule" das

Genitiv-Attribut „des Lebens" hinzugefügt wird, macht das deutlich, dass es hier nicht um ein Gebäude im obigen Sinne geht, sondern um das, was jeder Mensch durch sein Dasein in einer ganz bestimmten Gesellschaft und zu einer ganz bestimmten Zeit an Erfahrungen wie z.B. hinsichtlich der Konventionen des alltäglichen Umgangs miteinander erwirbt, die ihn in seinem Denken und Handeln prägen.

Ebenso gelten alle Pflanzen, die über einen kompakten Stamm mit einer Krone verfügen, als „Baum" ; hätte man nun das Adverbial „am Baum der Nachbarn", dann wäre dem dinghaften Nomen „Baum" ein ähnlich konkretes und eindeutig definiertes Nomen „Nachbarn" hinzugefügt worden: der Ausdruck insgesamt bliebe im Bereich des Konkreten, leicht Fassbaren. Im Unterschied dazu ist in der Metapher vom „Baum der Erkenntnis" dem dinghaften Nomen „Baum" mit dem Ausdruck „Erkenntnis" ein abstraktes Nomen hinzugefügt worden, durch das der Ausdruck insgesamt aus dem Bereich des Konkreten in die Sphäre des Abstrakten gerückt wird. Das bedeutet dann, dass es sich bei dem Ausdruck „Baum der Erkenntnis" um keinen konkreten Baum handelt, der in irgendeinem Park wächst, sondern dass hier ein (der Bibel entlehntes) Bild vorliegt. Dieses verweist auf eine Veränderung in der inneren Orientierung der Menschen, hier die Abkehr von einer naiven und unhinterfragten Hinnahme der Gegebenheiten hin zu einer Haltung, die verstehen will, warum etwas so und nicht anders ist, und zudem Wissen über die Zusammenhänge allen Seins erwerben will.

b   Das Beispiel eines komplexen philosophischen Satzes

Ebenso wie bei dem oben untersuchten konstruierten Beispiel lässt sich auch bei allen anderen, älteren wie neueren, Textauszügen verfahren. Dies soll nun an einem berühmten Satz, dem kategorischen Imperativ von Immanuel Kant, veranschaulicht werden. Philosophische Texte streben geistige Erkenntnisse auf der Basis rationaler, also rein geistiger Prozesse an und gehören zur Kategorie der Sachtexte. Der kategorische Imperativ ist Teil eines umfangreicheren Werkes von Kant, in dem er die Grundlagen einer vernunftgeleiteten Ethik erläutert und lautet:

„Handle nur nach derjenigen Maxime, durch die du zugleich wollen kannst, dass sie ein allgemeines Gesetz werde.“

Die Anzahl der im Satz verwendeten Verbformen („Handle“, „wollen kannst“ und „werde“) lässt erkennen, dass der Gesamtsatz aus drei Teilsätzen besteht; die jeweilige Stellung der Verbformen - „Handle“ am Satzanfang, die beiden anderen am Ende ihres Teilsatzes -, macht, aufgrund der Definitionen der Satzarten, deutlich, dass der durch „Handle“ eingeleitete Teilsatz ein Hauptsatz ist, während die beiden anderen Teilsätze Nebensätze sind. Berücksichtigt man nun, dass Hauptsätze in der Regel die Grundaussage eines Gesamtsatzes transportieren, Nebensätze zumeist gedankliche Präzisierungen hinzufügen, ist auf der grammatisch-analytischen Ebene noch zu untersuchen, welche inhaltlichen Bezüge die grammatische Verknüpfung von Hauptsatz und Nebensätzen noch erkennen lässt. Der Anschluss „durch die“ nach dem ersten Komma bezieht sich mit dem Artikel „die“ auf das vor dem Komma stehende Nomen „Maxime“. Daran ist abzulesen, dass der zweite Teilsatz ein Relativsatz ist. Relativsätze leisten eine genauere inhaltliche Ausführung zu dem Bezugsnomen des vorausgehenden Teilsatzes. Anders gelagert ist die Verknüpfung der beiden Nebensätze. Auch das „dass“ am Anfang des dritten Teilsatzes bezieht sich auf den vorangehenden Teilsatz; da in diesem jedoch kein Bezugsnomen zu finden ist, bezieht sich „dass“ auf die vor dem Komma stehende Verbform und liefert im zugehörigen Teilsatz die Erklärung, was es denn ist, was „du“ „wollen kannst“.

Das Prädikat im Hauptsatz „Handle“ steht im Imperativ Singular. Der hier offenbar angesprochene Leser wird also zu einer Tätigkeit aufgefordert, die Kant gleich mit dem nächsten Wort durch das einschränkende Adverb „nur" auf eine ganz bestimmte, andere Handlungsmöglichkeiten ausschließende Variante reduziert. Welche das ist, sagt Kant in der folgenden adverbialen Bestimmung „nach derjenigen Maxime". Inhaltlich bedeutet dies, dass der Leser aufgefordert wird, sein Handeln an einem bestimmten persönlichen Prinzip zu orientieren. Diese recht unbestimmt bleibende Aussage des Hauptsatzes bedarf einer Präzisierung, welche die folgenden beiden Nebensätze liefern: Der Relativsatz verknüpft den Begriff der Maxime für den Leser („durch den du") mit etwas Anderem, im Adverb „zugleich" nur Angedeuteten. Erkennbar wird aber bereits hier, dass die Handlungsaufforderung mehr meint als den Appell, sein Handeln auf mehr oder weniger subjektive Grundsätze aufzubauen. Der handlungsleitende Grundsatz soll vielmehr von einem bestimmten Streben („du... wollen kannst") geprägt sein. Die Richtung dieses die eigene Maxime bestimmenden Strebens wird dann im dritten Teilsatz benannt: *„dass sie ein allgemeines Gesetz werde."* Die Maxime („sie") also, die mein Handeln leiten soll, ist demnach nicht subjektiv auf die rücksichtslose Erreichung meiner egoistischen Interessen und Ziele ausgerichtet, sondern wie ein „allgemeines Gesetz" so formuliert, dass jeder so handeln könnte, also ohne dass dies anderen zum Nachteil gereicht.

Zwischenfazit

Natürlich hat im Alltag n i e m a n d die Zeit, eine so ausführliche Analyse vorzunehmen! Diese Ausführungen zielen auch nicht darauf ab, so etwas vorschlagen zu wollen. Im Gegenteil. Viele Kompetenzen, über die Erwachsene verfügen, werden nicht von einmaliger Verwendung erworben, sondern wie z.B. bei schreiben, rechnen, schwimmen, Fahrrad fahren... durch viele Wiederholungen. Beim Erwerb von Sprachkompetenz ist dies nicht anders. Um Sprachkompetenz sicher zu verankern und zu einer automatisierten Anwendung zu gelangen, bei der man nicht mehr jeden Schritt überlegen muss, sollte diese möglichst früh und in vielen Wiederholungen eingeübt werden.

Insofern dienen die obigen Beispiele dazu, anschaulich zu machen, welche Leistungen für die Erstellung eines intersubjektiven Textverständnisses ein im Leser verankertes grammatisches Handwerkszeug mit sich bringen kann.

Die im weiteren Verlauf folgenden Darlegungen erheben nicht den Anspruch die Grammatik der deutschen Sprache und ihre Gesamtsystematik oder gar alle Erkenntnisse von Sprach- und Literaturwissenschaft ersetzen zu wollen. Schwerpunkt bleibt die Orientierung an den zentralen sprach- wie literaturwissenschaftlichen Elementen, die dazu beitragen können, ein weitgehend intersubjektives Verstehen von Texten zu ermöglichen.

2 Systematischer Interpretations-Lehrgang

Satz- und Wortverwendungen in ihrer kommunikativen Funktion

Nach den bisherigen, ebenso grundsätzlichen wie beispielhaften Ausführungen gilt es nun anhand von Materialien und Aufgaben Schritt für Schritt die Grundlagen zur Entwicklung intersubjektiven Verstehens **darzustellen**, *mit Geist und Fleiß* zu **lernen** und so **einzuüben**, dass sie nahezu automatisch bei der Untersuchung von Texten genutzt werden können.

Vorausgesetzt wird, dass wir, wenn wir uns sprechend oder schreibend anderen Menschen mitteilen, verstanden werden wollen. Dazu bedienen wir uns in einem Sprachraum einer gemeinsamen Sprache. Die Inhalte unserer Mitteilungen an andere werden mit Worten als eingebettete Teile von Sätzen transportiert. Die Grundrichtung solcher Sätze erschließt ein Hörer schon mittels der Betonung, ein Leser anhand von Satzschlusszeichen.

Dementsprechend unterscheidet man in der Grammatik zwischen Aussage-, Ausrufe-/Befehls- und Fragesätzen.

Aussagesätze	Die Sonne scheint. Ich habe eingekauft. Schimpansen gehören zu den Primaten. [...]
Ausrufe-/ Befehlssätze	„Der Blitz hat in unserem Haus eingeschlagen!" „Komm sofort hierhin!" [...]
Fragesätze	„Hast du die Sirenen gehört?" Was hat der Autor da nur gemeint? [...]

Das sind, wie die Beispiele zeigen, für einen Muttersprachler fast selbsterklärende Begriffe: In Aussagesätzen teilen wir anderen unsere Ansichten oder Wahrnehmungen mit, in Ausrufe-/Befehlssätzen unsere Ängste, Überraschung oder unsere Forderungen, wohingegen wir in Fragesätzen Unklarheiten oder Verunsicherungen Ausdruck verleihen. Solche Sätze sind meist relativ kurz und können durch ein Satzschlusszeichen beendet werden. Diese Sätze sind daher Hauptsätze, in denen die konjugierte Verbform eher am Satzanfang zu finden ist. Im Vergleich dazu ergeben Konstruktionen wie: *dass das Auto zu schnell gefahren ist,* oder: *wenn du das Buch gelesen hast ,* allein keinen Sinn. Teilsätze dieser Art bezeichnet man als Nebensätze. Auffälliger Unterschied zum Hauptsatz - und Definitionsmerkmal des Nebensatzes - ist, dass die konjugierte, also in eine Zeit gesetzte Verbform im Nebensatz stets am Teilsatzende zu finden ist, während am Nebensatzanfang immer Wörter wie *dass* oder *wenn* zu finden sind, die zu den Konjunktionen gehören.

Aus dieser Gegenüberstellung lassen sich auch erste unterscheidende Definitionsmerkmale beschreiben:

Hauptsätze...	...ergeben allein einen Sinn, können also durch Satzschlusszeichen beendet werden.
Nebensätze...	...ergeben allein keinen Sinn, benötigen einen weiteren Satz als Kontext.

Mit diesem Wissen erhalten wir durchaus schon Zugriff auf die Grundtendenz von Sätzen. Um diese Sätze aber so zu verstehen, dass man das detailliertere eigene Verständnis einem anderen nachvollziehbar erklären kann, muss man genauer um die grundsätzliche Binnenstruktur von Sätzen Bescheid wissen.

Dies lässt sich ganz gut am ersten Aussagesatz: *Die Sonne scheint,* anschaulich machen. Dieser Satz besteht nur aus drei Wörtern, dennoch ergeben diese ohne weitere Ergänzung einen verständlichen Sinn. Nach der obigen Definition liegt also ein

Hauptsatz vor. Wodurch aber erhält eine solche Wortfolge einen intersubjektiv nachvollziehbaren Sinn?

Hintergrund der Antwort ist die Tatsache, dass Sprachen mit dem Ziel einer möglichst eindeutigen Verständigung entwickelt und in den Jahrhunderten ihres Bestehens immer wieder weiterentwickelt worden sind. Am Werk waren dabei nicht in erster Linie Sprachwissenschaftler, sondern die Nutzer der Sprache. Vor allem Menschen, die vom (Tausch-) Handel gelebt haben, wollten mittels Sprache den Wert von Tauschgegenständen festlegen, um nicht betrogen werden zu können. Herrscher haben eine Vereinheitlichung der Sprache in ihrem Herrschaftsgebiet unterstützt, um so über Sprache ein mögliches identitätsstiftendes Band zu knüpfen. Ein Band, das es zudem leichter machte, Konflikte zu schlichten, weil über Sprache die Abgrenzung von richtig und falsch leichter nachvollziehbar zu klären ist. Sprachwissenschaftler haben dann erst viel später versucht, die Gesetzmäßigkeiten innerhalb einer Sprache zu benennen, um so die Vermittlung einer einheitlichen und regelgeleiteten Sprache zu fördern.

Dabei haben sie sich nicht damit begnügt, die vielen tausend Wörter der deutschen Sprache zu sammeln und alphabetisch zu ordnen, sondern haben diese bestimmten Wortarten und Satzgliedern zugerechnet. Ziel dieser grammatischen Differenzierung ist, zunächst eine Ordnung der Wörter im Sinne einer größeren Übersichtlichkeit zu erstellen.

Daher orientiert sich die Unterscheidung der Wortarten an der inhaltlichen Bedeutung, die den einzelnen Wörtern zukommt. Wörter, die zur Bezeichnung von Dingen dienen, sind Nomen, Wörter, die eine Tätigkeit beschreiben, sind Verben u.s.w.

Die folgende Tabelle liefert einen Überblick über die wichtigsten Wortarten und deren Bedeutung und grammatischen Möglichkeiten.

Übersicht über die Hauptwortarten

Wortart	inhaltliche Bedeutung/ Funktion	grammatische Veränderbarkeit...	... und Funktion
Nomen	Bezeichnung von sinnlich (das Auto, die Tasse) und nur geistig (der Verstand, Gott) fassbaren Dingen	lassen sich in den vier Fällen im Singular und Plural deklinieren...	...um so als Subjekt, Objekt oder als Teil von adverbialen Bestimmungen, also als Satzglieder zu fungieren
Artikel	kennzeichnen, ob es sich um eine bestimmte (*der* Junge) bzw. unbestimmte (*ein* Junge) Person oder Sache (*das* Auto, *ein* Auto) handelt, aber auch das grammatische Geschlecht (maskulinum: *der*; femininum: *die*; neutrum: *das*) des zugehörigen Nomens	lassen sich mit dem zugehörigen Nomen deklinieren...	...und helfen so, die grammatische Funktion des Nomens klarer bestimmen zu können
Verben	beschreiben Tätigkeiten (lesen, schwimmen, arbeiten...) oder Gesche-	lassen sich in Tempus-, also Zeit- und Modus-	...und dienen dann, wenn sie konjugiert sind, als Satzglied:

	hen (schneien, blitzen...) in Gegenwart (ich arbeite), Vergangenheit ((ich schlief) oder Zukunft (ich werde reisen)	formen setzen (=konjugieren) ...	Prädikat; Prädikate beinhalten das, was das Subjekt tut (im Aktiv) oder was ihm geschieht (im Passiv)
Hilfsverben	stellen Gegenwärtiges (sein, haben) und Zukünftiges (werden) dar	lassen sich in Tempus- und Modusformen setzen...	...und unterstützen die Vollverben bei der Bildung von Tempusformen
Personalpronomen	...zeigen an, welche Person (ich, du, er/sie/es; wir, ihr, sie) die im Verb angezeigte Tätigkeit ausführt oder erduldet	lassen sich deklinieren...	...können als Satzglieder fungieren
Possessivpronomen	...zeigen an, wem etwas gehört (*mein* Auto, *unser* Haus...)	lassen sich deklinieren...	...können vor Nomen Artikel ersetzen
Adjektive	benennen Eigenschaften von Dingen (schwer, grün, wichtig...) oder Personen (groß, klug, schnell...)	lassen sich steigern (groß, größer...) sowie mit Nomen deklinieren ..	...und dienen dann zur Präzisierung eines Satzinhaltes
Präpositionen	unterstützen die Bildung von Orts-	Zusammenziehung von	-

	(in, auf, unter...) und Zeitangaben (seit, bis...),	Präposition und Artikel: in dem= im, zu dem= zum...	
Kon-junk-tionen	leiten Nebensätze ein...		...und verdeutlichen die gedankliche Ausrichtung des Nebensatzes (vgl. Tabelle S.56f)

Eine erste Antwort auf die Frage, wodurch eine Wortfolge wie *Die Sonne scheint* einen intersubjektiv fassbaren Sinn enthält, kann also auf die in Jahrhunderten in einer Sprachgemeinschaft gebildeten Vereinbarungen verweisen. Zu diesen Vereinbarungen gehören dann nicht nur Übereinkünfte über die inhaltliche Bedeutung von Wörtern, sondern auch solche über die Art der Nutzung dieser Wörter in mündlichen wie schriftlichen Äußerungen, also in Sätzen. In der Grammatik wird diese Nutzung konkret am Beispiel der Konjugation von Verben, durch die darstellbar ist, ob ein Geschehen in Vergangenheit, Gegenwart oder Zukunft stattfindet. Außerdem ist an den Formen des Aktiv ablesbar, dass die durch die Personalpronomen (ich, du, er/sie/es; wir ihr, sie) umrissenen Personen (oder auch Dinge) selbst tätig sind, während die Formen des Passiv darauf verweisen, dass die entsprechende Person von der Handlung anderer betroffen ist. Zu beachten ist, dass nicht alle Verben sinnvoll in Formen des Passiv genutzt werden können, wie das Beispiel *ich werde gelaufen* zeigt. In solchen Fällen ist oft nur die 3.Person Singular Neutrum, also bei laufen *es wird gelaufen*, sinnvoll nutzbar.
Auf die Verwendung und Funktion der Konjunktiv-Formen werde ich an anderer Stelle eingehen.

Diese Übereinkünfte für die Verben lassen sich wie folgt darstellen:

Tempus- und Modussystem
(hier nur Indikativ)
Voraussetzung: Verben konjugiert man, d.h. man setzt sie in die Tempus- und Modusformen

	Indikativ (Wirklichkeitsform)		
	Aktiv	**Vorgangs-**	**Zustands-passiv**
Präsens	**Ich** laufe/ schlage **Du** läufst/ schlägst **Er, sie, es** läuft/ schlägt **Wir** laufen/ schlagen **Ihr** lauft/ schlagt **Sie** laufen/ schlagen	-/**ich** werde geschlagen -/**du** wirst geschlagen **es** wird gelaufen/ **er,sie, es** wird geschlagen -/**wir** werden geschlagen -/**ihr** werdet geschlagen -/**sie** werden geschlagen	-/**ich** bin geschlagen -/**du** bist geschlagen **es** ist gelaufen/ **er, sie, es** ist geschlagen -/**wir** sind geschlagen -/**ihr** seid geschlagen -/**sie** sind geschlagen
Präte-ritum	Ich lief/ schlug Du liefst/ schlugst...	-/ Ich wurde geschlagen	-/ich war geschlagen
Futur 1	Ich werde laufen/ schlagen	-/ich werde geschlagen werden	-/ich werde geschlagen sein
Perfekt	Ich bin gelaufen/ habe geschlagen...	-/ ich bin geschlagen worden	-/ich bin geschlagen gewesen
Plus-quam-perfekt	Ich war gelaufen/ hatte geschlagen	-/ ich war geschlagen worden	-/ich war geschlagen gewesen

36

Futur 2	Ich werde gelaufen sein/ werde geschlagen haben	-/ich werde geschlagen worden sein	-/ich werde geschlagen gewesen sein

3.Person Singular, Neutrum, auch bei Verben wie „laufen" möglich

Natürlich wird jemandem, der eine Sprache bewusst zu lernen hat, die Fülle der Verbformen als erschlagend erscheinen und ebenso natürlich kann niemandem die Last, Fachkenntnisse selbst lernen zu müssen, abgenommen werden.

Dennoch gibt es einige hilfreiche Komponenten, die das Lernen erleichtern können. Diese müssen nicht für jede Verbform wieder neu gelernt werden, weil sie immer wieder zu den festen Bestandteilen der verschiedenen Verbformen gehören. Dazu zählen u.a. die Voranstellung der Personalpronomen bei allen, die Kennzeichnung aller Futurformen durch eine an das jeweilige Personalpronomen anschließende Form des Hilfsverbs *werden* sowie die Nutzung des Partizips Perfekt – zumeist erkennbar an der Vorsilbe „ge-" - bei den weitaus meisten Verbformen usw..

Wichtig zu merken ist außerdem, dass es neben den beiden Zeitformen Präsens und Präteritum Aktiv nur noch die zwei davon abgeleiteten Konjunktiv I- und Konjunktiv II -Formen gibt, die nur aus den Personalpronomen und einer Form des (Voll-)Verbs bestehen; alle anderen Tempus- und Modusformen werden unter Mithilfe der drei Hilfsverben *sein, haben* und *werden* sowie von Partizipien gebildet.

Über unseren oben genannten Beispielsatz *Die Sonne scheint* lässt sich nach den letzten Ausführungen festhalten, dass die konjugierte Verbform *scheint,* also das Prädikat des Satzes, im Präsens Indikativ Aktiv steht. Dies bedeutet, dass die im Satz geschilderte Handlung in der Gegenwart verläuft.

Ein weiteres grammatisches Element, das für die Konstitution der Binnenstruktur von Sätzen zentral ist und damit die Möglichkeit eröffnet, zu einem intersubjektiven Verständnis geschriebener oder gesprochener Texte zu gelangen, ist die Deklination von Nomen.

Weil Nomen dadurch grammatisch veränderlich sind, dass sie in die vier Fälle *Nominativ, Genitiv, Dativ* und *Akkusativ* zu setzen sind, können sie auch unterschiedliche grammatische Rollen im Satz spielen: In dem Satz *Der Junge schreibt seinem Freund eine Geburtstagskarte* finden sich drei Nomen (*Junge, Freund, Geburtstagskarte*), die grammatisch jeweils eine unterschiedliche Aufgabe zu erfüllen haben und daher auch unterschiedliche Satzglieder bilden.

Während die konjugierten Verbformen oder Prädikate dem kundigen Leser Informationen über die Zeit- und Realitätsstruktur, aber auch über die aktive oder passive Grundausrichtung eines Satzes liefern, zeigen die Nomen anhand ihres grammatischen Status auf, wer ein Geschehen oder eine Handlung bestimmt (in Aktivsätzen) oder wer darunter zu leiden hat (in Passivsätzen) und wer oder was ansonsten am Geschehen beteiligt ist. Im oben genannten Beispielsatz fungieren die drei Nomen mit ihren Artikeln bzw. ihrem Possessivpronomen (*seinem*) als Subjekt und als Objekte. Im weiteren Verlauf werden wir noch lernen, dass eine Wortfolge erst dann als Satz zu bezeichnen ist, wenn sie die beiden Satzglieder Subjekt und Prädikat enthält.

Woher aber weiß man nun, welche Wörter welche Aufgaben zu erfüllen haben?

Die Satzglieder und ihre Bedeutung für die Binnenstruktur von Sätzen

Um diese Frage beantworten zu können, muss man zwischen den verschiedenen Wortarten, denen sich jedes einzelne Wort der deutschen Sprache zuordnen lässt, und den Satzgliedern, die aus mehr als einem Wort bestehen können, unterscheiden.

Um herauszufinden, welches Wort bzw. welche Wörter (gemeinsam) ein Satzglied bilden, führt man die sogenannte Umstellprobe durch.

Für die Durchführung der Umstellprobe gilt es zu beachten, dass die Umstellungen nicht willkürlich erfolgen sollen, sondern so, dass der ursprüngliche Satzsinn erhalten bleibt. Stellt man dann bei mehreren Umstellungen fest, dass einzelne Wörter in allen Umstellungen in der gleichen Reihenfolge auftauchen, bilden diese zusammen ein Satzglied.

Es folgen nun drei mögliche Umstellungen unseres Beispielsatzes:

Der Junge schreibt seinem Freund eine Geburtstagskarte.
Seinem Freund *schreibt* ***der Junge*** *eine Geburtstagskarte.*
Eine Geburtstagskarte schreibt ***der Junge*** *seinem Freund.*

Dabei zeigt sich, dass *Der Junge* ebenso wie *seinem Freund* und *eine Geburtstagskarte* immer zusammen bleiben, während *schreibt* stets für sich stehen bleibt.

Damit ergibt die Umstellprobe insgesamt vier Satzglieder:

schreibt
Der Junge
seinem Freund
eine Geburtstagskarte

Diese Satzglieder werden nun mit der ***Weglassprobe*** genauer, d.h. von ihrem grammatischen Namen her bestimmt; dazu hält man eines der Satzglieder zu und fragt nach der Lücke im Satz: Der Satz „*Der Junge ..... seinem Freund eine Geburtstagskarte.*" , ruft fast automatisch die Frage: Was tut *der Junge*? , hervor! Die Frage „**was tut**" bzw. „**was geschieht**" ist die Frage nach dem **Prädikat** des Satzes. Das Prädikat ist immer eine Form eines Verbs, hier ist es *schreibt*; *schreibt* ist also das **Prädikat** des Beispielsatzes.
Genauso legt der Satz: „*Der Junge schreibt .... eine Geburtstagskarte.*", die Frage nahe: „**Wem**" schreibt der Junge eine Geburtstagskarte? Diese Frage aber ist die Frage nach dem **Dativ-Objekt.** *Seinem Freun*d ist also ein Dativ-Objekt. Der Satz „*...schreibt seinem Freund eine Geburtstagskarte*" führt zu

der Frage: „**Wer oder was**" schreibt seinem Freund...? Mit „Wer oder was" fragt man nach dem **Subjekt** des Satzes, also danach, wer oder was das Geschehen im Satz vorantreibt, also (im Aktivsatz!!) sozusagen „Täter" ist, oder aber besonders betroffen, also eher das „Opfer" (im Passivsatz). Schlussendlich verweist der Satz: „*Der Junge schreibt seinem Freund ...*" auf die Frage: „**Wen oder was**" schreibt der Junge. Wen oder was ist die Frage nach dem **Akkusativ-Objekt**, womit *eine Geburtstagskarte* als Akkusativ-Objekt des Beispielsatzes bestimmt ist.

Die im folgenden abgebildete Tabelle liefert nun einen Überblick über die Deklination von Nomen unter Berücksichtigung der Tatsachen, dass es hierbei im Deutschen drei grammatische Geschlechter gibt und dass Adjektive zusammen mit Artikel und Nomen dekliniert werden (können).

Nicht unerwähnt bleiben darf - das Deutsche ist ja eine lebende, d.h. sich ständig verändernde Sprache -, dass der Genitiv schon seit vielen Jahren immer seltener verwendet wird. In den letzten Jahren wird in der alltagssprachlichen, aber ebenso der medialen Verwendung auch der Dativ zunehmend durch den Akkusativ ersetzt.

Die Deklination als Voraussetzung der Objekte

1..Beispiel: *der Junge*; der Artikel „**der**" (im Nominativ Singular) lässt das grammatische Geschlecht (= **Genus**) des Nomens erkennen, in diesem Fall: **maskulinum** (= männlich)

Numerus

Fall (lat.: Kasus)	*Singular*	*Plural*	*Fragen*	*Satzglied*
1.Fall= **Nominativ**	**Der** liebe Junge	Die lieben Jungen	**Wer o. was ?**	**Subjekt**
2.Fall= **Genitiv**	Des lieben Jungen	Der lieben Jungen	**Wessen ?**	**Gen.-O**

3.Fall= **Dativ**	Dem lieben Jungen	Den lieben Jungen	**Wem ?**	**Dat.-O**
4.Fall= **Akku-sativ**	Den lieben Jungen	Die lieben Jungen	**Wen** o. **was?**	**Akk.-O**

2.Beispiel: *die Katze*; der Artikel „**die**" (im Nominativ Singular) lässt das grammatische Geschlecht (= **Genus**) des Nomens erkennen, in diesem Fall: **femininum** (= weiblich)

Numerus

Fall (lat.: Kasus)	*Singular*	*Plural*	*Fragen*	*Satzglied*
1.Fall= **Nominativ**	**Die** graue Katze	Die grauen Katzen	**Wer** o. **was ?**	**Subjekt**
2.Fall= **Genitiv**	Der grauen Katze	Der grauen Katzen	**Wessen ?**	**Gen.-O**
3.Fall= **Dativ**	Der grauen Katze	Den grauen Katzen	**Wem ?**	**Dat.-O**
4.Fall= **Akku-sativ**	Die graue Katze	Die grauen Katzen	**Wen** o. **was?**	**Akk.-O**

3.Beispiel: *das Auto*; der Artikel „**das**" (im Nominativ Singular) lässt das grammatische Geschlecht (= **Genus**) des Nomens erkennen, in diesem Fall: neutrum (= sächlich)

Numerus

Fall (lat.: Kasus)	*Singular*	*Plural*	*Fragen*	*Satzglied*
1.Fall= **Nominativ**	Das gute Auto	Die guten Autos	**Wer** o. **was ?**	**Subjekt**
2.Fall=	Des guten	Der guten	**Wessen ?**	**Gen.-O**

Genitiv	Autos		Autos			
3.Fall= **Dativ**	Dem guten Auto		Den guten Autos		**Wem ?**	**Dat.-O**
4.Fall= **Akku- sativ**	Das gute Auto		Die guten Autos		**Wen** o. **was?**	**Akk.-O**

Mit der Möglichkeit der Bestimmung von Satzgliedern und Tempusformen sind die Grundlagen gelegt, um zunächst einmal schon einfache (Haupt-) Sätze für jedermann nachvollziehbar analysieren und interpretieren zu können: Denn so können aufgrund der jeweiligen Verbform Aussagen über die Zeit- und/oder Modalstruktur sowie aufgrund der Satzglieder über die „Täter"- „Opfer"- Beziehung getroffen werden.

Dies sei noch einmal anhand unseres obigen Beispielsatzes *Der Junge schreibt seinem Freund eine Geburtstagskarte* veranschaulicht:

Das Prädikat *schreibt* steht im Präsens Indikativ Aktiv, zeigt uns also als Handlungszeit die Gegenwart. Das Subjekt *der Junge* ist also aktiv handelnd („Täter"), konkret: er ist gerade im Moment in einem noch nicht abgeschlossenen Schreibprozess. Der Satz ergibt schon allein mit diesen zwei Satzgliedern (Subjekt und Prädikat) einen Sinn, könnte also nach *Der Junge schreibt* mit Satzschlusszeichen beendet werden.

Hier findet sich noch einmal die grundlegende Definition dessen, was eine Wortfolge zu einem grammatisch wie inhaltlich vollständigen Satz macht: Eine Wortfolge, die zumindest aus Subjekt und Prädikat besteht, ist satzwertig. Steht dabei das Prädikat an zweiter Stelle der Satzglieder, ergibt der Satz auch allein einen Sinn, er ist dann ein Hauptsatz.

Die hinzugefügten beiden Satzglieder helfen, die Schreibsituation noch besser verstehen zu können. Das Akkusativobjekt *eine Geburtstagskarte* verdeutlicht den Schreibanlass, einen bevorstehenden Geburtstag, das Dativobjekt *seinem Freund* den Adressaten und die mit diesem verbundene besondere Schreib-motivation.

Bislang kennen wir damit die Satzglieder Subjekt, Genitiv-, Dativ- und Akkusativ-Objekt sowie das Prädikat.
Was uns jetzt noch fehlt, sind die sogenannten *adverbialen Bestimmungen*, von denen hier aber lediglich die gebräuchlichsten dargestellt werden sollen. Aus den vorher bereits erarbeiteten Definitionsmerkmalen des Satzes wissen wir, dass ein Subjekt und ein Prädikat hinreichende formal-grammatische Satzmerkmale sind. Dennoch erscheint einem Muttersprachler ein Satz wie *Der Autor sitzt.* eher als ergänzungsbedürftig, weil die bloße Tatsache, dass jemand *sitzt*, als nicht besonders genau erscheint. Da also insbesondere die im Prädikat ausgedrückte Tätigkeit als zu unklar erscheint, werden entsprechende, das Prädikat näher erläuternde Informationen als dem Verb zugeordnet bestimmt.
Hier nun ein erstes Beispiel für die Verwendung solcher adverbialer Bestimmungen:

Der Autor sitzt am Morgen grübelnd an seinem Schreibtisch.

Mit der Umstellprobe erschließt man hier schnell die fünf Satzglieder: *Der Autor, sitzt, am Morgen, grübelnd, an seinem Schreibtisch*. Mit der Weglassprobe lässt sich dann *Der Autor* als Subjekt, die konjugierte Verbform *sitzt* als Prädikat feststellen, das - typisch für einen Hauptsatz - an zweiter Satzgliedstelle steht. Das dritte Satzglied *am Morgen* erschließt man dann bei der Weglassprobe mit der Frage **wann** *sitzt der Autor...?* Die Fragen *wann* oder *wielange* sind Fragen nach der **adverbiale**n **Bestimmung der Zeit**. Das vierte Satzglied grübelnd bestimmt man mit der Frage **wie** *sitzt der Autor...?* Die Frage *wie* ist die Frage nach der **adverbiale**n **Bestimmung der Art und Weise**. Das fünfte und letzte Satzglied *an seinem Schreibtisch* kann dann mit der Frage **wo** *sitzt der Autor...?* bestimmt werden. Mit den Fragen *wo woher wohin* bestimmt man die *adverbiale Bestimmung des Ortes*.

Die nun bekannten Satzglieder und die zugehörigen Bestimmungsfragen:

Satzglieder	Fragen
Subjekt	Wer oder was ?
Prädikat	Was tut/geschieht ?
Genitiv-Objekt	Wessen ?
Dativ-Objekt	Wem ?
Akkusativ-Objekt	Wen oder was ?
adverbiale Bestimmung der Zeit	Wann ? Wie lange ?
adverbiale Bestimmung des Ortes	Wo ? Wohin ? Woher ? Von wo ?
adverbiale Bestimmung der Art und Weise	Wie ?

Zur Vertiefung: Übung zur Bestimmung von Satzgliedern[1]

Jetzt mache für die folgenden Sätze die Umstell- und
Weglassprobe und bestimme auf diese Weise die Satzglieder:

Morgen fahre ich schnell in die Schule.

Dort treffe ich um acht Uhr meinen Freund Philipp.

Hastig erzähle ich meinem Freund meine schönsten Urlaubserlebnisse.

Nach wenigen Minuten läutet die Schulglocke.

Wir gehen schnell in unseren Klassenraum.

Bedeutungsdifferenzierung durch Adjektive und Konjunktiv

Mit der Beschreibung und Einübung der wichtigsten Satzglieder (s.o.) ist die Binnenstruktur von Sätzen erfasst. Mit diesen Mitteln bzw. mit diesem „Handwerkszeug" ist nun ein einfacher, d.h. nur um wenige Satzglieder - neben den obligatorischen Satzgliedern Subjekt und Prädikat - erweiterter Hauptsatz in den meisten Fällen intersubjektiv zu erschließen.

Um jedoch auch feinere Nuancen des von einem Sprecher oder Schreiber Gemeinten erfassen zu können, müsste ein Hörer oder Leser noch einige weitere grammatische Besonderheiten kennen und, durch besonders aufmerksames Lesen oder Zuhören, auch wahrnehmen und für das eigene Verständnis berücksichtigen.

Hier sind zunächst einmal die Adjektive anzuführen. Adjektive können - wie oben gezeigt - mit den Nomen dekliniert, sie können aber auch durch Steigerung verändert werden; so dienen sie insbesondere der genaueren Beschreibung oder auch Wertung von Eindrücken (Positiv), dem Vergleich zwischen zwei Dingen oder Personen (Komparativ) oder der Einschätzung, dass irgendetwas oder irgendjemand unübertrefflich sei (Superlativ).

Steigerungsstufe	*Beispiel*
Positiv (Grundform)	**schön**
Komparativ (Vergleichsform)	**schöner**
Superlativ *(höchste Steigerungsform)*	**am schönsten**

Ein weiteres grammatisches Differenzierungsmittel findet sich in der **Unterscheidung von Indikativ und Konjunktiv.** Dabei stellt man mit Verbformen im Indikativ die Zeitstruktur einer Situation (Vergangenheit, Gegenwart, Zukunft) entweder aus der Sicht einer aktiv handelnden - bei Aktivformen – oder einer von einer Handlung betroffenen „Person" - bei Passivformen - dar. Dazu zwei einfache Beispiele, welche die Unterschiede auf der Ebene der Zeitformen ebenso wie hinsichtlich der sich ändernden Funktion der jeweiligen Subjekte anschaulich werden lassen:

Der Tennisspieler **schlägt** seinen Gegner glatt in zwei Sätzen.
Der Tennisspieler **wird** von seinem Gegner glatt in zwei Sätzen **geschlagen**.

Während das Subjekt „Der Tennisspieler" im Aktivsatz selbst handelt – er **schlägt** ja seinen Gegner -, also sozusagen der „Täter" ist, geschieht ihm im Passivsatz etwas – er **wird geschlagen** -, ist also sozusagen das „Opfer".

Die Konjunktivformen werden zwar von ihrer äußeren Erscheinung her von bestimmten Indikativformen abgeleitet und sind diesen daher in der folgenden Tabelle auf S.32 auch parallel zugeordnet, haben aber in erster Linie keine zeitorientierende Funktion.

Tempus- und Modussystem
Gegenüberstellung der Ableitungstempora des Indikativ
mit den abgeleiteten Modalformen des Konjunktiv

	Indikativ (Wirklichkeitsform)	**Konjunktiv** (Möglichkeitsform)	
	Aktiv	**Konjunktiv I**	**Konjunktiv II**
Präsens	Ich laufe/schlage Du läufst/schlägst Er, sie, es läuft/ schlägt Wir laufen/schlagen Ihr lauft/schlagt Sie laufen/schlagen	- - er, sie, es laufe/schlage - - -	
Präteritum	Ich lief/schlug Du liefst/schlugst...		Ich liefe/schlüge..

47

Futur 1	Ich werde laufen/schlagen...	Er,sie,es werde laufen/ schlagen	
Perfekt	Ich bin gelaufen/ habe geschlagen...	Er, sie, es sei gelaufen/ habe geschlagen	
Plusquam-perfekt	Ich war gelaufen/ hatte geschlagen		Er, sie, es wäre gelaufen/ hätte geschlagen
Futur 2	Ich werde gelaufen sein/ werde geschlagen haben	Er, sie, es werde gelaufen sein/ werde geschlagen haben	

überwiegend
3.Pers.Sing.

Die Unterscheidung der beiden Konjunktive ist letztlich in ihrer hauptsächlichen Verwendungsweise begründet:
Der Konjunktiv I, häufig auch als Konjunktiv der indirekten Rede bezeichnet, dient - auch heute noch - überwiegend einer sachlichen Darstellung, konkret der sachlichen, also wertungsfreien und zutreffenden Wiedergabe des von einem anderen z.B. in Form einer direkten Rede Gesagten, also des wörtlich (direkt) Ausgesprochenen oder Geschriebenen. Hier erschließt sich dann der Zusammenhang des Begriffspaares „direkte und indirekte Rede". Verwendung findet der Konjunktiv I in den Teilen von wissenschaftlichen Arbeiten, in denen die wissenschaftliche Auffassung anderer Autoren nicht als wört-liches, durch Anführungszeichen kenntlich gemachtes Zitat, sondern indirekt, also dem Sinn nach wiedergegeben wird. Im Alltag können wir die indirekte Rede z.B. in Zeitungsartikeln lesen, in denen die Äußerungen von Politikern oder anderen Zeitgenossen nicht wörtlich wiedergegeben werden, sondern indirekt.
Ganz anders stellt sich die Funktion des Konjunktiv II dar.

48

Anschaulich macht dies die für nicht mehr Änderbares stehende Redewendung: „Hätte, hätte, Fahrradkette". Weite Verbreitung fand diese schon Jahre vorher bekannte Redewendung, als ein Journalist 2013 den damaligen Kanzlerkandidaten der SPD nach Fehlern im Wahlkampfmanagement seiner Partei fragte: „Hätte ihre Partei nicht..." Der Journalist wusste natürlich ebenso wie Peer Steinbrück, dass dieser Fehler passiert und nicht mehr gut zu machen war. Dem Journalisten ging es also offenbar nicht um die Information der Zuschauer oder um eine Form der Wahrheitsfindung, sondern bestenfalls um eine Provokation oder gar eine Bloßstellung des Interviewten. Die Provokation saß und hatte die eben durch dieses Interview weit verbreitete und später auch noch durch ein Lied populär gewordene Redensart aus dem Mund Steinbrücks zur Folge.

Damit ist bereits eine wesentliche Funktion des Konjunktiv II umrissen: Man nutzt ihn, um auszudrücken, was man gern in der Vergangenheit anders gemacht hätte, aber eben nicht getan hat.

Eine weitere, ebenfalls im journalistischen, aber auch im politischen und z.T. Im schriftstellerischen Bereich verwendete Funktion besteht darin, Zweifel an der Richtigkeit der Aussagen anderer zum Ausdruck zu bringen.Wenn also ein Redner im Bundestag oder der Kommentator eines Mediums die Formulierung verwendet:

Die Bundeskanzlerin behauptet, sie hätte mit ihrem Schweigen Frau Kramp-Karrenbauer nicht schaden wollen, dann macht die Nutzung des Konjunktiv II ersichtlich, dass der jeweilige Autor der Behauptung der Bundeskanzlerin keinen Glauben schenkt und seine Zweifel an deren Aufrichtigkeit auch seinen Zuhörern oder Lesern nahe bringen möchte.

Hier, wie auch bei vielen anderen sprachlichen Darstellungen, sind also für ein intersubjektives Verstehen genaue Kenntnisse von Verwendungsfunktionen ebenso nötig wie ein aufmerksames Lesen oder Zuhören.

Zur Funktion von Nebensätzen

Um nun auch komplexere Satzstrukturen sachangemessen nachvollziehen zu können, kommt man nicht umhin, sich zusätzlich noch mit dem grammatischen Verhältnis zwischen mehreren Teilsätzen innerhalb eines Gesamtsatzes zu beschäftigen.

Grundsätzlich zu unterscheiden ist hier zwischen Satzkonstruktionen, in denen mehrere Hauptsätze einander nebengeordnet sind - man spricht hier von **Parataxen** – und solchen Konstruktionen, in denen übergeordnete (in der Regel Hauptsätze) und untergeordnete Teilsätze (Nebensätze) miteinander verbunden sind. Im letzteren Fall spricht man von **Hypotaxen**.

Liegen Parataxen vor, möchte ein Autor seinen Lesern oder Zuhörern zwei oder mehrere - gleichrangige - Aussagen vermitteln, die dann zumeist in einem engeren gedanklichen Zusammenhang stehen:

Die Polizisten patrouillierten durch die Straßen und beobachteten die Passanten.

Die Polizisten patrouillierten durch die Straßen, schauten nach Passanten und Geschäften und ermahnten einige Fußgänger und Geschäftsleute.

Der gedankliche Zusammenhang in den obigen Beispielen liegt in den unterschiedlichen durch die drei Verben: „patrouillierten", „schauten" und „ermahnten", ausgedrückten Tätigkeiten und Verhaltensweisen des jeweiligen Subjekts: „Die Polizisten", begründet. Diese gleichrangige Aufzählung aller Aktionen könnte als Teil einer sachlichen Tätigkeitsbeschreibung genutzt werden.

Verwendet ein Autor dagegen Hypotaxen, möchte er offenbar bestimmte Gedanken - in der Regel die im *Hauptsatz* stehenden - in den Vordergrund rücken. Die im Hauptsatz stehenden Gedanken stehen schon allein aufgrund der formalgrammatischen Bedeutung des Hauptsatzes im Vordergrund. Allerdings können Autoren, ebenso in Sachtexten wie in dichterischen Texten, durch Voranstellung von Nebensätzen an den Anfang des Gesamtsatzes, ganz eigene Betonungsschwerpunkte setzen.

Doch nun erst einmal ein Beispiel für eine eher konventionelle Hypotaxe mit vorangestelltem Hauptsatz:

Die Polizisten, die durch die Straßen patrouillierten, **ermahnten einige Passanten und Geschäftsleute,** *die angeordneten Maßnahmen zur Reduzierung von Kontakten zu beachten.*

Natürlich besteht auch zwischen einem Hauptsatz und dem/n ihm jeweils zugeordneten Nebensatz/-sätzen ein (grammatischer) Zusammenhang. In dem oben fett hervorgehobenen Hauptsatz findet sich, eingeschoben zwischen dem Subjekt (*Die Polizisten*) und dem Prädikat (*ermahnten*) ein Nebensatz. Dessen Positionierung im direkten Anschluss an das als Subjekt fungierende Nomen und die Wiederaufnahme des Artikels *die* als Einleitungswort des Nebensatzes verweisen auf die Funktion dieses Nebensatzes: Er liefert eine nähere Erläuterung zum vorangehenden Nomen, ist also ein Relativsatz (vgl. Tabelle S.41). Berücksichtigt man nun, dass ein Hauptsatz auch allein einen Sinn ergibt, wird die untergeordnete, nicht den Hauptsinn - *Die Polizisten ermahnten* - berührende Funktion des ersten Nebensatzes klar. In diesem geht es „nur" darum, die der Hauptaussage zugrundeliegende Tätigkeit des Subjekts mit der Information zu ergänzen, was die Polizisten neben ihrer Haupttätigkeit sonst noch tun. Die zweite nebensatzähnliche Satzerweiterung: *die angeordneten Maßnahmen zur Reduzierung von Kontakten zu beachten* , ist ein „erweiterter Infinitiv" , erkennbar an dem „zu" vor dem Verb „beachten", das hier im Infinitiv steht, also nicht in eine Tempus- oder Modusform gesetzt worden ist. Erweiterte Infinitive gehören deshalb nicht zu den „Sätzen", weil sie weder über ein Subjekt noch ein Prädikat, also eine konjugierte Verbform, verfügen. Der erweiterte Infinitiv hat hier die Funktion, eine inhaltliche Ausführung zum Prädikat *ermahnten* zu geben, also darzulegen, worin die Ermahnung genau besteht.

In der deutschen Grammatik werden nun eine Fülle verschiedener Arten und Funktionen von Nebensätzen in ihrer Relation zum übergeordneten Hauptsatz beschrieben. Auf deren Systematisierung wird im folgenden *nicht* eingegangen. Im Mittelpunkt der weiteren Ausführungen zu den Nebensätzen wird jedoch auf die am häufigsten verwendeten Adverbial- und Attributsätze eingegangen. Diese sollen aus dem anschließend abgedruckten Beispielsatz extrahiert und in ihrer Funktion analysiert werden:

Wenn XY, der sicher nicht auf den Mund gefallen ist, seinen Lehrer, Herrn Z, als Oberfeldwebel bezeichnet, obwohl dieser ein so netter Mensch ist, dass er keiner Fliege etwas zu Leide tun könnte, treibt das Herrn Z die Tränen in die Augen, während XY, weil er leicht sadistisch veranlagt ist, nur hämisch grinst, als er sieht, dass sein Versuch, Herrn Z zu ärgern, den gewünschten Erfolg erzielt hat, um dessen Erreichen es ihm so sehr gegangen ist.

Das ist natürlich ein sehr komplexer, aus nur einem Gesamtsatz bestehender Text!

Bei einem solchen Text muss es zunächst darum gehen, die möglichen Haupt- von den Nebensätzen zu unterscheiden. Dazu sollte man wissen, dass die Anzahl der Prädikate zeigt, aus wie vielen Teilsätzen ein Gesamttext besteht. Da in unserem Beispielsatz zehn konjugierte Verbformen zu finden sind, besteht der Gesamtsatz also aus zehn Teilsätzen. Um nun die Haupt- von den Nebensätzen unterscheiden zu können, sollte man sich daran erinnern, dass ein Nebensatz von einer einleitenden Konjunktion eröffnet und von dem Prädikat beendet wird. Mit diesem Hintergrundwissen findet man schnell die hier verwendeten, jeweils einen Nebensatz einleitenden Konjunktionen:

Wenn XY, der sicher nicht auf den Mund gefallen ist, seinen Lehrer, Herrn Z, als Oberfeldwebel bezeichnet, obwohl dieser ein so netter Mensch ist, dass er keiner Fliege etwas zu Leide tun könnte, treibt das Herrn Z die Tränen in die Augen, während XY , weil er leicht sadistisch veranlagt ist, nur hämisch grinst, als er sieht, dass sein Versuch, Herrn Z zu ärgern, den gewünschten Erfolg erzielt hat, um dessen Erreichen es ihm so sehr gegangen ist.

Zu finden sind hier also neun Konjunktionen, die zeigen, dass dieser Text   neun Nebensätze enthält. Fügt man den Konjunktionen noch die entsprechenden Prädikate hinzu, ergeben sich die folgenden Nebensätze:

Wenn XY seinen Lehrer als Oberfeldwebel bezeichnet
      der sicher nicht auf den Mund gefallen ist
obwohl dieser ein so netter Mensch ist
                dass er keiner Fliege etwas zu
Leide tun könnte
      während XY   nur hämisch grinst
weil er leicht sadistisch veranlagt ist   als er sieht
            dass sein Versuch den gewünschten
Erfolg erzielt hat
um dessen Erreichen es ihm so sehr gegangen ist

Wenn man sich nun die verbleibenden Teilsätze und Satzelemente herauszieht, bleibt Folgendes übrig:

Herrn Z
treibt das Herrn Z die Tränen in die Augen
Herrn Z zu ärgern

Der einzige nun noch verbleibende Teilsatz mit einer konjugierten Verbform („*treibt*") muss der Hauptsatz sein, zumal die Verbform am Anfang des Teilsatzes steht.
Herrn Z enthält keinerlei Verbform, hat damit keine

Satzwertigkeit. Aufgrund seiner Abgrenzung vom Rest des Gesamtsatzes durch Kommata und dadurch, dass *Herrn Z* unmittelbar an das Nomen *Lehrer* angeschlossen wird, erfüllt diese Einheit die Definitionsmerkmale einer Apposition. Eine Apposition gibt eine nähere Erläuterung zum voranstehenden Nomen, in diesem Fall nennt sie den Namen des Lehrers.

Auch die Einheit *Herrn Z zu ärgern* erfüllt nicht die Merkmale eines Satzes: *Herrn Z* steht, erkennbar am „n" in *Herrn* nicht im Nominativ, kann also kein Subjekt sein; zu ärgern ist ein um „*zu*" erweiterter Infinitiv und da also das Verb nicht konjugiert ist, liegt auch kein Prädikat vor.

Stellt man den ersten Nebensatz und den Hauptsatz zusammen:

Wenn *XY seinen Lehrer als Oberfeldwebel* **bezeichnet,...,** *treibt das Herrn Z die Tränen in die Augen...*

wird ersichtlich, warum der wenn-Satz am Anfang steht. Die im Nebensatz genannte Bedingung: *wenn...bezeichnet*, ist es, die die im Hauptsatz genannte Reaktion des Lehrers: *Tränen in die Augen*, auslöst.

Der **Konditionalsatz** und der Hauptsatz bilden so das sinn-tragende Zentrum des Gesamtsatzes. Der zweite, hier als Einschub verwendete Nebensatz knüpft unmittelbar an die Namensgebung *XY* an und stellt mit der den Nebensatz einleitenden Konjunktion *der* einen **Relativsatz** dar. Dieser hat hier die Funktion eine spezifische Eigenschaft von XY (*nicht auf den Mund gefallen*) zu benennen.

Der im Konditionalsatz unmittelbar an *seinen Lehrer* anknüpfende Einschub *Herrn Z* hat, wie oben schon dargelegt, keine Satzwertigkeit, sondern fungiert als **Apposition**.

Die weiteren beiden zwischen dem Ende des ersten Nebensatzes ...*als Oberfeldwebel bezeichnet* und dem Beginn des Hauptsatzes eingeschobenen Nebensätze lauten *obwohl dieser ein so netter Mensch* **ist** **dass** *er keiner Fliege etwas zu Leide tun könnte*. Sie stellen mit dem durch *obwohl* eingeleiteten und in der Formulierung *netter Mensch* eingeräumten **Konzessivsatz** heraus, dass die im Konditionalsatz von *XY* verwendet Bezeichnung *Oberfeldwebel* für *Herrn Z* eher unzutreffend ist. Dies um so mehr, weil durch die Hinzufügung von *so* vor *netter Mensch* der anschließende, durch *dass* eingeleitete Nebensatz als vom Konzessivsatz abhängiger **Konsekutivsatz** fungiert. Dadurch wird als Folge der Nettigkeit von *Herrn Z* hervorgehoben, dass dieser *keiner Fliege etwas zu Leide tun könnte.* Der dann auf den Hauptsatz folgende, durch *während* eingeleitete adversative Nebensatz stellt hier keinen zeitlichen Zusammenhang her, sondern einen Gegensatz inhaltlicher Art zum Hauptsatz, also zwischen *Herrn Z* und *XY*: *treibt das Herrn Z die Tränen in die Augen, während XY,..., nur hämisch grinst.*

Der durch *weil* eingeleitete, nach *XY* im **Adversativsatz** eingeschobene sechste Nebensatz ist ein **Kausalsatz,** der die Begründung für das hämische Grinsen von XY damit erklärt, dass dieser *leicht sadistisch veranlagt* sei. Der siebte Nebensatz *als er sieht* stellt ein zeitliches Verhältnis zum Adversativsatz her: In dem Moment, in dem XY wahrnimmt, dass Herr Z in Tränen ausbricht, fängt er an zu grinsen.

Der direkt an das Prädikat des **Temporalsatz**es anknüpfende achte, durch *dass* eingeleitete Nebensatz *dass sein Versuch den gewünschten Erfolg erzielt hat* ersetzt ein im Temporalsatz fehlendes (Akkusativ-) Objekt, stellt damit als **Objektsatz** einen Zusammenhang zwischen seiner absichtsvollen Bezeichnung des Lehrers als *Oberfeldwebel* und seiner optischen Wahrnehmung von dessen Reaktion her. Der neunte und letzte, durch um eingeleitete **finale Nebensatz** *um dessen Erreichen es ihm so sehr gegangen ist* macht klar, dass XY sein Ziel, den Lehrer so sehr zu ärgern, dass er in Tränen ausbricht, unbedingt erreichen wollte.

Zusammenfassung zu den behandelten Nebensatzarten

Nebensatzart	eingeleitet durch	Funktion
Konditionalsatz	wenn, falls	Nennt eine Bedingung, die erfüllt sein muss, damit das im Hauptsatz Gesagte erfüllt wird
Relativsatz	Relativpronomen wie *der, die, das, welcher...* oder andere deklinierte Formen, je nach voran-gehendem Bezugsnomen	Gibt eine nähere inhaltliche Erläuterung zu dem dem Relativpronomen unmittelbar voraufgehenden Nomen
Konzessivsatz	Obgleich, obwohl	Stellt ein Zugeständnis oder eine Einschränkung der vorangegangenen Aussage dar
Objektsatz	dass	ersetzt eine dem Prädikat des vorangehenden Teilsatzes fehlende inhaltliche Bestimmung, wie sie ein Objekt liefern kann
Adversativsatz	während	Stellt einen Gegensatz zur vorausgegangenen Aussage dar
Kausalsatz	Weil, da,...	Gibt eine Begründung zu etwas vorher Dargestelltem
Temporalsatz	Als, während...	Stellt ein zeitliches

		Verhältnis dar
Finalsatz	Damit, um...	Stellt das Ziel einer Handlung... dar
Konsekutivsatz	(so)..., dass	Nennt die Folge aus einer vorher geschilderten Handlung

Zur Anwendung des Handwerkszeugs

Im weiteren Verlauf soll nun das erworbene Handwerkszeug eingesetzt werden, um anhand von Beispielen die intersubjektive Deutung unterschiedlicher Arten von Texten darzustellen. Dabei werden zunächst die drei großen Gruppen literarischer Texte untersucht, anschließend mehrere Beispiele von Sachtexten.
Für jeden dieser Bereiche wird zunächst eine exemplarische Einführung in die spezifischen Herangehensweisen an die jeweilige Textart gegeben. Daran anschließend wird es darum gehen, diese Methoden zu veranschaulichen und zu üben.

Der Leser kann von hier an seinen Neigungen entsprechend in seiner Lektüre fortfahren, muss also nicht linear weiterlesen.

3 Exemplarische Einführung in die Interpretation literarischer Texte

3.1 Gedichte untersuchen

Gedichte sind vermutlich die am wenigsten privat gelesenen und umstrittensten literarischen Texte. Die einen lieben sie wegen ihrer sprachlichen Schönheit, andere lehnen sie wegen ihrer scheinbaren Unklarheit ab.

Zu tun hat das wohl mit ihrer sprachlich-inhaltlichen Knappheit sowie dem damit im Zusammenhang stehenden Reichtum an sprachlichen Bildern, die für ein Verstehen manches Mal noch höhere Hürden darstellen als ein verschachtelter Satzbau. Nicht wenige Gedichte verlangen daher vom Leser ein höheres Maß an Verstehensanstrengung als z.B. ein erzählerischer Text.

Von daher wird ein Gedicht gelegentlich mit Rätseln verglichen, die ja ebenfalls in aller Kürze die Neugier des Lesers oder Hörers herausfordern, eine Lösung zu finden. Wie bei den sprachlichen Bildern in einem Gedicht wird auch in einem Rätsel etwas Vorstellbares in ein Bild gefasst. Aufgabe des Betrachters ist es dann, hinter dem Bild zu erfassen, was der Autor eigentlich meint.

Dazu drei bekannte Rätsel-Beispiele, auf die hier nur an einem der Beispiele „enträtselnd" eingegangen werden soll:

- Ich ging einmal im Wald, begegnet mir ein Tier. Das Tier hatte Hörner, es steckte die Hörner in die Tasche.

- Zwei Brüder gehen auf einem weißen Feld spazieren, ein großer und ein kleiner, und der Kleine hat mehr zu sagen als der Große.

  - Es wächst auf einem Acker
    Hält sich brav und wacker,
    hat sieben Häute

beißt alle Leute.

Aus einer Ich-Perspektive wird die Begegnung mit einem Tier bei einem Waldspaziergang benannt. Der Leser denkt bei `Begegnung´ eher an ein Treffen auf „Augenhöhe" , also ein Treffen mit einem gleichgroßen Tier. Bei der Beschreibung des Tieres wird die Eigenschaft, Hörner zu besitzen, hervorgehoben. Die erste Assoziation lässt an Kühe, Gämsen o.ä. denken. Merkwürdig wird es dann für den Leser, wenn er liest, dass dieses Tier über eine Tasche verfügt und die Hörner dort hineinstecken kann. Dies klingt, als könne das Tier seine Hörner abnehmen. Da die meisten Leser kein Tier kennen dürften, das über abnehmbare Hörner verfügt und zudem eine Tasche mit sich trägt, wird dem Leser spätestens hier klar, dass es dem Rätselautor nicht um wirkliche Hörner geht, sondern um etwas, das hornähnlich ist, also z.B. sich wie Hörner am Kopf befindet und von dem Tier von dort irgendwie entfernt werden kann. Entsprechendes gilt dann für die Tasche. Auch hier geht es nicht um eine wirkliche Tasche, sondern um etwas, worein die Hörner entfernt werden können. Löst man sich dann von dem ersten Eindruck, es müsse sich um ein großes Tier handeln, kommt man schnell darauf, dass das einzige Tier, das etwas Hornähnliches auf dem Kopf trägt und dies von dort verschwinden lassen kann, eine Schnecke ist, die ihre „Hörner" einziehen kann.

So wie bei einem Rätsel wird der Leser auch durch ein Gedicht dazu angehalten, hinter der Oberfläche der Worte das zu suchen, was der Autor dort verborgen hat.
Um also die jeweilige Oberflächenerscheinung eines Gedichtes besser durchdringen zu können, muss man sich als Leser zunächst mit den Besonderheiten der Gattung Lyrik beschäftigen und diese in Ergänzung zum grundlegenden grammatischen Handwerkszeug einsetzen.
Als Beispiel und Anschauungsgegenstand mag hier das folgende Gedicht von Wilhelm Busch (1832 – 1908) „Schein und Sein" dienen:

Mein Kind, es sind allhier die Dinge,
Gleichwohl, ob große, ob geringe,
Im wesentlichen so verpackt,
Dass man sie nicht wie Nüsse knackt.

Wie wolltest du dich unterwinden,
Kurzweg die Menschen zu ergründen.
Du kennst sie nur von außenwärts.
Du siehst die Weste, nicht das Herz.

Das für ein Gedicht Typische fällt einem Betrachter natürlich sofort ins Auge: Die Zeile (=*Vers*) in einem Gedicht ist kürzer als bei einem Erzähltext und wird nicht durch das eigentliche Zeilenende bestimmt, sondern vom Autor gesetzt. Die Verse sind darüber hinaus zu Blöcken (=*Strophen*) zusammengefasst, die durch einen größeren Zeilenabstand voneinander getrennt sind. Strophen mit vier Versen wie in unserem Beispieltext werden auch als **Quartett**e, solche mit drei Versen als **Terzett**e bezeichnet. Bei genauerer Betrachtung fällt dann noch auf, dass die am Ende von Vers 1 und Vers 2 stehenden Worte *Dinge – geringe* sich ebenso miteinander **reimen** wie die Endworte von Vers 3 und Vers 4 *verpackt – knackt*. Derartige Reime nennt man *Paarreime*. Der somit exemplarisch beschriebene Aufbau eines lyrischen Textes in Verse, Strophen und unter Verwendung von Reimen ist für eine Vielzahl von Gedichten üblich. Allerdings können derart gebaute Gedichte sich noch hinsichtlich der Verslängen, der Anzahl der Verse je Strophe und auch hinsichtlich der Reimart unterscheiden. Wollen wir nun dem Verständnis dieses lyrischen Beispieltextes näherkommen, verschaffen wir uns zunächst einen knappen **inhaltlichen Überblick** über den zu untersuchenden Text:

In Strophe eins wird einem direkt angesprochenen *Kind* erklärt, dass die am Gesprächsort befindlichen Dinge verpackt und anders als Nüsse zu öffnen seien.
Die Schwierigkeit Menschen zu verstehen, begründet der

Sprechende in Strophe zwei damit, dass man nicht in sie hineinsehen könne.

Um nun den Text genauer zu betrachten, gehen wir zunächst von unserem bisher schon erworbenen, auf alle Arten von Texten anwendbaren grammatischen Handwerkszeug aus, ehe wir uns den Besonderheiten dieses Beispiels für einen lyrischen Text zuwenden:

Auf die nicht satzwertige Anrede *Mein Kind* folgt der Hauptsatz *es sind allhier die Dinge (...) Im wesentlichen so verpackt.* In den Hauptsatz eingeschoben findet sich nach *Dinge* die Apposition *Gleichwohl, ob große, ob geringe*, ehe in Vers 4 von Strophe eins ein Nebensatz folgt, der am einleitenden *dass* und am Prädikat *knackt* am Satzende erkennbar ist.

Soweit zur Feststellung der mit unserem Handwerkszeug ermittelbaren grammatischen Grundstruktur von Strophe eins.

Die **Deutung** eines zumeist ja nicht besonders zeilenreichen lyrischen Textes verlangt gerade aufgrund seiner Knappheit eine möglichst genaue und dazu auch noch möglichst **lineare Betrachtung**. **Ausgangspunkt**, zumindest unbedingt zu berücksichtigender Gesichtspunkt der Interpretation sollte der **Titel** des jeweiligen Gedichtes sein. In unserem Beispieltext verwendet Busch als Titel das gegensätzliche Begriffspaar *Schein und Sein.* Die stets nur Gleichrangiges verbindende Konjunktion *und* verknüpft beide und stellt so beide als faktisch gegeben und miteinander verbunden dar.

Auch für die weitergehende Deutung eines lyrischen Textes gilt es, das intersubjektiv eindeutig feststellbare sprachlich-grammatikalische Handwerkszeug und darüber hinaus dessen Funktion für den Inhalt eines Textes heranzuziehen, um so zu einer möglichst stimmigen und widerspruchsfreien Gesamtdeutung zu gelangen. Zu ergänzen ist das vorher schon erworbene Handwerkszeug um die von der Literaturwissenschaft definierten sprachlich-stilistischen sowie bildlichen Mittel. Ebenso wie unser grammatisches Handwerkszeug stützt auch das literaturwissenschaftliche

Handwerkszeug (vgl. Tabelle auf S.51f.) eine intersubjektiv nachprüfbare Analyse von Textelementen. Darüber hinaus hilft auch bei diesen Textelementen das Wissen um deren jeweilige Bedeutung und Funktion, dem Gesamtverständnis, d.h. dem inneren Zusammenhang der Bedeutungselemente auf die Spur zu kommen.

Die direkte Anrede zu Beginn von Vers eins ebenso wie das in Strophe zwei dreimal angesprochene „Du" (V.1, 3 und 4) deuten an, dass eine nicht ausdrücklich genannte Person, seien es Mutter oder Vater oder ein anderer, vermutlich älterer Mensch, zu der als *Mein Kind* angeredeten Person spricht und ihr etwas erzählen oder erklären will. Dass es sich hier eher um eine Erklärung als um eine Erzählung handelt, wird durch die mit Subjekt und Prädikat des Hauptsatzes *die Dinge [sind]... so verpackt* als Tatsache darge-stellte Aussage ersichtlich. Deutlich wird damit, dass die erklären-de Person dem Kind ebenso wie dem Leser vermitteln will, dass man *die Dinge* nicht so zu Gesicht bekommt, wie sie sind, weil sie ja *verpackt* sind. Der Betrachter bekommt also nur etwas Äußeres zu sehen, nicht das, was das *Ding* wirklich ausmacht. In diesem Teil wird zudem anschaulich, was Wilhelm Busch mit seinem Titel andeuten möchte: Dass, was wir in den Dingen zu sehen meinen, ist nur ein äußerer Schein, nicht aber das wirkliche Sein der Dinge. Die für den Leser im Gesamttext nicht genauer erklärte Orts-angabe *allhier* in Vers 1 verweist auf den Ort der Gesprächssituation der beiden fiktiven Personen – Erklärender und Kind – im Gedicht, damit auf den Text als Beispiel für Literatur selbst. Das hieße, dass die in einem literarischen Text benannten *Dinge* verpackte, also für den ersten Blick verhüllte Dinge sind, deren wahren Gehalt der Leser erst `entpacken´ muss, um ihn zu Gesicht zu bekommen. Die erklärende Person ergänzt mit der Apposition in Vers 2 , die zugleich eine **Alliteration** auf „g" und „o" enthält, dass *allhier* alle Dinge, unabhängig von Größe oder Bedeutung, dergestalt den Augen des Betrachters entzogen sind. Das dem Prädikatsteil *verpackt* vorangestellte Adverb *so* im Zusammenhang mit dem *dass* am Anfang des in

Vers 4 einsetzenden Nebensatzes, macht klar, dass dieser ein Konsekutivsatz ist, der nun als Folge derartiger Verpackung der Dinge anführt, *Dass man sie nicht wie Nüsse knackt*. Das *wie* vor *Nüsse* zeigt im Zusammenhang mit der Negation *nicht* einen hier zu entschlüsselnden **Vergleich**: Um also zu verstehen, wie man *allhier die Dinge* entpackt, soll man erst einmal begreifen, wie dies n i c h t klappen wird, nämlich so *wie* man *Nüsse knackt*. Macht man sich klar, dass man hartschalige Nüsse erst durch Einsatz von Kraft knacken kann, wobei dann meist das Gehäuse der Nuss zerstört wird, wird ersichtlich, dass das Entpacken der *Dinge allhier* nicht mit physischem Krafteinsatz gelingen kann. Wenn damit aber klar ist, dass die *Dinge* nicht mit körperlichen, sondern eher mit geistigen Mitteln zu entpacken sind, kann zwar die Verpackung materieller Natur sein, jedoch können die zu entpackenden, durch die Verpackung verborgenen *Dinge* auch keine sinnlich fassbaren Dinge sein, sondern müssen ebenfalls geistiger Natur sein.

Nicht klar wird damit jedoch, welcher Bedeutungsinhalt der eher geistigen Dinge denn nun gemeint ist. Das liegt daran, dass Busch seinen Erklärer in Strophe eins ganz allgemein, quasi über die Grundprinzipien der Beschaffenheit der *Dinge allhier* sprechen lässt.

Dass dem Leser im Text aber auch gar keine eindeutige Definition von Inhalten geliefert werden soll, veranschaulicht dann Strophe zwei. Diese besteht aus einem einleitenden Hauptsatz in Vers eins, an den sich in Vers 2 ein erweiterter Infinitiv anschließt, ehe in jedem der beiden Verse drei und vier jeweils ein weiterer Hauptsatz folgt. Als Gemeinsamkeit zu Strophe eins lässt sich auch hier für die Verse eins und zwei sowie drei und vier jeweils ein Paarreim feststellen.

Der einleitende Hauptsatz ist - erkennbar am einleitenden Fragepronomen *wie* - in Form einer Frage gestaltet. Schwierigkeiten wirft das heute nicht mehr gebräuchliche Verb *unterwinden* auf, das so viel wie *etwas wagen* bedeutet. Damit bekommt die an das Du gerichtete, den Inhalt des Wagnisses noch offen lassende Frage *Wie wolltest du dich unterwinden,* den Anklang eines Zweifels am gesunden Menschenverstand seines Gegenüber. Im Zusammenhang mit Strophe eins ist daran zu erinnern, dass dort als allgemeine Beschaffenheit der *Dinge allhier* deren `Verpacktheit´ und das Mittel zur Entpackung als außerhalb physischer Gewalt liegend erklärt worden ist. Insofern erhält die Frage die Funktion eines Beispiels, das die Schwierigkeit der Entpackung anschaulich machen soll.

Die Eindringlichkeit der Frage wird noch verstärkt durch die beiden **Alliterationen** auf „w" und „d" in diesem Vers. Der erweiterte Infinitiv in Vers zwei nennt dann als Gegenstand des Wagnisses *Kurzweg die Menschen zu ergründen* . Die den Zweifel des Sprechenden auslösenden Elemente sind zum einen das zeitliche Adverb *Kurzweg* sowie die verblasste **Metapher** *Menschen...ergründen.* Das genannte Adverb macht im Zusammenhang mit der Frage ersichtlich, dass der Erklärende nicht an eine schnelle Bewältigung des Wagnisses glaubt. Die Metapher und damit der Gegenstand des Wagnisses umfasst bildlich die Vorstellung, es sei möglich, dem Wesen Mensch oder auch einer einzelnen Person auf den Grund zu gehen, also bestimmen zu können, was diese Person oder das Wesen des Menschen tatsächlich ausmacht.

Die letzten beiden, **anaphorisch** mit *Du* begonnenen und vom Aufbau her als **Parallelismus** gestalteten Verse liefern die Begründung des Sprechenden für seine Zweifel am Wagnis des angesprochenen Du. Er behauptet nämlich in Strophe 2, Vers 3, dass das angesprochene Kind nur auf das Äußere des Menschen schaue, damit analog zu Strophe eins nur auf die Verpackung des eigentlichen *Dinges.* Im letzten Vers schließlich konkretisiert er mit seiner zweiten Behauptung die Wahrnehmung der Außensicht auf einen Menschen mit dem als **pars pro toto** verwendeten Nomen *Weste.* Diese äußeren Attribute zu sehen, erlaube es nach Ansicht des Sprechenden aber nicht zu glauben, man habe dadurch diesen Menschen ergründet, d.h. verstanden. Als Beispiel für das, was einem bei dieser Beschränkung auf die äußeren Gegenstände der Wahrnehmung entgeht, nennt der Sprechende das *Herz*. So wie die *Weste* nur ein verkürztes Sinnbild für den äußeren Menschen ist, ist auch das *Herz* nur Sinnbild für die Elemente, die den oder einen Menschen ausmachen, die man aber nicht mit den Augen sehen oder den Werkzeugen des Chirurgen sichtbar machen kann. Denn die *Dinge allhier*, wie Buschs Sprecher es in Strophe eins bildlich ausdrückt, lassen sich *nicht wie Nüsse* knacken.

Was Busch damit seinem Leser vermitteln möchte, kann durchaus als zeitlose Weisheit zusammengefasst werden: Wir müssen als Menschen lernen, stets zwischen Schein und Sein zu unterscheiden, und zudem begreifen, dass das Sein der Dinge nicht an deren Oberfläche zu erkennen ist. Ferner, dass es nicht leicht und *kurzweg* zu schaffen ist, den Dingen auf den Grund zu gehen. Dies braucht Zeit, denn wenn man etwas oder jemand ergründen möchte, muss man sich durch dessen Verpackungen arbeiten, um hinter diesen dessen Sein erfassen zu können.

Am Ende einer solchen Deutung sollte man noch einmal innehalten und zusammenfassen, was man denn nun aus dem Zusammenspiel von Sprache, Form und Inhalt erschlossen hat: Die Quintessenz von Buschs Text steckt sowohl in dem allgemeinen Gedanken aus Strophe eins, dass man dem Verständnis der *Dinge* nicht mit grobem physischen Kraftaufwand näher kommt, und der Veranschaulichung in Strophe zwei, die zum einen zeigt, dass auch der Mensch zu den schwierig zu erschließenden Dingen gehört, und zum anderen, dass man nicht vorschnell von Äußerlichkeiten auf den tatsächlichen Kern eines *Dinges* schließen sollte.

Zwischenfazit - was unterscheidet Gedichte (noch) von anderen Texten ?

Neben den oben bereits eingeführten formalen Mitteln wie Verslänge, Strophe und Reim verwenden Lyriker eine Fülle von weiteren sprachlich-stilistischen, aber auch bildlichen Mitteln. Von den zuletzt Genannten haben wir in unserem einführenden Beispieltext bereits Alliteration, Anapher und Parallelismus sowie bei den bildlichen Mitteln Metapher und Vergleich kennengelernt.

Grundlegend aber bedingt die durch Verslänge, Strophenbau und Reim geprägte äußere Form eines Gedichtes auch dessen sprachliche Form. Ein Auszug aus Gottfried Kellers *Abendlied* mag das veranschaulichen:

> Augen, meine lieben Fensterlein,
> gebt mir schon so lange holden Schein,
> lasset freundlich Bild um Bild herein:
> Einmal werdet ihr verdunkelt sein!

Im Gedicht benutzen Lyriker oftmals eine sogenannte gebundene Sprache, die von unserer ungebundenen Alltags- oder Prosasprache abweicht. Daraus ergeben sich Veränderungen der sprachlichen Form wie im Auszug aus Kellers Text:

Weglassen des Personalpronomens „ihr" („[ihr] gebt mir...) in V.1f

Verniedlichungsform „-lein", V.1

Bilder: - *Vergleich* „Augen – Fenster"

Metapher: verdunkelte Fenster: Tod

Personifikation „freundlich(e)" Augen/Fenster

vage Darstellung: „schon so lange", „Einmal"

ungewöhnlicher Sprachgebrauch: „holder Schein"

Die genannten Beispiele zeigen mit ihren Uneindeutigkeiten sowie den eher auf Stimmungen als auf den Verstand abzielenden Formulierungen im Vergleich zur alltäglichen Prosasprache folgendes auf: Während es einem Sprecher von Alltagssprache darum geht, mit einfachen, um Klarheit und Eindeutigkeit bemühten Aussagesätzen dem Leser ein bestimmtes, vom ihm beabsichtigtes Verständnis des Gesagten oder Geschriebenen näher zu bringen, möchte ein Lyriker eine Offenheit der Deutung für den Leser erreichen, der sich im lyrischen Text selbst wiederfinden kann.

Bevor wir anhand weiterer Beispiele zu einer Vertiefung des bisher schon Dargestellten kommen, sollen im folgenden zunächst einmal einige weitere zentrale Stil- und Bildmittel benannt werden, um sie später als weiteres Handwerkszeug nutzen zu können.

Zentrale Stil- und Bildmittel [1]

Anapher: gleiches Wort am Anfang aufeinander folgender *Verse* (innerhalb einer Gedichtstrophe) oder *Sätze* (bei epischen oder dramatischen Texten)

Alliteration: Wiederholung des Anfangsbuchstabens in unmittelbar aufeinander folgenden Wörtern (z.b.: meistens machen Manager morgens Mist mit Morgenmuffeln)

Parallelismus: Gleichlauf der Satzglieder in aufeinander folgenden Versen oder Sätzen (z.b.: Die Politik, die macht mich heiß. Die Politiker, die lassen mich kalt.)

Sprachliche Bilder: *Metapher* ist ein Wort bzw. eine Wortgruppe, bei der zwei **Dinge** aus unterschiedlichen Bereichen zu einem neuen, bildhaften Ausdruck zusammengeführt werden (z.b.: Fluss-arm, Tisch-fuß, Nadel-kopf, Rede-fluss, Licht der Wahrheit etc.; bei Gryphius z.b. Glieder Kahn etc.), oder durch **ausschmückende Beiworte** (Adjektiv-Attribute): - der listenreiche Odysseus (Homer); „der Mond" als „silbern" (Klopstock/Empfindsamkeit), der „Mond" als „golden" (Romantik) oder als „rot", „gelb", „bleich" (Impressionismus) verbildlicht werden.
Im *Vergleich* wird - zumeist an „wie" erkennbar - eine bildhafte Beziehung zwischen zwei Bereichen hergestellt (z.B. sein Mund war beim Gähnen geöffnet *wie ein Scheunentor)*; beim

Gleichnis wird der Vergleichsbereich breit ausgestaltet (Bibel und andere erzählende Texte); dagegen ist die *Parabel* ein Gleichnis mit selbstständiger Handlung, in der eine Wahrheit durch einen Vorgang aus einem anderen Vorstellungsbereich anschaulich gemacht wird (z.B. die passive, alles von außen erwartende Lebenshaltung in den Parabelfiguren Kafkas). Während die zuvor gekennzeichneten Begriffe den Rückgriff auf andere Bereiche zur Veranschaulichung nutzen, bedient sich die *Parodie* eines anderen Bereiches, konkret: einer bekannten Textvorlage, verzerrt diese beziehungsweise stellt diese übertreibend dar. Parodiert werden können ein einzelnes Werk, ein Autor, eine Gattung, ein Epochenstil, deren vermeintliche oder tatsächliche Unzulänglichkeiten lächerlich gemacht werden sollen; in der Gegenwart dient der parodierende Rückgriff auf bekannte Texte aber auch schlicht der belustigenden Unterhaltung.

Als *Personifikation* bezeichnet man die einfache Belebung eines Dings oder Abstraktums, z.B. „Süßer Friede" (Goethe), „Schön ist der Friede" (Schiller) bzw. „Der schnelle Tag" und „Nacht schwingt ihre Fahn" (Gryphius)

Als *Synästhesie* bezeichnet man die Mischung zweier oder mehrerer Sinnenbereiche (z.B. Farb-ton); besonders häufig finden sich Synästhesien in Romantik und Symbolismus/Impressionismus:

- „Golden wehn die Töne nieder" (Brentano)

- „Wie es süß zum Herzen spricht" (Brentano)

- „Die gläsernen Paläste klingen spröder an deinen Blick" (Rilke)

Reimformen

Der Begriff Reimformen bezieht sich auf die Versenden in Gedichten, wobei gleich klingenden Versenden gleiche Buchstaben zugeordnet werden, aus denen sich dann ein Schema der Übereinstimmung im Klang ergibt:

Paarreim: hierbei reimen sich die Versendungen (fett hervorgehoben) in direkt aufeinanderfolgenden Versen; das Schema lautet aa, bb,... ; *ein* Paarreim besteht also aus *zwei* Versen (z.B. „Der Peter war ein Renomm**ist**,

ihr wisst vielleicht nicht, was das **ist**.")

Kreuzreim: Schema a b a b; d.h. *ein* Kreuzreim besteht immer aus *vier* Versen; den Namen kann man sich in Erinnerung rufen, wenn man die sich reimenden Versendungen durch Bögen miteinander verbindet, denn dann kreuzen sie sich.

Umschließender Reim: Schema a b b a; d.h. *ein* umschließender Reim besteht ebenfalls aus *vier* Versen; den Namen kann man sich wieder durch Verbindung der Reimenden in Erinnerung rufen, denn dann werden zwei innen liegende Verse von zwei äußeren Versen umschlossen (Beispiel s.u. im Gedicht von Gryphius).

Schweifreim: Schema ccd eed; ein Schweifreim besteht aus mindestens drei Versen, jedoch tritt er meist im „Doppelpack" auf (Beispiel s.u. im Gedicht von Gryphius).

Exemplarische Einführung in die metrische Analyse

Ein weiteres, traditionell immer wieder in lyrischen, z.T. auch in dramatischen Texten (klassische Epoche) verwendetes formales Mittel ist die Gestaltung der Verszeilen mittels verschiedener Metren, d.h. in einer bestimmten Abfolge betonter und unbetonter Silben. Die metrische Analyse, das dafür hilfreiche Handwerkszeug, aber auch einige ihrer Probleme sollen nun am Beispiel des bekannten barocken Sonetts *Abend* von Andreas Gryphius aufgezeigt werden.

Andreas Gryphius (1616 – 1664) „*Abend*"	Zusammen- fassung zum Inhalt
Der schnelle Tag ist hin, die Nacht schwingt ihre **Fahn** Und führt die Sternen auf. Der Menschen müde **Scharen** Verlassen Feld und Werk; wo Tier und Vögel **waren**, Traurt itzt die Einsamkeit. Wie ist die Zeit **vertan**!	- Ein-druck vom Tagesab-lauf
Der Port naht mehr und mehr sich zu der Glieder **Kahn.** Gleich wie dies Licht verfiel, so wird in wenig **Jahren** Ich, du, und was man hat und was man sieht, hin**fahren.** Dies Leben kommt mir vor als eine Renne**bahn.** Lass, höchster Gott, mich doch nicht auf dem Laufplatz **gleiten**! Lass mich nicht Ach, nicht Pracht, nicht Lust, nicht Angst ver**leiten**! Dein ewig heller Glanz sei vor und neben **mir**! Lass, wenn der müde Leib entschläft, die Seele **wachen**, Und wenn der letzte Tag wird mit mir Abend **machen**, So reiß mich aus dem Tal der Finsternis zu **dir**!	- Über-tragung des Eindruckes auf das mensch-liche Leben *Schlussfol-gerung*: Ablehnung menschlicher Werte und - Bitte um Nähe Gottes
Formanalyse: - *Strophenbau*: 2 Quartette + 2 Terzette= Gedichtform: Sonett - *Reimschema*: abba, abba, ccd, eed= zwei umschließende und zwei Schweifreime - *Metrum*: sechshebiger Jambus mit Mittelzäsur= Alexandriner	

Um aber eine metrische Analyse durchführen zu können, muss

man erst einmal klären, was eigentlich unter dem Begriff Metrum zu verstehen ist: Der *Begriff Metrum* meint die regelmäßige Abfolge von (im Deutschen) betonten (-) und unbetonten (u) Silben. Zu unterscheiden sind der Versfuß als kleinste metrische Einheit und das aus mehreren Versfüßen bestehende, eine Verszeile umfassende Versmaß. Das jeweilige Metrum dient dem Dichter zu einer sprachlich-lautlichen Gliederung, letztlich zur Gestaltung der gebundenen Sprache (s.o.) und hilft z.T. dem Analytiker zu einer literaturgeschichtlichen Zuordnung zu gelangen, da bestimmte Metren, wie z.B. der Alexandriner, also ein sechshebiger Jambus mit Mittelzäsur, im Barock geradezu modisch verwendet wurden.

Die wichtigsten Versfüße im Deutschen sind der *Jambus* (unbetont, betont: **u-**), der *Trochäus* (betont, unbetont: **-u**), der *Daktylus* (betont, unbetont, unbetont: **-uu**) und der *Anapäst* (unbetont, unbetont, betont: **uu-**).

Hierzu je ein Beispiel:

> „Macht hoch die Tür, die Tor macht weit" (Jambus)
> „Schlafen, schlafen, nichts als schlafen" (Trochäus)
> „Lobe den Herren, den mächtigen König der Ehren"
> (Daktylus)
> „Wie mein Glück, so mein Leid" (Anapäst)

Dabei bemisst sich die Länge, also das Metrum eines Verses nach der Anzahl der Hebungen, also der betonten Silben.

Grundregeln zur metrischen Analyse

Um die Bestimmung eines Metrums erfolgreich bewältigen zu können, kann man sich an der natürlichen Wortbetonung orientieren, wie wir sie tagtäglich unbewusst verwenden.

Hilfreich ist es dann, wenn man die folgenden fünf Grundregeln beachtet:

1.es dürfen nie zwei (oder mehr) betonte oder mehr als zwei

unbetonte Silben aufeinander folgen,

2.die *meisten* mehrsilbigen Wörter der deutschen Sprache werden auf der ersten Silbe betont,

3.Wörter mit einer Vorsilbe werden allerdings *meist* auf der zweiten Silbe betont (*Beispiele*: „be-tont: u-; ge-lau-fen: u-u etc.; *Ausnahmen*: Aus-nah-me: -uu, Vor-sil-be:-uu)

4.einsilbige Formen von Nomen (Haus), Verben (geht) oder Adjektiven (blau) werden *zumeist* betont

5.alle übrigen einsilbigen Worte sind zumeist unbetont.

Anwendung am Beispiel

Der schnelle Tag ist hin, die Nacht schwingt ihre Fahn
Und führt die Sternen auf. Der Menschen müde Scharen
Verlassen Feld und Werk; wo Tier und Vögel waren,
Traurt itzt die Einsamkeit. Wie ist die Zeit vertan!

Für die **metrische Bestimmung von Vers eins** können zunächst die Regeln zwei und vier herangezogen werden, demnach wären *schnelle*, *Tag*, *Nacht*, *schwingt*, *ihre*, *Fahn* betont, weil auf sie diese beiden Regeln anwendbar sind. Da *schnelle* und auch *ihre* zweisilbig sind, lässt sich das einleitende *Der* ebenso wie die zweite Silbe von schnel*le*, aber auch *schwingt* und die zweite Silbe von ih*re* als unbetont bestimmen. Dass *schwingt* unbetont sein muss, lässt sich zudem mit Regel eins begründen, die ja mehr als zwei aufeinanderfolgende betonte Silben ausschließt. Da *ist* nach dem betonten *Tag* und *die* vor der betonten *Nacht* unbetont sein müssen, muss *hin* betont sein, weil sonst drei unbetonte Silben aufeinander folgen würden, was Regel eins ausschließt. Daraus ergibt sich als Analyseergebnis ein sechshebiger Jambus. Da zudem drei jambische Versfüße vor, drei weitere nach dem Komma stehen, liegt hier auch eine Mittelzäsur vor, womit für Vers eins die Definitionsmerkmale für einen **Alexandriner** erfüllt sind:

u	-	u	-	u	-	u	-	u		-	u	-
Der	schnel	le	Tag	ist	hin	,	die	Nacht	schwingt	ih	re	Fahn

Hieraus ergibt sich aber nun doch noch das Problem, dass wir bei diesem Analyseergebnis zwei einsilbige Verben, die ja laut Regel vier „zumeist" betont sind, als unbetont bestimmt haben. Wie lässt sich dies Phänomen erklären?

Exkurs: Probleme beim Metrum

Dichter, die nicht nur eine von ihnen gewünschte Reimform, sondern auch noch ein bestimmtes Metrum anstreben, müssen es schaffen, für ihren Inhalt die Worte zu finden, die in die Regelmäßigkeit von Reim und Metrum passen. Da dies keine einfache Arbeit ist, trifft man in lyrischen Texten immer wieder auf Abweichungen von einem vorherrschenden Schema.
Solche Abweichungen von der natürlichen Wortbetonung lassen sich, wie oben schon gesehen, auch in unserem Textbeispiel von Andreas Gryphius finden:

Beispiel 1 (aus Gryphius „Abend", Str.1, Vers 1):

u	-	u	-	u	-	u	-	u	-	u	-
u	-	u	-	(-)	-	u	-	(-)	-	u	-
Der	schnel	le	Tag	ist	hin ,	die	Nacht	schwingt	ih	re	Fahn

Das Beispiel 1 zeigt in Zeile zwei die natürliche, in Zeile eins die metrische Wortbetonung; deutlich wird hier, dass die in der natürlichen Wortbetonung betonten Silben *ist* und *schwingt* metrisch unbetont bleiben (vgl. oben: Regel 1), um die Regelmäßigkeit des Metrums zu erhalten. Wenn so etwas auftritt, nennt man es „schwebende Betonung" oder ***Schwebung***!

Beispiel 2 (a.a.O. Str.1, V.4)

u	-	u	-	u	-		u	-	u	-	u	-
(-)	-	u	-	u	(u)		u	(u)	u	-	u	-
traurt	itzt	die	Ein	sam	keit	,	wie	ist	die	Zeit	ver	tan!

Das Beispiel 2 zeigt wiederum in Zeile zwei die natürliche, in Zeile eins die metrische Wortbetonung, bei der die in der natürlichen Wortbetonung unbetonten Silben -*keit* und *ist* metrisch betont werden, um die Regelmäßigkeit des Metrums zu erhalten. Wenn so etwas auftritt, - dies geschieht fast nur bei mehrsilbigen Wörtern - nennt man es eine **Tonbeugung**.

Fortsetzung der metrischen Analyse von Strophe eins

Im Unterschied zu Vers eins finden sich in **Vers zwei** gleich vier zweisilbige, also meistens auf der ersten Silbe betonte Wörter - *Sternen, Menschen, müde, Scharen* - , ein Adjektiv und drei Nomen, dazu das einsilbige Verb *führt*, welches ja laut Regel vier auch *meist* betont sein sollte. Ausgehend von dieser Annahme sind die vor *führt* stehende Konjunktion *und*, aber auch der nach *führt* folgende Artikel *die* unbetont. Wenn dann die erste Silbe von *Sternen* betont ist, muss dessen zweite Silbe unbetont sein. Wird *Menschen* auf der ersten Silbe betont, muss der vorangehende Artikel *Der* ebenso unbetont sein wie die zweite Silbe des Nomens -*schen*. Da nun mit dem Adjektiv *müde* und dem Nomen *Scharen* nur noch zwei zweisilbige Worte folgen, kann hier gemäß Regel zwei jeweils von einer Betonung der ersten Silbe ausgegangen werden. Damit ergibt sich folgendes Analyseergebnis:

u	-	u	-	u			u	-	u	-	u	-	u
Und	führt	die	Ster	nen	auf	.	Der	Men	schen	mü	de	Scha	ren

Nicht bestimmt ist damit bislang nur die Präposition *auf* nach dem

74

Nomen *Sternen*. Da die Präposition jedoch zwischen den in jedem Fall unbetonten Silben *-nen* und *Der* liegt, muss *auf* nach Regel eins – derzufolge nie mehr als zwei unbetonte Silben aufeinander folgen dürfen - betont sein. Daraus ergibt sich dann neuerlich ein sechshebiger Jambus mit Mittelzäsur, aber noch der zusätzlichen unbetonten Endsilbe *-ren*:

u	-	u	-	u	-		u	-	u	-	u	-	u
Und	führt	die	Ster	nen	auf	.	Der	Men	schen	mü	de	Scha	ren

Wenn wir nun zu Vers drei kommen, sehen wir dort die drei einsilbigen Nomen *Feld*, *Werk* und *Tier*, das Nomen *Vögel* sowie das ebenso zweisilbige Verb *waren* und zu Versbeginn das dreisilbige Verb *Verlassen*. Da das zuletzt genannte Verb mit der Vorsilbe ver- beginnt, lässt sich hier Regel drei anwenden, derzufolge mehrsilbige Worte mit einer Vorsilbe zumeist nicht auf der ersten, sondern auf der zweiten Silbe betont werden. Da *Verlassen* nach der natürlichen Wortbetonung tatsächlich auf der zweiten Silbe betont wird, kann hier von einem regelkonformen Fall ausgegangen werden. Daher ist die Vorsilbe ebenso wie die dritte Silbe -sen unbetont. Weil zwischen den nun folgenden vier Nomen jeweils andere, einsilbige Worte stehen, die nach Regel fünf als unbetont anzusehen sind, kann auch für diesen Vers der sechshebige Jambus mit Mittelzäsur, also erneut ein Alexandriner festgestellt werden:

u	-	u	-	u	-		u	-	u	-	u	-	u
Ver	las	sen	Feld	und	Werk	;	wo	Tier	und	Vö	gel	wa	ren,

Wie beim Reimpendant am Ende von Vers zwei: *Scharen*, lässt sich auch beim Endwort in Vers drei: *waren*, eine zusätzliche dreizehnte, ebenso unbetonte Silbe feststellen.
Da Vers vier bereits oben im Zusammenhang mit der Erläuterung

metrischer Probleme untersucht worden ist, soll hier nur noch einmal darauf verwiesen werden, dass Gryphius auch in diesem Vers einen Alexandriner gestaltet hat, der aber, wie seine Reimentsprechung in Vers eins - und damit anders als in den Versen zwei und drei – lediglich zwölfsilbig ist:

u	-	u	-	u	-		u	-	u	-	u	-
traurt	itzt	die	Ein	sam	keit	,	wie	ist	die	Zeit	ver	tan!

Die Untersuchung des Metrums in Strophe eins von Andreas Gryphius Sonett *Abend* hat nun in allen vier Versen einen sechshebigen Jambus mit Mittelzäsur, also je Vers einen Alexandriner festgestellt. Wie bei der Satzgliedbestimmung und anderen genaueren Untersuchungen des Sprachmaterials von Texten ist klar, dass solch ausführliche Betrachtungen nicht Alltag sein, sondern nur zu Übungszwecken ausgeführt werden können.

Wozu aber sollte man überhaupt metrische Analysen durchführen? Dazu muss man wissen, dass es metrische Gestaltungen von Texten bereits seit der Antike gibt. Zum einen liegt darin also ein gewisses traditionelles Element, zum anderen galt die Verwendung metrischer Strukturen in etlichen literaturgeschichtlichen Epochen - wie Aufklärung und Klassik - als Nachweis besonderer Qualität dichterischen Schaffens.

Hinzu kommt noch ein weiterer, schon von alters her bekannter und daher auch immer wieder gern genutzter Gesichtspunkt, für den es etwas weiter auszuholen gilt: Die Entstehung von Literatur ist im engen Zusammenhang mit religiösen Vorstellungen zu sehen. Die Art und Weise, wie noch heute ein Geistlicher, auf einem erhöhten Podest vor dem Altar, seine gottesdienstlichen Handlungen vollzieht, erinnert nicht ohne Grund an das Theater. Das Dionysostheater in Athen, eines der berühmtesten Theater des antiken Griechenland, zeigt dies sehr deutlich. In der Mitte der Orchestra, wir sagen dazu heute Bühne, stand ein Altar, auf dem dem Gott Dionysos Opfer gebracht wurden. Ursprünglich gab es im antiken Theater noch keine Schauspieler, sondern einen Chor, der zu Ehren des Gottes Tanz- und Gesangshandlungen vollzog; aus diesen Darbietungen des Chors hat sich schließlich durch die allmähliche Hinzufügung von einzelnen Schauspielern das Drama entwickelt.

Wichtig für unsere Fragestellung zum Metrum ist hier die Verknüpfung von Tanz und Gesang: Um beide Elemente aufeinander abzustimmen und so eine Harmonie zwischen den visuellen und akustischen Faktoren zu erzielen, war eine für Tanz und Gesang übereinstimmende Rhythmisierung hilfreich. Die Erreichung einer solchen äußeren Harmonie war ein wichtiger Grund, der das Wissen um Metrik über die Jahrtausende am Leben erhielt.

Ein weiterer, aber eng mit der Rhythmisierung zusammenhängender Grund besteht darin, dass solche rhythmisch gefassten Texte, also solche in gebundener Sprache, viel leichter lernbar sind als Texte in ungebundener Sprache.

Das haben sich die Menschen immer gern zunutze gemacht, um schon Kindern Regeln einzuprägen, wie die folgenden Beispiele aufzeigen:

Was du nicht willst, das man dir tu, das füg auch keinem andern zu
Ich bin klein, mein Herz ist rein, soll niemand drin wohnen als Jesus allein

Bis heute nutzen Liedtexter wie Reinhard Mey (z.B. in Über den Wolken) oder auch Johannes Oerding strophische wie metrische Gestaltungsweisen, um so ihre Texte leichter sangbar zu machen, also die Harmonie zwischen Instrument und gesanglicher Begleitung zu erhöhen. Besonders gut wahrnehmbar wird dies in Konzerten, wenn bei gelöschten Scheinwerfern das Publikum sich mit brennenden Feuerzeugen oder leuchtenden Handys mit dem Rhythmus der Musik bewegt als sei es ein einziger großer Organismus. Ohne sprachlich-musikalische Rhythmisierung wäre das

77

nicht möglich.

Beispielinterpretation zu Georg Heyms Gedicht
Der Gott der Stadt

Nach den bisherigen Einzelbetrachtungen lyrischer Gestaltungsweisen folgt nun die Gesamtbetrachtung eines lyrischen Textes am Beispiel von Georg Heyms Gedicht *Der Gott der Stadt*, das hier zunächst abgedruckt wird:

Georg Heym (1887-1912) ***Der Gott der Stadt*** (1910)

Auf einem Häuserblocke sitzt er breit.
Die Winde lagern schwarz um seine Stirn.
Er schaut voll Wut, wo fern in Einsamkeit
Die letzten Häuser in das Land verirrn.

Vom Abend glänzt der rote Bauch dem Baal,
Die großen Städte knien um ihn her.
Der Kirchenglocken ungeheure Zahl
Wogt auf zu ihm aus schwarzer Türme Meer.

Wie Korybanten-Tanz dröhnt die Musik
Der Millionen durch die Straßen laut.
Der Schlote Rauch, die Wolken der Fabrik
Ziehn auf zu ihm, wie Duft von Weihrauch blaut.
Das Wetter schwelt in seinen Augenbrauen.
Der dunkle Abend wird in Nacht betäubt.
Die Stürme flattern, die wie Geier schauen
Von seinem Haupthaar, das im Zorne sträubt.

Er streckt ins Dunkel seine Fleischerfaust.
Er schüttelt sie. Ein Meer von Feuer jagt
Durch eine Straße. Und der Glutqualm braust

Und frisst sie auf, bis spät der Morgen tagt.

Startet man den Versuch etwas zu erklären, egal ob wie hier ein Gedicht, die Funktionsweise eines Gerätes oder die Aufbauanleitung zu einem Möbelstück, sollte man sich klar machen, dass eine Erklärung immer an jemanden adressiert ist.
Ich kann also nicht schreiben oder sprechen, wie ich will. Ich muss es so tun, dass mein Adressat mich verstehen kann. Daher sollte ich zunächst einmal einleitend mitteilen, worum es in meinen Erklärungen überhaupt geht:

Georg Heyms (1887-1912) Gedicht *Der Gott der Stadt* (1910) ist der Gruppe der Stadtlyrik des Expressionismus (1905-25) zuzuordnen. In der Epoche des Expressionismus ist die zunehmende Verstädterung und in deren Zuge zu Beginn des 20.Jahrhunderts: die Elektrifizierung, Beschleunigung des (Er-) Lebens durch Automobile, öffentliche Verkehrsmittel, etc., von Schriftstellern wie auch bildenden Künstlern immer wieder thematisiert und problematisiert worden.
Die Perspektive des Textes lässt die darstellende Person hinter dem Dargestellten verschwinden; beschrieben werden der im Titel genannte *Gott...* und sein von Wut und Zorn geprägtes grausames Handeln.

Um dem Adressaten zunächst einmal eine grobe Vorstellung vom Inhalt des Textes zu geben, soll dieser zunächst linear zusammengefasst werden:

Beschrieben werden die sinnlichen Eindrücke von der Titelfigur und der sie umgebenden Stadt. Dabei werden in Strophe eins die Blickrichtung des Gottes zum Stadtrand und seine Wut benannt.
Dagegen stehen in den dann folgenden Strophen zwei und drei abendliche Kirchenglocken und Menschenlärm als Geräusch-

kulisse sowie der Qualm von Fabriken als optische Eindrücke. In den letzten beiden Strophen ist dann eine stürmische Nacht angebrochen, in der der Gott eine Feuersbrunst durch die Straßen der Stadt jagt.

Wenn man einen solchen Inhalt vorfindet, fragt man sich, was der Autor dem Leser damit sagen will. Natürlich weiß man das zum jetzigen Zeitpunkt noch nicht genau. Um aber für die eigene Deutung eine Art Orientierung zu haben, sollte man als nächstes eine Vermutung äußern, in welche Richtung der Verfasser mit seinem Text hat gehen wollen. Man formuliert also eine **Deutungshypothese**:

Dass eine große Stadt, wie ein für Menschen in seinen Motiven undurchschaubarer Gott, Anforderungen an die in ihr lebenden Menschen stellt, denen bei weitem nicht jeder gewachsen ist, kann man als Deutungshypothese annehmen.

Da der Text von Heym dem ersten Eindruck nach regelmäßig aufgebaut ist, sollte in einem nächsten Schritt die äußere Form des Gedichtes, also Strophenbau, Reim und Metrum untersucht werden:

Wie nicht wenige Texte des Expressionismus ist auch Heyms Text formal gleichmäßig aufgebaut. Alle fünf Strophen setzen sich aus vier im Kreuzreim angeordneten Versen zusammen; die jeweils zehnsilbigen Verse bilden in allen vier Versen der ersten Strophe einen fünfhebigen Jambus.

Im nächsten Schritt steht nun die Hauptarbeit bevor, d.h. die genaue, weitgehend lineare Analyse und Interpretation von Heyms Gedicht. Bei dieser Arbeit wird der Rückgriff auf das erarbeitete Handwerkszeug ständiger Begleiter sein, um zu einer intersubjektiven Gesamtdeutung zu gelangen:
Diese o.g. formale Gleichmäßigkeit findet jedoch keine Entsprechung im sprachlichen wie inhaltlichen Aufbau.

Sprachlich beherrscht wird der Text durch knappe, meist verslange Hauptsätze, die den Charakter der aufzählenden Beschreibung von Sinneseindrücken, auch durch die durchgängige Präsensform, unterstreichen.

Sprachlich-formal werden - gegenläufig zum Kreuzreim - in allen Strophen die Verse drei und vier durch ein Enjambement verbunden. Bei einem Enjambement kommt der im einen Vers begonnene Satz erst im darauffolgenden Vers zu seinem Ende. Inhaltlich wird die in den ersten zwei Versen scheinbar ruhige Beschreibung des Gottes schon in Vers drei von dessen starkem Gefühl der „Wut" durchbrochen; auch werden die ruhig lagernden Wolken von „Stürme[n]" (Str.4/3) abgelöst und der anfangs zwar bereits wütende, aber unbeweglich sitzende wird zu einem von Zorn geschüttelten, strafenden Gott.

Bereits der Titel Heyms macht deutlich, dass der „Gott..." im Mittelpunkt des Geschehens steht. Das Genitiv-Attribut „der Stadt" verweist zudem auf den Handlungs- und Einflussbereich „Stadt".

Das Nomen „Häuserblocke"(V.1) deutet im Zusammenspiel mit der zugehörigen Präposition „Auf" sowie dem unbestimmten Artikel „einem" nicht nur auf eine Ansammlung von aneinander gebauten größeren Häusern hin, sondern auch auf den Ort des Geschehens, der recht groß sein muss. Das nur auf die im Titel genannte Figur beziehbare Personalpronomen „er" (V1) als Subjekt benennt in Zusammenhang mit dem zugehörigen Prädikat „sitzt" die vergleichsweise passiv-ruhige, auch durch das adverbial verwendete Adjektiv „breit" unterstrichene, eher behäbig wirkende Erscheinung des Gottes, veranschaulicht aber auch dessen Riesenhaftigkeit, dadurch, dass er nicht auf *einem* Haus, sondern auf einer Ansammlung mehrerer Häuser sitzt. Auch die Personifikation „Die Winde lagern" unterstreicht die Ruhe der Situation, aber schon das Adverbial „schwarz" lässt erahnen, dass sich hier etwas zusammenbraut. Da Winde nicht lagern, könnten hier dunkle Wolken gemeint sein, die sich aufgrund von Windstille kaum zu bewegen scheinen. Für diese Deutung spricht auch Strophe drei, Vers drei (3/3): „ Der Schlote Rauch, die Wolken der Fabrik", durch die das Bild eines von dunklen Abgaswolken erfüllten Himmels über der Stadt entsteht; betrachtet man in diesem Zusammenhang auch die weitere Beschreibung der Stadt, bei der dann bereits die „ungeheure" (2/3) Anzahl der Kirchenglocken ersichtlich macht, wie viel mehr Wohnhäuser es dann geben muss, die alle Abgase in die Luft entlassen. Da aber hier als ´Lagerort´ der schwarzen Winde die „Stirn" des Gottes genannt wird, vermittelt diese Verdunklung im oberen Kopfbereich den Eindruck des anschließend in 1/3 genannten Gefühls der „Wut". Der Auslöser dieses Gefühls liegt offenbar in seiner Blickrichtung begründet. Sein Blick ist nicht auf seine unmittelbare Umgebung, also auf seinen Einfluss- und Herrschaftsbereich gerichtet, sondern auf das, was weit weg („fern", 1/3) am Horizont liegt. In einer Personifikation wird dann den „letzten Häuser[n]" die Empfindung der „Einsam-keit" zugesprochen, was auf eine sehr dünne Besiedlung am Stadtrand verweist, welche quasi dadurch „erklärt" wird, dass diese Häuser sich „in das Land verirrn"; auch dieses Bild veranschaulicht die dünne Stadtrandbesiedlung, zugleich das Ende des Einflussbereichs der Titelfigur, da hier die Häuser nicht mehr als zur Stadt gehörig beschrieben, sondern als „in das Land" ´verirrt´ dargestellt werden. Das Verb *verirren* verweist in diesem Zusammenhang auf die Wertung des Gottes, der durch seine Wortwahl deutlich macht, dass diese Häuser den falschen Weg beschritten haben, indem sie sich außerhalb der Stadtgrenzen angesiedelt haben. Das Gefühl der Wut gründet dann offenbar auf eben dem genannten mangelnden Einfluss auf diese so „fern" angesiedelten Häuser. Im Unterschied dazu illustrieren die folgenden Strophen den weiteren zeitlichen Verlauf vom Abend bis in die Nacht hinein. Dazu dienen eine Fülle von Sinneseindrücken von der Stadt in den Strophen zwei und drei sowie des Gottes in Strophe vier. In Strophe fünf werden dann das Handeln des Gottes und dessen Auswirkungen dargestellt.

Zunächst aber veranschaulicht Strophe zwei, Vers eins die Abendstimmung. Als Auslöser für den *rote*(n) *Bauch* wird, erkennbar an der Präposition *vom*, der Abend personifiziert. Gemeint sein kann hier nur die am Abend rot erscheinende, am Horizont untergehende Sonne, deren Abglanz die städtische Szenerie in ein rotes Licht taucht. Der `glänzende´ rote Bauch wird als *dem Baal* gehörig zugeordnet. Da Baal ein schon im Alten Testament erwähnter orientalischer Wetter- und Fruchtbarkeitsgott ist, liegt die Annahme nahe, dass Baal hier synonym für den *Gott der Stadt* steht.

Die religiöse Bildhaftigkeit wird im Folgevers durch die Personifikation der knienden *großen Städte* weitergeführt. Es entsteht so das Bild einer Masse von Gläubigen, die sich im Kreis *um ihn her* , also um ihren Gott versammelt haben. Die Riesenhaftigkeit der *Städte* wird durch die hyperbelartige visuelle Metapher *schwarzer Türme Meer* in Strophe zwei, Vers vier, aber auch durch das eher eindrucksvoll auf große Lautstärke verweisende Bild von *Der Kirchenglocken ungeheure Zahl wogt auf* im Vers davor zum Ausdruck gebracht. Während die visuelle Metapher vom Meer von Türmen insbesondere auf die schier unzählbare Menge hoher Gebäude verweist, erläutert das akustische Bild, dass die wogenden Kirchenglocken ihren Klang genau <u>*aus*</u> *schwarzer Türme Mee*r erklingen lassen. Daraus lässt sich erschließen, dass das Meer, also die große Zahl von Türmen Kirchtürme sind und das keine *ungeheure Zahl* [auf-] *wogt,* sondern der Klang aller Kirchenglocken zu hören ist.

Den Eindruck hoher Geräuschintensität greifen dann auch die ersten beiden Verse von Strophe drei mit dem Vergleich *Wie Korybanten-Tanz* wieder auf. Klar ist aufgrund des sprachlichen Bildes, dass es hier lediglich um etwas dem Korybanten-Tanz Ähnliches geht. Korybanten-Tänze waren ritualisierte, der Götterverehrung dienende orgiastische, also bis zum Exzess und zur völligen Verausgabung führende Tänze. Mit dieser Art der religiösen Selbstaufgabe wird die Metapher *die Musik der Millionen* verglichen. Da die diese Musik kennzeichnende Verbform *dröhnt* noch durch das Adverbial *laut* verstärkt ist, wird ersichtlich, dass hier kein harmonisches Klangerlebnis, dass hier nicht wirklich Musik dargeboten wird, sondern lediglich der Lärm der Großstadt gemeint ist. Für den Gott der Stadt jedoch, dessen Einfluss und Macht mit der Größe der Stadt wächst, muss dieser Lärm wie Musik klingen.

Die Verse drei und vier in Strophe drei liefern dann mit der Metapher *Wolken der Fabrik* und dem Bild *Schlote Rauch* Eindrücke der industrialisierten, von Umweltbelastung durch die Abgase geprägten Stadt.

Ab Strophe vier richtet sich die Aufmerksamkeit des im ganzen Text nicht explizit auftretenden Beobachters wieder dem Gott zu. Mit der Metapher *Das Wetter schwelt* greift Heym einerseits die Funktion des Stadtgottes Baal als Wettergott auf und zeigt mit dem Ortsadverbial *in seinen Augenbrauen* den Kopf des Gottes als den Ursprung dessen, was noch kommen soll. Die Verbform *schwelt* in der Metapher nutzt einerseits ein Verb aus dem Umfeld von Hitze und Feuer, zeigt zudem den allmählichen Umschwung im Wetter, das hier offenbar für die bedrohlicher werdende Gemütslage des Gottes steht. In den Versen drei und vier erwachsen aus dem schwelenden Wetter Stürme. Deren Flattern, aber auch der Vergleich *die wie Geier schauen* vermitteln den Eindruck, das Wetter werde noch im Zaum gehalten, warte aber wie Geier darauf, sich auf seine wehrlosen Opfer stürzen zu können. Dass die Stimmungslage des Gottes nichts Gutes verheißt, zeigt der letzte Vers in Strophe vier. Sein Haupthaar wirkt wie elektrostatisch aufgeladen, wenn Heym dessen optische Wirkung mit dem Verb *sträubt* kennzeichnet. Als Ursache des vom Kopf abstehenden Haares wird Zorn genannt.

Der Übergang von der vorherigen Beschreibung von Sinneseindrücken zur Darstellung der Handlung des Gottes wird in den ersten beiden Versen von Strophe fünf durch die Anaphern *Er streckt...Er schüttelt...* sowie den Parallelismus im Satzbau hervorgehoben. Die Charakterisierung der Gotteshand als Fleischerfaust vermittelt im Zusammenhang mit den in Strophe vier im Vergleich genannten Geiern einen bedrohlichen, an Tod erinnernden Eindruck. Die unmittelbare Nachbarschaft der Sätze *Er schüttelt sie. Ein Meer von Feuer jagt durch eine Straße.* stellt den Zusammenhang zwischen dem ja aus Zorn resultierenden Handeln des seine Faust in Richtung der Stadt schüttelnden Gottes und der im darauf-folgenden Hauptsatz geschilderten Feuersglut her. Daraus resultiert die Erkenntnis, dass der Gott Auslöser des die ganze Nacht wütenden Großbrandes in einer Straße seiner Stadt ist. Die Personifikation *der Glutqualm braust und frisst sie auf* macht dann im Zusammenspiel mit der Metapher *Ein Meer von Feuer* deutlich, dass der Größe und der Hitze dieses Feuersturms nichts und niemand entkommen konnte.

Nach einer detaillierten linearen Interpretation ist es sinnvoll, noch einmal seine Ergebnisse zu reflektieren und einerseits die Bildebene des Textes, aber auch das mit der Bildebene Gemeinte zu benennen und ebenso auch noch einmal zu überprüfen, inwieweit die anfängliche Deutungshypothese tragfähig war:
Zusammengefasst schildert das Gedicht Heyms das Bild eines machtvollen und machtbewussten, willkürlich seinen Gefüh-len folgenden und mitleidlos zerstörenden Gottes.
Betrachtet man den gesamten Text, ist offenbar geworden, dass dieser, insbesondere die Titelfigur, nicht als Realitäts-beschreibung, sondern als Bild zu verstehen sind: Der Gott ist also nicht wirklich ein Gott, der einem für uns Menschen unbegreiflichen „Ratschluss" folgt, sondern der „Gott der Stadt" ist Sinnbild für das, was für Georg Heym die Stadt und das Leben in der Stadt ausmacht: Die Stadt breitet sich immer

weiter aus, möchte ihren Einfluss immer weiter ausdehnen (Strophe eins), die Stadt ist durch die vielen Häuser, Kirchen und Menschen von Lärm (Kirchenglocken 2/3, Musik 3/1, Millionen 3/2) und Abgasen (3/2) erfüllt. Außerdem ist die Stadt - wie insbesondere Strophe fünf verdeutlicht - ein Ort steter Lebensbedrohung.

Insofern hat sich die Deutungshypothese tendenziell bestätigt, muss aber dahingehend präzisiert werden, dass Heym nicht nur davon spricht, dass die Menschen Probleme haben in der Stadt zurecht zu kommen, sondern dass Menschen in den Städten - veranschaulicht in Strophe fünf durch das Beispiel eines Großbrandes - Gefahr laufen umzukommen.

Heym vermittelt also in seinem Gedicht nicht nur seine Angst vor den Belastungen und Bedrohungen durch die Stadt, sondern warnt den Leser vor der gnaden- und unterschiedslosen Gewalt in den Städten, der man sich nur dadurch entziehen kann, dass man ihren Einflussbereich verlässt.

Wie schon an anderer Stelle zum Ausdruck gebracht lässt sich auch hier abschließend sagen, dass der Umfang der hier vorgelegten Analyse und Interpretation natürlich insbesondere die Funktion hat, anschaulich zu machen, wie das vorher vermittelte Handwerkszeug eingesetzt werden kann, um zu einer intersubjektiv nachvollziehbaren Deutung eines lyrischen Textes zu kommen.

Wer noch weitere, wenn auch nicht ganz so umfängliche Beispiele aus dem Bereich der Lyrik kennen lernen möchte, findet im Anhang noch entsprechendes Material.

3.2 Theatertexte erschließen

Zur Begründung dramenanalytischer Arbeit

Texte aus dem Bereich des Dramas - also alle Formen von Theatertexten -
gehören wie lyrische Texte zu den privat eher selten gelesenen Texten. Dafür sind sie aber von ihrer Natur her auch gar nicht gedacht. Schon Aristoteles (384 - 322 v. Chr.) sah in der Nachahmung (*Mimesis*) von Handlung das Hauptmerkmal von Dichtung und definierte in seiner *Poetik*, dass der Dramatiker „die nachgeahmten Gestalten selber als handelnd tätig auftreten lässt." D.h. der eigentliche Raum für den Genuss eines dramatischen Textes ist nicht die Schulbank oder die gemütliche Sofaecke, sondern der Platz im Zuschauerraum eines Theaters, von dem aus die dargestellte Handlung verfolgt werden kann.
Insofern erscheint die von Rationalität geprägte schulische Analyse und Interpretation dramatischer Texte dem Gegenstand nicht angemessen.
Dass dies so ist, hat durchaus mit den oben bereits angedeuteten Wurzeln der Gattung in religiösen Ritualen zu tun. Ein nicht unwesentliches Merkmal aller Arten von religiösen Ritualen ist die Herstellung einer Gemeinschaft und, damit einhergehend, eines Gemeinschaftserlebens. Dieses muss den Betrachter in seinen Bann ziehen. Wichtig hierfür ist schon das Zusammenkommen möglichst vieler Menschen an einem Ort. Das so anschaulich gewordene Faktum, nicht allein zu sein, vermittelt ein Gefühl von Kraft und Aufgehobensein, im Nachgang den Wunsch, dieses Gefühl erneut empfinden zu wollen. Kommen nun noch weitere, im Alltag eher nicht erlebbare Gegebenheiten räumlicher oder visuell-akustischer Natur hinzu, seien es nun besonders beeindruckende Räumlichkeiten, ungewöhnliche optische oder akustische Reize oder gemeinschaftliches Handeln, Sprechen, Singen, lassen wir Menschen uns auch heute noch in eine Haltung emotionaler Gestimmtheit hineinversetzen.

Im Rahmen religiöser Handlungen zu Ehren ihrer Gottheiten wurden diesen auf Altären Opfer gebracht, aber zugleich den anwesenden Menschen eine belehrende Geschichte dargeboten. Die Funktion dieser Darbietung ähnelt der einer Predigt, die auch eine Geschichte erzählt, die dem Betrachter die Vorzüge und Richtigkeit einer Glaubenshaltung nahelegen möchte. Die Geschichte vom Exodus der Juden aus Ägypten oder die der Auferstehung Christi sollen die Macht Jahwes bzw. eine zentrale christliche Glaubensbotschaft: die Hoffnung, dass mit diesem Leben nicht alles vorbei ist, transportieren. Analog dazu vermittelte die Geschichte vom König Oidipus den anwesenden Gläubigen, dass es nicht in des Menschen Macht steht, sich seinem Schicksal zu entziehen.

Anders als religiöse oder auch weltliche Gemeinschaftserlebnisse wie Fußballspiele oder Konzerte, die ihr Publikum mit ähnlichen Mitteln in ihren Bann ziehen, geht es in der Schule nicht in erster Linie um ein gutes Gefühl, sondern um Wissensvermittlung. Erworben wird Wissen aber nicht durch Gefühl oder Intuition, sondern durch Lernleistung, durch Fleiß, durch intellektuelle Anstrengung und ein Verstehen auf rationaler Ebene.

Da sowohl die Geschichte der Entstehung von Kunst und Literatur als auch die Kenntnis herausragender menschlicher Kulturleistungen vermittelnswertes Wissen darüber darstellen, von welchen Ursprüngen her unsere gegenwärtige Welt sich entwickelt hat, gehören auch Werke der Dramatik zu den Gegenständen schulischer Betrachtung. Mehr noch: Aufgrund unserer deutschen Geschichte wissen wir, dass auch totalitär ausgerichtete Gruppierungen sich quasi-religiöser Rituale bedienen, um die eigenen Anhänger auf nur eine Auffassung einzuschwören, jegliche Form individueller kritischer Reflexion auszumerzen und durch bedingungslose Hingabe an die „Sache" zu ersetzen. Insofern auch gilt es in Deutschland als eine zentrale Aufgabe von Schule, aufzuzeigen, mit welchen Mitteln Menschen immer wieder danach streben, ihren Einfluss zu erhöhen. Ziel ist es, sie durch ein solches Wissen davor zu wappnen, von Ideologen politischer oder religiöser Herkunft eingefangen zu werden. Denn diese nutzen die Ängste und Sehnsüchte ihrer Mitmenschen nach Gemeinschaft, nach Sicherheit oder auch danach, dass ihrem eigenen Selbst ein besonderer Wert verliehen wird, aus. Solche Formen der Einflussnahme erfolgen durch das gesprochene Wort, durch den *Dialog*, also das Gespräch von Menschen und der Dialog ist das zentrale Darstellungsmittel in allen dramatischen Texten. Da der Zuschauer im Theater durch den unaufhörlichen Fortgang in der Darstellung des Geschehens nicht so leicht in einen Reflexionsprozess eintreten kann, läuft er Gefahr, sich in die dargestellten Konflikte und Stimmungslagen lediglich emotional hineinziehen und von ihnen beeindrucken zu lassen, ohne einen eigenständigen Reflexionsprozess zu beginnen.

Anders als beim Besuch einer Theateraufführung bietet die analytische Betrachtung (auch) eines Theatertextes den Vorteil, dass der Interpret innehalten, seine eigenen Gedanken zum Gelesenen sammeln und zu einem Reflexionsergebnis gelangen kann. Darin auch liegt, neben dem kulturhistorischen Anliegen, eine Hauptberechtigung der lesend-analytischen Auseinandersetzung mit dramatischen Texten in der Schule.

Grundlegende Merkmale dramatischer Texte

Der nun folgende Abschnitt erhebt nicht den Anspruch, eine Gesamttypologie des Dramas zu liefern. Es wird also nicht um eine Definition der Unterschiede von Tragödie und Komödie, von bürgerlichem Trauerspiel, Farce, Posse u.a. gehen. Vielmehr soll hier lediglich ein Überblick über die Gestaltungsweisen der dramatischen Gattung und ihre hauptsächlichen Darstellungsmittel geboten werden.

Grundlegend wird im Bereich des Dramas zwischen der **geschlossene**n und der offenen **Form des Dramas** unterschieden. Die erstere ist charakterisiert durch eine lineare, klar aufeinander aufbauende Szenenfolge. Hinzu kommt im klassischen Drama eine schon von Aristoteles beschriebene Struktur, die dann im

19.Jahrhundert von Gustav Freytag in seiner Dramentheorie aufgegriffen und in einer pyramidalen Form dargestellt worden ist. Diese beginnt mit einer **Exposition**, in der bereits wichtige Figuren und die Grundproblematik umrissen werden. Darauf aufbauend spitzt sich die Problematik im sogenannten **erregenden Moment** zu und steigert sich bis zum **Höhe- und oft auch Wendepunkt** der Handlung. Die **fallende Handlung** verzögert die schlussendliche Auflösung der Problematik durch **Katastrophe** oder auch glückliches Ende.

Im Unterschied dazu liefert die **offene Form des Dramas** keine klare Linearität. Die Einzelszene ist nicht so sehr wesentliche Voraussetzung der Folgeszene, sondern beleuchtet ein spezifisches Phänomen, das aber durchaus im thematischen Zusammenhang mit den in anderen Szenen dargestellten Problemen steht. Dementsprechend gibt es in der offenen Form des Dramas auch keine von Exposition bis Katastrophe sich entwickelnde Handlung.

Letztlich aber stellen alle dramatischen *Texte* das Handeln von Menschen in dialogisch geprägten Situationen dar, die häufig von Konflikten, also auch starken Gefühlsbelastungen geprägt sind. Da es hier keinen erzählerischen Beitext gibt, steht hier nahezu ausschließlich das von den Akteuren gesprochene Wort als Darstellungsmittel im Zentrum. Es fehlen also z.B. erklärende Hinweise, aus welchen Gründen jemand etwas sagt oder tut. Was nun aber gesprochen wird, präsentiert sich dem Leser z.B. als das von einer Einzelperson wie im Selbstgespräch Gesagte, also als **Monolog**. Ist das Gesprochene hingegen an eine andere, anwesende Person gerichtet, die dem zunächst Redenden später antwortet, spricht man vom **Dialog** als Darstellungsmittel. Der Leser eines Dramentextes hat außer den Monologen oder Dialogen lediglich noch vereinzelte, zwischen die Gesprächspassagen eingeschobene **Regieanweisungen** als textliche Verständnishilfen. In den Regieanweisungen werden zumeist lediglich wenig differenzierte Hinweise auf räumliche oder zeitliche Rahmenbedingungen oder über das Verhalten der handelnden Figuren gegeben. Der Leser eines dramatischen Textes muss also die Gesamtsituation von Raum, Zeit und Handlung nahezu vollständig aus den zu sprechenden Monologen oder Dialogen erschließen, um sie lebhaft vor seinem inneren Auge entstehen zu lassen. Das, was der Leser hier leistet, ist nichts anderes als eine Interpretation.

Im Unterschied dazu bekommt der Besucher einer Theateraufführung die ausgearbeitete Interpretation des Theaterensembles präsentiert: Er sieht einen (mehr oder weniger) ausgestalteten Bühnenraum, der der Stückinterpretation von Regisseur und Bühnenbildner entsprungen ist. Er sieht und hört Dramenfiguren, die sich in diesem Bühnenraum bewegen und deren Texte Schauspieler nach ihrem Verständnis der Figur präsentieren usw.

Für den Leser eines Dramentextes - noch dazu in einem schulischen oder universitären Rahmen - geht es nun aber zumeist nicht in erster Linie um die Adaption eines unter Umständen schon sehr alten Theaterstückes für die eigene Gegenwart im Rahmen einer Theaterinszenierung, sondern um ein intersubjektives Verständnis des Textes.

Der Weg dorthin ist ähnlich zu beschreiten wie bereits grundlegend für alle Arten von Texten dargestellt: Man hat ein sprachliches Material, das mit unserem Handwerkszeug auf seinen Bedeutungsgehalt untersucht und erklärt werden kann.

Bei der dramatischen Gattung kommt nun sicher noch als das Verständnis erschwerend hinzu, dass das Geschehen zu einem vom Autor festgelegten Zeitpunkt einsetzt und wir als Leser des Textes oder als Zuschauer einer Theateraufführung in der Regel keine Vorinformationen über den Hintergrund des Geschehens oder die handelnden Figuren besitzen. Wer also die Handelnden sind, wo und in welcher Zeit und in welchem gesellschaftlichen Status sie leben, was sie motiviert, welche Ziele sie verfolgen und in welchem Verhältnis sie zu anderen Handelnden stehen, können wir nur aus den Sprechtexten der einzelnen Figuren erschließen.

Welchen Zeitpunkt ein Autor für den Beginn seiner Gestaltung des Geschehens gewählt hat, hängt mit der für seine Darstellungsabsicht besonders geeigneten Situation zusammen.

So lässt der antike Dichter Sophokles (um 497- 406 v. Chr.) seine Tragödie *König Oidipus* zu dem Zeitpunkt einsetzen, als das von einer tödlichen Seuche geplagte thebanische Volk, vertreten durch den Chor, seinen König Oidipus ersucht, wie in der Vergangenheit schon einmal, Theben von Unheil zu befreien. Durch den kurz darauf von Kreon überbrachten Auftrag des Orakels von Delphi, Oidipus solle den Mörder seines Vorgängers Laios finden und bestrafen, nur dann könne die Seuche abgewendet werden, setzt das dramatische Geschehen ein.

Der Zuschauer wie der Leser erfahren all dies gleich zu Beginn der Tragödie durch den Dialog zwischen Oidipus und dem Chor sowie kurz darauf durch den Dialog zwischen Oidipus und Kreon. Sophokles baut das Geschehen also so auf, dass die Titelfigur sowohl durch das Volk als auch durch den Orakelspruch unter den Druck gesetzt wird, das gegenwärtige Problem für Theben lösen zu müssen. Der Betrachter des Werkes lernt hier nicht nur einige der wichtigen Figuren, sondern auch Auftrag des Oidipus kennen, der für den weiteren Gang des Geschehens bestimmend ist. Wesentlicher aber ist, was der Betrachter ebenso wenig wie die handelnden Figuren der Tragödie zu Beginn erfahren: dass dieser Auftrag bereits die Keimzelle des künftigen, geradezu tödlichen Konfliktes ist, der sich im Verlauf des weiteren Geschehens für und durch die Titelfigur offenbart.

Die Konfrontation verschiedener Rollenträger mit unterschiedlichen Interessen und Zielen, aber auch die **Konflikte** z.B. zwischen Gewissensanspruch und äußerer Ordnung **sind wesentliche Mittel für die Entfaltung dramatischer Gestaltungen.**

Solche Konfliktsituationen dienen, wie bereits angedeutet, im Zusammenhang mit ihrem Ursprung aus religiös motivierten Feierlichkeiten deren belehrender Absicht: Insbesondere die Gattung der klassischen antiken, aber oft auch noch die neuzeitliche **Tragödie** will ihrem Betrachter Botschaften vermitteln.

Für das Verständnis dieser Botschaften ist es dabei wichtig, über die äußeren Informationen zu Raum, Zeit, Geschehen und Figuren hinaus den textlichen Äußerungen entnehmen zu können, was die einzelnen Figuren antreibt und welche Zielsetzungen sie verfolgen. All diese durch die Gestaltung des Autors ermöglichten Einsichten über die handelnden Figuren sollen dem Betrachter die Botschaft des Autors vermitteln.

Konflikte handelnder Figuren in Shakespeare *Julius Caesar*[1]

Im folgenden Auszug aus der zweiten Szene des dritten Aktes aus *Julius Caesar* begründet Brutus dem römischen Volk, hier vertreten durch mehrere Bürger, seine Beteiligung an der unmittelbar zuvor erfolgten Ermordung Caesars. Die Passage ist vor allem durch die Ausführungen des Brutus bestimmt, welche nur von vereinzelten Zwischenrufen von Bürgern unterbrochen werden. In den Zwischenrufen reagieren die Bürger auf Aussagen des Brutus:

Brutus und Cassius kommen mit einem Haufen Volks.

BÜRGER: Wir wollen Rechenschaft, legt Rechenschaft uns ab!
BRUTUS: So folget mir und gebt Gehör mir, Freunde. –

Brutus besteigt die Rostra[2].

DRITTER BÜRGER: Der edle Brutus steht schon oben still!

BRUTUS: Seid ruhig bis zum Schluss.
Römer! Mitbürger! Freunde! Hört mich meine Sache führen, und seid still, damit ihr hören möget. Glaubt mir um meiner Ehre willen, und hegt Achtung vor meiner Ehre, damit ihr glauben mögt. Richtet mich nach eurer Weisheit, und weckt eure Sinne, um desto besser urteilen zu können. Ist jemand in

dieser Versammlung, irgendein herzlicher Freund Cäsars, dem sage ich: des Brutus Liebe zum Cäsar war nicht geringer als seine. Wenn dieser Freund dann fragt, warum Brutus gegen Cäsar aufstand, ist dies meine Antwort: nicht weil ich Cäsarn weniger liebte, sondern weil ich Rom mehr liebte. Wolltet ihr lieber Cäsar lebte und ihr stürbet alle als Sklaven als dass Cäsar tot ist, damit   ihr alle lebet wie freie Männer? Weil Cäsar mich liebte, wein ich um ihn;   weil er glücklich war, freue ich mich; weil er tapfer war, ehr ich ihn; aber weil er herrschsüchtig war, erschlug ich ihn.   Also Tränen für seine Liebe, Freude für sein Glück, Ehre für seine Tapferkeit und Tod für seine Herrschsucht. Wer ist hier so niedrig gesinnt, dass er ein Knecht sein möchte? Ist es jemand, er rede, denn ihn habe ich beleidigt. Wer ist hier so roh dass er nicht wünschte ein Römer zu sein? Ist es jemand, er rede, denn ihn habe ich beleidigt.   Wer ist hier so schlecht, dass er sein Vaterland nicht lieben will? Ist es jemand, er rede, denn ihn habe ich beleidigt. Ich halte inne, um Antwort zu hören.
BÜRGER. *Verschiedene Stimmen auf einmal.*
Niemand, Brutus, niemand.
BRUTUS: Dann habe ich niemand beleidigt. Ich tat Cäsarn nichts, als was ihr dem Brutus tun würdet. Die Untersuchung über seinen Tod ist im Kapitol aufgezeichnet:
    Sein Ruhm nicht geschmälert, wo er Verdienste hatte; seine Vergehen nicht übertrieben, für die er den Tod gelitten.
Antonius und andre treten auf mit Cäsars Leiche.
        Hier kommt seine Leiche, vom Mark Anton betrauert, der, ob er schon keinen Teil an   seinem   Tode hatte, die Wohltat seines Sterbens, einen Platz im gemeinen Wesen, genießen wird. Wer von euch wird es nicht? Hiermit trete ich ab: wie ich meinen besten Freund für das Wohl Roms erschlug, so habe ich denselben Dolch für mich selbst, wenn es dem Vaterlande gefällt, meinen Tod zu bedürfen.
BÜRGER. Lebe, Brutus! lebe! lebe!
ERSTER BÜRGER. Begleitet mit Triumph ihn in sein Haus.

(...)
BRUTUS. Ihr guten Bürger, lasst allein mich gehn:
Bleibt mir zuliebe hier beim Mark Anton.
Ehrt Cäsars Leiche, ehret seine Rede,
Die Cäsars Ruhm verherrlicht: dem Antonius
gab unser Will' Erlaubnis, sie zu halten.
Ich bitt' euch, keiner gehe fort von hier
als ich allein, bis Mark Anton gesprochen. *Ab.*

In seiner Rede gelingt es Brutus, die anfängliche Distanz der Bürger zu seiner Beteiligung an der Ermordung Cäsars zu überwinden. Der in der Distanziertheit der Bürger zu sehende Konflikt liegt in ihrem mangelnden Verständnis dafür begründet, warum ein so verdienter Feldherr Roms wie Caesar von führenden Mitgliedern des Senats umgebracht worden ist. Aus diesem Unverständnis resultiert auch die ursprüngliche Forderung der Bürger an Brutus: *legt Rechenschaft uns ab!* Durch seine Rede aber verändert Brutus die anfängliche Konfliktsituation in geradezu verblüffend vollständiger Weise zu seinen Gunsten, was in dem abschließenden Ausruf des ersten Bürgers: *Begleitet mit Triumph ihn in sein Haus,* gipfelt .
Wie konnte Brutus das schaffen?
Brutus Ziel muss es sein, die Bürger davon zu überzeugen, dass die Tötung Caesars gerechtfertigt ist, dass diese Tat also keine Mordtat darstellt, sondern im Gegenteil eine quasi notwendige Hinrichtung.
Angesichts der eher gegen ihn gerichteten Ausgangsstimmung der Bürger musste Brutus also daran gelegen sein, die von dem Geschehen verwirrten Bürger zu beruhigen und sie bei ihrem Vorwissen: Caesar ist doch ein verdienter Held Roms gewesen, abzuholen. Um die Bürger in ihrer emotionalen Grundhaltung erreichen zu können, tituliert er sie unmittelbar nach deren Forderung nach Rechenschaft als *Freunde*, versucht dadurch eine emotionale Beziehung zu

den Bürgern herzustellen. Dieser Tendenz folgt er dann auch in seiner dreigliedrigen Anrede: *Römer, Mitbürger, Freunde*. Auffällig ist hier, dass die distanzierendste der drei Anreden: *Römer*, am Anfang steht; für die zweite Anrede wählt Brutus dann nicht den eher sachlichen Ausdruck Bürger, sondern den Gemeinschaft zwischen Brutus und seinen Zuhörern herstellenden Begriff *Mitbürger*. Den Abschluss seiner Anreden bildet dann der schon eingangs verwendete, eine besondere Nähe zwischen Brutus und den Bürgern unterstellende Ausdruck *Freunde*. Auch in seinen weiteren Einlassungen bleibt Brutus bei seiner Strategie, die Bürger nicht rational zu überzeugen, sondern emotional für seine Position einzunehmen. Fast schon flehentlich appelliert er an sie, ihm Glauben zu schenken: *Glaubt mir um meiner Ehre willen, und hegt Achtung vor meiner Ehre, damit ihr glauben mögt. Richtet mich nach eurer Weisheit [...]*. Die dabei verwendeten Ausdrücke *Glaubt, hegt Achtung* und zweimal *Ehre* (gemeint ist die von Brutus) fundieren nicht in erster Linie auf rationalen Erkenntnissen, sondern eher auf gefühlsgegründeten Überzeugungen. Fast schon unterwürfig legt er mit den Worten *Richtet mich* sein Schicksal in die Hände der Bürger, allerdings nicht ohne ihnen in geradezu schmeichlerischer Weise *Weisheit* im Hinblick auf ihr Urteil zu unterstellen.

So vorbereitet setzt sich Brutus anschließend von seiner emotionalen Beziehung zu Caesar her auf eine Stufe mit einem von ihm angenommenen Zuhörer, den er als *irgendein herzlicher Freund Cäsars* tituliert und daran anschließend seine erste Tatbegründung anfügt: *nicht weil ich Cäsarn weniger liebte, sondern weil ich Rom mehr liebte* . Die Tat ist also, so möchte es Brutus seinen Zuhörern nahebringen, nicht aus mangelnder Zuneigung entsprungen, im Gegenteil: Brutus spricht sogar von seiner *Liebe* zu Caesar. Ursache für seine Überwindung der starken emotionalen Bindung an Caesar sei ein noch stärkeres Gefühl gewesen, seine Liebe zu

Rom. Unausgesprochen wird hier schon klar, dass Caesar in den Augen von Brutus eine so offenbare Gefahr für Rom dargestellt haben muss, dass er sogar seine persönlichen Gefühle für Caesar zu überwinden bereit gewesen ist. In der sich anschließenden rhetorischen Frage veranschaulicht Brutus die bei einem Weiterleben Caesars drohende Gefahr durch die Wendung *ihr stürbet alle als Sklaven*, der er antithetisch die durch Caesars Tod erreichte Alternative *ihr alle lebet wie freie Männer* gegenüberstellt. In der dann folgenden viergliedrigen parallelistischen Konstruktion aus je einem Kausal- sowie einem Hauptsatz zählt Brutus in den ersten drei Einheiten auf, weswegen Caesar durchaus schätzenswert gewesen sei, ehe seine Ausführungen dann in der Hauptbegründung für die Ermordung Caesars kulminieren: *aber weil er herrschsüchtig war, erschlug ich ihn* . Die Caesar unterstellte Herrschsucht nennt Brutus damit als Hauptmotiv für die Tat.

Mit den Wertungen der sich dann anfügenden Kette von drei rhetorischen Fragen: *Wer ist hier so niedrig....so roh...so schlecht*, in die jeweils die direkte, jeweils gleich bleibende Anrede an die Zuhörer: *Ist es jemand, er rede, denn ihn habe ich beleidigt.* , eingeschoben ist, drängt Brutus seine Zuhörer in die von ihm gewünschte Richtung. Natürlich will jeder als frei, als Römer und als Anhänger des Vaterlandes gelten. Und deswegen schweigen auch alle, weswegen Brutus dann zufrieden konstatieren kann, dass alle Anwesenden seine Tat als gerechtfertigt ansehen. Brutus hat den anfangs zwischen ihm und den Bürgern schwelenden Konflikt gelöst und diese auf seine Seite gezogen, so dass ihnen nun die Tötung Caesars aufgrund dessen ihm von Brutus unterstellter Herrschsucht als gerechtfertigt erscheint.

Dabei ist er sich seiner Sache so sicher, dass er die Menge dazu auffordert, der Rede des Mark Anton zuzuhören, der im Verlauf der Rede des Brutus mit dem Leichnam Caesars auf dem Forum angekommen ist. Brutus selbst verlässt dann das

Forum.

Auch Mark Anton schlägt vor Beginn seiner Rede eine durch Brutus Ausführungen hervorgerufene eher feindselige Stimmung entgegen, welche zum einen in der Drohung: *Er täte wohl, Dem Brutus hier nichts Übles nachzureden* , ihren Ausdruck findet. Zum anderen wird die Distanz zu Mark Anton an der negativen Einschätzung des ermordeten Cäsars durch den ersten und vierten Bürger ersichtlich, wenn der eine Cäsar als *Tyrann* bezeichnet, der zweite dessen Tod als *Glück für uns, dass Rom ihn los ward*, erachtet.

Aber auch Mark Anton gelingt es, die gegen ihn und Cäsar gerichtete Stimmung in ihr völliges Gegenteil und so neuerlich gegen Brutus gerichtet zu verkehren.

Wie ihm das gelingen konnte, wird im Anschluss an den nun folgenden Auszug zu untersuchen sein:

ERSTER BÜRGER: He, bleibt doch! Hören wir den Mark Anton.
DRITTER BURGER: Lasst ihn hinaufgehn auf die Rednerbühne. (...)
VIERTER BÜRGER: Er täte wohl,
Dem Brutus hier nichts Übles nachzureden.
ERSTER BÜRGER: Der Cäsar war ein Tyrann.
 DRITTER BÜRGER: Ja, das ist sicher.
Es ist ein Gluck für uns, dass Rom ihn los ward. (...)

ANTONIUS: Mitbürger! Freunde! Römer! hört
mich an: Begraben will ich Cäsarn,
nicht ihn preisen. Was Menschen
Übles tun, das überlebt sie,
Das Gute wird mit ihnen oft begraben.
So sei es auch mit Cäsarn!
Der edle Brutus Hat euch gesagt, dass er voll
Herrschsucht war;
Und war er das, so war's ein schwer Vergehen,

Und schwer hat Cäsar auch dafür gebüßt.
Hier, mit des Brutus Willen und der andern
(Denn Brutus ist ein ehrenwerter Mann, das sind sie alle, alle
ehrenwert)
Komm' ich, bei Cäsars Leichenzug zu reden.
Er war mein Freund, war mir gerecht und treu:
Doch Brutus sagt, dass er voll Herrschsucht war,
Und Brutus ist ein ehrenwerter Mann.
Er brachte viel Gefangne heim nach Rom,
Wofür das Lösegeld den Schatz gefüllt.
Sah das der Herrschsucht wohl am Cäsar gleich?
Wenn Arme zu ihm schrien, so weinte Cäsar:
Die Herrschsucht sollt' aus härterm Stoff bestehn.
Doch Brutus sagt, dass er voll Herrschsucht war,
Und Brutus ist ein ehrenwerter Mann.
     Ihr alle saht, wie am Lupercus[1]-Fest
Ich dreimal ihm die Königskrone bot,
Die dreimal er geweigert. War das Herrschsucht?
Doch Brutus sagt, dass er voll Herrschsucht war,
Und ist gewiss ein ehrenwerter Mann.
Ich will, was Brutus sprach, nicht widerlegen,
Ich spreche hier von dem nur, was ich weiß.
Ihr liebtet all' ihn einst nicht ohne Grund:
     Was für ein Grund wehrt euch, um ihn zu trauern?
     O Urteil, du entflohst zum blöden Vieh,
     Der Mensch ward unvernünftig! - Habt Geduld!
     Mein Herz ist in dem Sarge hier beim Cäsar,
     Und ich muss schweigen, bis es mir zurückkommt.
ERSTER BÜRGER: Mich dünkt, in seinen Reden ist viel
Grund.
ZWEITER BÜRGER: Wenn man die Sache recht erwägt, ist
Cäsarn
Groß Unrecht widerfahren.
     DRITTER BÜRGER: Meint ihr, Bürger?
Ich fürcht', ein Schlimmrer kommt an seine Stelle.

VIERTER BÜRGER: Habt ihr gehört? Er nahm die Krone nicht,
Da sieht man, dass er nicht herrschsüchtig war.
ERSTER BÜRGER: Wenn dem so ist, so wird es manchem teuer
Zu stehen kommen. (...)
ANTONIUS: Noch gestern hätt' umsonst dem Worte Cäsars
Die Welt sich widersetzt: nun liegt er da,
Und der Geringste neigt sich nicht vor ihm.
O   Bürger! strebt' ich, Herz und Mut in euch
Zur Wut und zur Empörung zu entflammen,
So tät' ich Cassius und Brutus unrecht,
Die ihr als ehrenwerte Männer kennt.
Ich will nicht ihnen unrecht tun, will lieber
Dem Toten unrecht tun, mir selbst und euch,
Als ehrenwerten Männern, wie sie sind.
Doch seht dies Pergament mit Cäsars Siegel;
Ich fand's bei ihm, es ist sein letzter Wille.
Vernähme nur das Volk dies Testament,
(Das ich, verzeiht mir, nicht zu lesen denke)
Sie gingen hin und küssten Cäsars Wunden,
    Und tauchten Tücher in sein heil'ges Blut,
Ja bäten um ein Haar zum Angedenken
Und sterbend nennten sie's im Testament,
Und hinterließen's ihres Leibes Erben
Zum köstlichen Vermächtnis.
VIERTER BÜRGER: Wir wollen's hören: lest das Testament.
Lest, Mark Anton.
BÜRGER: Ja ja, das Testament! Lasst Cäsars Testament
uns hören.
ANTONIUS. Seid ruhig, lieben Freund'! Ich darf's nicht lesen;
    Ihr müsst nicht wissen, wie euch Cäsar liebte.

Ihr seid nicht Holz, nicht Stein, ihr seid ja Menschen,
Drum, wenn ihr Cäsars Testament erführt,

Es setzt' in Flammen euch, es macht' euch rasend.
Ihr dürft nicht wissen, dass ihr ihn beerbt;
   Denn wüsstet ihr's, was würde draus entstehn?
BÜRGER: Lest das Testament! Wir wollen's hören, Mark Anton!
Lest das Testament! Cäsars Testament!
ANTONIUS: Wollt ihr euch wohl gedulden? wollt ihr warten?
Ich übereilte mich, da ich's euch sagte.
Ich fürcht', ich tu' den ehrenwerten Männern
Zu nah, durch deren Dolche Cäsar fiel;
Ich fürcht' es.
VIERTER BÜRGER: Sie sind Verräter: ehrenwerte Männer!
BÜRGER: Das Testament! Das Testament!

ZWEITER BÜRGER: Sie waren Bösewichter, Mörder!
Lest das Testament!
ANTONIUS: So zwingt ihr mich, das Testament zu lesen?
Schließt einen Kreis um Cäsars Leiche denn,
Ich zeig' euch den, der euch zu Erben machte.
Erlaubt ihr mir's? soll ich hinuntersteigen?
BÜRGER: Ja, kommt nur!

Exemplarische Analyse und Interpretation zentraler Untersuchungsaspekte in dramatischen Texten anhand der Rede des Antonius[1]

Da, wie oben bereits erläutert, bei allen zu untersuchenden Aspekten die Sprechakte der Figuren das nahezu einzige Untersuchungsmaterial darstellen, wird stets auch die Verwendung wesentlicher sprachlich-stilistischer und rhetorischer Mittel mitbedacht werden müssen.

Die vorliegende Rede des Antonius in der zweiten Szene des dritten Aktes bildet den Höhe- und Wendepunkt in Shakespeares Tragödie *Julius Caesar*. Der Rede voraus gingen die Rückkehr des auf dem Höhepunkt seiner Macht stehenden Caesar aus dem Bürgerkrieg sowie die wachsende Sorge der Republikaner im Senat vor der Möglichkeit der Beseitigung der Republik durch Caesar, die schließlich in deren Anschlagsplan gipfelt, dem auch Caesars Freund Brutus zustimmt. Trotz vielfältiger Warnungen verlässt Caesar sein Haus und wird von den Senatoren unter Beteiligung von Brutus getötet.

In der der Rede des Antonius voraufgehenden Rede des Brutus auf dem Forum gelingt es Brutus, die Tötung Caesars mit der diesem unterstellten Herrschsucht zu rechtfertigen und die Bürger für die Sache der Republikaner einzunehmen.

Die dann folgende, genauer zu betrachtende Rede zeigt, wie es Antonius gelingt, die Stimmung der Bürger gegen Brutus und seine Mitverschwörer zu richten und so deren Niederlage vorzubereiten.

Im Anschluss an die Rede des Antonius müssen Brutus und die an der Tötung Caesars beteiligten Senatoren aus Rom fliehen und werden im weiteren Verlauf der Dramenhandlung in mehreren Schlachten besiegt und zum Selbstmord getrieben. Der Versuch des Brutus, die Republik für Rom zu retten, war somit endgültig gescheitert.

Personen, deren Verhaltens- und Redestrategien sowie Motive

In der vorliegenden Rede finden sich ebenso wie in der vorangehenden Rede des Brutus die Bürger und der Redner, hier nun Antonius, als agierende Figuren.

Die Rede findet statt vor dem Hintergrund des Konfliktes zwischen den Anhängern der republikanischen Partei um Brutus, die Caesar getötet haben, um die Republik vor der Alleinherrschaft eines Einzelnen zu bewahren, und den Anhängern des ermordeten Caesar um Antonius.

Auf dem Forum geht es darum, die Bürger für die jeweilige Position zu gewinnen, um so den Machtkampf in Rom zu entscheiden. Dabei steht Antonius mit seiner Rede vor der Aufgabe, die erfolgreiche Vereinnahmung der Bürger durch Brutus rückgängig zu machen und Brutus Hauptargument gegen Caesar, dieser sei herrschsüchtig, zu entkräften.

Wie also steigt Mark Anton in seine Rede ein?

Während Brutus die Anrede *Römer* an den Anfang und *Freunde* ans Ende seiner Dreierfigur gestellt hat, und so seine Rede auf eine freundschaftliche Beziehung zu seinen Mitbürgern angelegt hat, stellt Mark Anton, der die gleichen Anredenomina verwendet, die sachlicher wirkende Anrede *Römer* ans Ende seiner Dreierfigur. Im Kontrast zu seiner Betonung der Freundschaft begründet Brutus seine Beteiligung an der Ermordung seines Freundes Caesar mit der diesem unterstellten *Herrschsucht*. Die Ermordung Caesars erfolgte also um Roms willen, d.h. dem Brutus ist Rom wichtiger als eine Freundschaft. Passend zu der so als eher strategisch erscheinenden Hervorhebung des Begriffs *Freunde* in der Anrede wirkt dann die distanzierte Benennung seiner Zuhörer als *Bürger* am Ende seiner Rede. Im Vergleich dazu geht Mark Anton gegenläufig vor, wenn er durch seine anfängliche Endstellung das *Römer* – Sein seiner Zuhörer betont und so nicht die Ebene der persönlichen Beziehung hervorhebt. Anders als Brutus sucht Mark Anton am Ende seiner Rede die Nähe zu seinen *Mitbürgern*, indem er von der Rostra steigt und sich an Caesars Leiche unter sie mischt, um ihnen dort das Testament des Ermordeten vorzulesen.

Doch schauen wir noch einmal auf den Beginn der Rede des Antonius. Dort betont Antonius durch die Anfangsstellung der Verbform B*egraben* die Vorrangigkeit der von ihm angestrebten Tätigkeit im Hinblick auf den getöteten Caesar. Weiterführend verknüpft er seine Ausführungen mit denen der Rede des Brutus, indem er dessen Hauptvorwurf, Caesar sei *voll Herrschsucht* gewesen, aufgreift und diesen Vorwurf dadurch stützt, dass er seinen Vorredner mit dem Attribut *Der edle Brutus* schmückt. Doch schon durch die Verwendung eines verklausulierten Konditionalsatz: *Und war er das*, dem hier die typische Einleitungskonjunktion ´wenn´ fehlt, deutet Antonius Zweifel an der Behauptung von Brutus an. Zwar gesteht er zu, dass eine solche Haltung der Herrschsucht auch für ihn *ein schwer Vergehen* sei, betont aber zugleich, dass Caesar für diesen Vorwurf *schwer ... gebüßt* habe. Noch während er den Zuhörern erklärt, dass er des Brutus Erlaubnis habe, bei Caesars Leichenzug zu reden, greift Antonius auch den von Brutus für seine eigene Person in Anspruch genommenen Charakter der Ehrenhaftigkeit auf, nicht ohne diesen bereits hier durch die Wiederholung: *Denn Brutus ist ein ehrenwerter Mann, das sind sie alle, alle ehrenwert*, zu ironisieren.

Entgegen seiner anfänglichen Aussage, Caesar *nicht ...preisen* zu wollen, macht Antonius genau das, wenn er betont, Caesar sei ihm als Freund *gerecht und treu* gewesen. Damit setzt Antonius einen Kontrapunkt zu Brutus, der sich seinem Freund Caesar gegenüber mit der Beteiligung an dessen Ermordung alles andere als *treu* und damit auch nicht unbedingt als *ehrenwert* erwiesen hat. Das nun folgende Satzgefüge aus zwei Haupt- und einem Nebensatz:
Doch Brutus sagt, dass er voll Herrschsucht war,

Und Brutus ist ein ehrenwerter Mann.

wird in der Folge noch zwei weitere Male von Antonius verwendet, jedes Mal nachdem er vorher Beispiele für die nach seiner Auffassung mangelnde Herrschsucht Caesars gebracht hat. So verweist er auf die hohen Staatseinnahmen durch Lösegeld nach Caesars erfolgreichen Kriegszügen. Dies erste über sein persönlich freundschaftliches Verhältnis zu Caesar hinausgehende Beispiel veranlasst ihn zu der rhetorischen Frage: *Sah das der Herrschsucht wohl am Caesar gleich?* Rhetorische Fragen tragen die naheliegende Antwort bereits suggestiv in sich, so dass diese

Antwort nicht wirklich gegeben werden muss. In diesem Fall will Antonius zum Ausdruck bringen, dass ein wirklich herrschsüchtiger Mann den Vorteil der finanziellen Möglichkeiten durch zahlreiche Kriegsgefangene nicht zugunsten des Staates aus der Hand gegeben hätte. Caesars Mitgefühl für die Armen führt Antonius als weiteres Argument gegen die von Brutus behauptete *Herrschsucht* auf Seiten Caesars an, ehe er zum zweiten Mal das oben schon zitierte Satzgefüge vorträgt. Durch dessen zweite Wiederholung wird sowohl die Behauptung der Herrschsucht Caesars als auch die Selbst-Charakterisierung des Brutus durch das Attribut *ehrenwert* ironisch reduziert; und zwar darauf, was beide Aussagen sind: nämlich bloße Behauptungen. Das aber, was Antonius zugunsten Caesars anführt, sind keine Behauptungen, sondern Tatsachen, wie Antonius seinen Zuhörern klarmacht, als er sie selbst als Zeugen aufruft:

Ihr alle saht, wie am Lupercus-Fest
Ich dreimal ihm die Königskrone bot,
Die dreimal er geweigert.

Mit der weiteren rhetorischen Frage: *War das Herrschsucht?*, die natürlich nur mit nein beantwortet werden kann, rundet Antonius dies Argument gegen Brutus Rechtfertigung der Ermordung Caesars wegen dessen unterstellter Herrschsucht ab. Denn die Bürger haben ja selbst erlebt, dass Caesar die ihm mehrfach angetragene Alleinherrschaft stets zurückgewiesen hat. Das bedeutet, dass Caesar nicht herrschsüchtig gewesen sein kann und deswegen von Brutus und seinen Mitverschwörern zu Unrecht getötet worden ist.
Mit der dritten und letzten Wiederholung des Satzgefüges: *Doch Brutus sagt,....* , wird – wie der Kontrast zwischen der auf Behauptungen gestützten Argumentation von Brutus im Vergleich zu der tatsachengestützten Argumentation von Antonius zeigt - erneut die Substanzlosigkeit der Position von Brutus aufgezeigt, der seine These nur *sagt*, aber nicht beweist.

Auch Antonius nächste Aussage entbehrt nicht der Ironie, wenn er davon spricht, Brutus nicht widerlegen zu wollen, sondern nur das vortragen zu wollen, *was ich weiß*. Antonius ist sich schon hier bewusst, dass er in den Augen seiner Zuhörer Brutus längst widerlegt hat, weil er nicht auf Stimmungen und Gefühle, sondern auf sein Wissen, auf Tatsachen gesetzt hat.

Nachdem Antonius so, also auf eher rationale Weise, die Bürger aus ihrer ursprünglichen emotionalen Zustimmung zu Brutus herausgeholt und an seine Position gebunden hat, ändert er seine Redestrategie. Im weiteren Verlauf seiner Rede will er seine Zuhörer nun auch emotional an sich binden. Dabei vermischt er zunächst die rationale und die emotionale Ebene, wenn er von der früheren begründeten Liebe der Bürger für Caesar spricht und nicht versteht, was für einen *Grund* es geben kann, der sie nun davon abhält, *um ihn zu trauern*. Dass Antonius einen solchen Grund nicht kennt, hat damit zu tun, dass er den Bürgern durch seine Beispiele für die mangelnde Herrschsucht Caesars die Substanz-, also Grundlosigkeit der Anschuldigungen des Brutus und zugleich die Unrechtmäßigkeit der Ermordung Caesars dargelegt hat. Die Personifikation des *Urteil*s in den folgenden zwei Zeilen:

O Urteil, du entflohst zum blöden Vieh,
Der Mensch ward unvernünftig! ,
ist eine Anspielung darauf, dass die Bürger sich von Brutus emotional haben einwickeln lassen, statt ihrem Verstand, also den von Antonius aufgezählten guten Gründen für eine Liebe zu Caesar, zu folgen.

Der anschließende Gedankenstrich erscheint wie ein Pausenzeichen, also dafür, dass Antonius eine Weile schweigt, dass daraufhin die Bürger unruhig werden, auch wenn dies weder durch Text der Bürger oder eine Regieanweisung angedeutet wird. Stattdessen lässt Shakespeare dies in Antonius Ausruf: *Habt Geduld!* , sowie dessen weiterführender Erklärung:

Mein Herz ist in dem Sarge hier beim Caesar,
Und ich muss schweigen, bis es mir zurückkommt. ,

anklingen. Antonius hat sich nun komplett von seiner rationalen Argumentation gelöst und ist zu einer auf Emotionen gründenden Darlegung übergegangen. Zugleich gibt sein von ihm angekündigtes Schweigen den Bürgern Gelegenheit, sich über die bisherigen Ausführungen von Antonius auszutauschen. Die dabei von den Bürgern verwendeten Formulierungen: *Mich dünkt...viel Grund...Wenn man...recht erwägt...Da sieht man, dass er nicht herrschsüchtig war...* , zeigen, dass diese tatsächlich den rationalen Erwägungen von Antonius gefolgt sind und bereits als Konsequenz für die Mörder Caesars davon ausgehen:

Wenn dem so ist, so wird es manchem teuer
Zu stehen kommen...

Antonius weiß um die instabile Lage in Rom nach dem Tod Caesars, weiß aus den soeben gehörten Kommentaren der Bürger auch, dass er diese gerade von des Brutus auf seine Seite gezogen hat, und er weiß ebenso, dass damit sein Sieg noch nicht dauerhaft gefestigt ist. Um also das bisher schon Erreichte zu sichern, strebt er nun danach, auch die Gefühle der Bürger für Caesar einzunehmen und damit gegen Brutus und seine Mitverschwörer zu lenken.
Er beginnt damit, indem er auf den durch seine Ermordung bewirkten tiefen Fall Caesars, dessen große Verdienste um Rom er vorher bereits dargelegt hat, hinweist: *nun liegt er da, Und der Geringste neigt sich nicht vor ihm.*
Dass dies jemanden, dem Antonius ja Gründe für eine Liebe zu Caesar aufgezeigt hat,   emotional betroffen machen kann, macht Antonius anschließend neuerlich durch das Stilmittel des verklausulierten Konditionalsatzes: *...strebt ich Herz und Mut in euch zu Wut und zur Empörung zu entflammen,*   deutlich. Die darin enthaltene Bedingung: `Wenn ich strebte...´, deutet zwar an,

107

dass ein solches Streben denkbar, aber eng verbunden ist mit der im Hauptsatz benannten Konsequenz: *So tät ich Cassius und Brutus unrecht, Die ihr als ehrenwerte Männer kennt.* Im Hauptsatz nun benutzt Antonius mit der Verbform : *tät*, den Konjunktiv 2, also den Irrealis, der die scheinbare Aussage, er tue durch ein solches Handeln Cassius und Brutus unrecht, in ihr genaues Gegenteil verkehrt: Die Bürger gegen Cassius und Brutus aufzubringen und dazu einige der allerstärksten und zerstörerischsten Emotionen wie *Wut* und *Empörung* in ihnen nicht nur zu wecken, sondern *zu entflammen*, ist also in den Augen von Antonius richtig. Zwei weitere Male benutzt Antonius nun in den folgenden Zeilen die Bezeichnung *ehrenwerte[n] Männer[n]* für die namentlich benannten Verschwörer, eine Wiederholung, die mit den vorher bereits verwendeten Wiederholungen diese Charakterisierung zu einer sinnentleerten und unglaubwürdigen Phrase macht. Die in diesem Zusammenhang verwendete Behauptung, den Benannten nicht ... *unrecht tun* zu wollen, wird sogleich mit dem adversativen, also einen Gegensatz benennenden: *Doch seht ...,* in Frage gestellt. Aber anders als Brutus vorher verfügt Antonius nicht nur über Worte, sondern hat durch *dies Pergament mit Caesars Siegel* auch Sichtbares, konkret Fassbares vorzuweisen. Mit der Metapher *sein letzter Wille* deutet er an, was er in der folgenden Zeile dann mit dem korrekten juristischen Begriff *Testament* bezeichnet. Caesar hat also vor seinem Tode aufgeschrieben, wie nach seinem Tode mit seinem Vermögen zu verfahren ist. Erneut verwendet er einen verklausulierten Konditionalsatz und den Konjunktiv Irrealis: *Vernähme nur das Volk dies Testament*, dessen irreale Bedeutung, also dass er nicht vorhat, dem Volk den Inhalt des Testamentes mitzuteilen, er den der Grammatik weniger Kundigen in einem Einschub: *(Das ich, verzeiht mir, nicht zu lesen denke)*, erklärt. Erst nach diesem Einschub ergänzt er die von ihm vorher genannte Bedingung: `Wenn das Volk vernähme´, um die Auswirkungen dieser Kenntnisnahme. Diese benennt er in einer aus fünf Hauptsätzen bestehenden parataktischen Aufzählung der aus dieser Kenntnis folgenden Handlungen des Volkes. Dadurch, dass diese Aufzählung geradezu hyperbelhaft emotionalisierte Wendungen wie: *küssten Caesars Wunden ... tauchten Tücher in sein heil`ges Blut...*, umfasst, weckt Antonius die Neugier seiner nun schon erkennbar aufgeregten Zuhörer, die denn auch von ihm verlangen, das Testament vorzulesen. Während er seine Zuhörer zu Beginn seiner Emotionalisierungsstrategie noch geradezu seufzend-verzweifelt mit *O Bürger* angesprochen hat, besänftigt er sie nun schon deutlich vertraulicher: *Seid ruhig lieben Freund`*. Dass er sie aber in Wirklichkeit gar nicht beruhigen, sondern im Gegenteil durch weitere Verzögerung der Bekanntmachung des Testamentinhaltes nur noch mehr erregen und auf die Seite des ermordeten Caesar, damit gegen Brutus und seine Mitverschwörer, ziehen will, machen nicht nur sein Hinweis auf die große Liebe Caesars zum römischen Volk, sondern auch die Warnung deutlich: *wenn ihr Caesars Testament erführt, Es setzt in Flammen euch, es macht` euch rasend* . Scheinbar versehentlich ausplaudernd, fügt er die Richtung des Testamentinhaltes an: *Ihr dürft nicht wissen, dass ihr ihn beerbt* .

Als Antonius darauf die neuerliche Forderung der Bürger, er solle das Testament vorlesen, mit dem Hinweis auf seine Sorge: *Ich fürcht`, ich tu` den ehrenwerten Männern Zu nah, durch deren Dolche Caesar fiel...*, zurückweist, hat er die Bürger nun auch emotional auf seiner Seite, wie deutlich an der Beschimpfung von Brutus und seinen Mitverschwörern: *Sie sind Verräter,* und ebenso an deren nur mehr ironisch verstehbaren Aufnahme der Selbstcharakterisierung des Brutus: *ehrenwerte Männer* , ablesbar ist. Für die Bürger sind die Verschwörer nicht mehr *ehrenwert,* sondern ehrlos, weil sie den - nunmehr wieder - vom Volk geliebten Caesar ermordet haben.

Die letzten rhetorischen Schachzüge des Antonius bestehen darin, dass er einerseits die Schuld an der Verlesung von Caesars Testament dem `Zwang´ zuweist, den die Bürger auf ihn ausüben, zum anderen, dass er sie durch seine Aufforderung, einen Kreis um Caesars Leichnam zu bilden und ihn für die Verlesung des

Testaments in ihrer Mitte aufzunehmen, selbst zu einer verschworenen Einheit formt.

Am Ende seiner Ausführungen hat Mark Anton damit zum einen den anfänglichen Konflikt zwischen den Bürgern und seiner Person gelöst. Zum anderen hat er dadurch, dass er die Bürger erst rational überzeugt und dann auch emotional auf Caesars Seite gezogen hat, bewirkt, dass der zuvor noch von den Bürgern gefeierte Brutus nun von diesen ebenso wie seine Mittäter als *Verräter, Bösewichter, Mörder* beschimpft wird. Der Machtkampf in Rom ist damit zunächst zugunsten der Anhänger Caesars entschieden.

Darstellungsziele des Verfassers

Feststellbar ist also, dass Shakespeare beide Redner mit einer klar zuzuordnenden Strategie ausgestattet hat. Ebenso, dass er - den historischen Ereignissen folgend - Antonius als Sieger aus diesem Machtkampf hat hervorgehen lassen.
Was aber ist für Shakespeare das Spannende und Aufschlussreiche gewesen, dessentwegen er dieser rhetorischen Auseinandersetzung so breiten Raum und eine so zentrale Stellung im Ablauf seiner Tragödie eingeräumt hat?
Die Antwort liegt in den oben gezeigten Ergebnissen von Analyse und Interpretation, aber auch in der Lebenszeit des Verfassers:
Das elisabethanische Zeitalter gehört zwar schon der Neuzeit an, war aber dennoch für den Großteil der Bevölkerung geprägt von Seuchen wie der Pest, von Gewalt und Zensur sowie für die Herrschenden von einer Vielzahl von innen- wie außenpolitischen Auseinandersetzungen, in denen es letztlich stets um ihren, zumeist auf Gewalthandlungen gründenden Machterhalt ging.
Und hier sind auch die Berührungen zur antiken Geschichte zu sehen, in diesem Fall zum Kampf um Bewahrung oder Beseitigung der römischen Republik.

An diesem Beispiel konnte Shakespeare - ohne sich selbst die Gegnerschaft zeitgenössischer Politiker zuzuziehen - die Manipulierbarkeit des Volkes ebenso zeigen wie die Fähigkeit und Bereitschaft von Politikern, das Volk im Sinne ihrer Ziele zu manipulieren und zwar bis hin zur auch physischen Vernichtung ihrer innenpolitischen Gegner. Gezeigt wird so im Gewand der antiken Geschichte deren zeitloser Kern ebenso wie die Brutalität der Wirklichkeit.

Möglich ist Shakespeare so auch die Darstellung zweier unterschiedlicher Politikertypen:

Brutus steht für den (hier: für Caesar tödlichen) Überzeugungstäter, der (s)eine Sache - hier: den Erhalt der römischen Republik - stets über das Leben von einzelnen Menschen, und sei es auch ein Freund, stellt. Zugleich verkörpert Brutus auch den Redner, der sich allein auf sein rhetorisches Geschick und die Wirksamkeit der von ihm gewählten Worte stützt.

Antonius dagegen gründet sein Vorgehen nicht allein auf seine Worte, sondern verbindet diese anfangs mit Gesten der Demut, im weiteren Verlauf mit der Darstellung seiner Gefühle, veranschaulicht durch sein Verstummen beim Blick auf die Leiche Caesars. Als weiteres Wirkungsmittel nutzt er die Einbeziehung von Fakten, für die er zum Beispiel die Erinnerung seiner Zuhörer an die von Caesar mehrfach abgelehnte, ihm angebotene Krone auffrischt. Der Glaubwürdigkeit seiner Ausführungen dienen dann am Ende die sinnlich fassbaren, damit faktisch gegebenen `Dinge´ wie das von Antonius hochgehaltene Pergament mit Caesars Testament, später dann auch Caesars blutbefleckter Mantel und - natürlich - die Leiche Caesars selbst.

Antonius steht hier also für den perfekt mit seinen Requisiten und Worten jonglierenden Schauspieler-Politiker, der, je nach Notwendigkeit der Situation, sein Publikum mal mit rationalen Argumenten, ein anderes Mal unter Verwendung von emotionalisierenden Mitteln mitzureißen versteht.

Shakespeare zeigt all dies, lässt aber - wie auch Antonius es bei der Aufzählung des belegbaren Verhaltens von Caesar tut - die

Gegebenheiten für sich sprechen. Er selbst gibt durch keine wie auch immer geartete Bewertung seine Auffassung zu erkennen.

Auch zur Analyse und Interpretation dramatischer Texte finden sich im Anhang weitere Beispiele. Wie für den Bereich der Lyrik liegt hier jeweils eine Einzelanalyse - hier zu einem Auszug aus Schillers bürgerlichem Trauerspiel *Kabale und Liebe* - sowie ein Textvergleich, in diesem Fall zu zwei Auszügen aus Goethes *Faust – der Tragödie erster Teil* , vor.

3.3 Erzähltexte verstehen

Im Vergleich mit den bisher schon betrachteten Gattungen Lyrik und Dramatik gehören Texte aus dem Bereich der Epik sicher zu den auch über die Schulzeit hinaus am meisten gelesenen Texten. Hier jedoch muss man heutzutage zwischen den eher kürzeren Formen epischer Literatur - wie z.B. Aphorismus, Fabel, Parabel, Kurzgeschichte - und den längeren Erzählformen wie Novelle und Roman unterscheiden. Denn kommerziell hat der Roman allen anderen erzählerischen Gattungen bei weitem den Rang abgelaufen.
Für die meisten der kürzeren Erzählformen gilt das auch schon zu den anderen beiden Großgattungen der Literatur Gesagte: Dichter haben oft die sprachlichen Möglichkeiten der Verhüllung des Gemeinten genutzt, um sich so kritisch über ihre Zeit, ihre Mitmenschen oder auch die Herrschenden äußern zu können, ohne Gefahr zu laufen, von diesen dafür zur Rechenschaft gezogen zu werden.
Das bekannteste Beispiel hierfür sind vermutlich die **Tierfabeln** des antiken Dichters **Aesop**. Hierzu ein Beispiel:

Des Löwen Anteil
Löwe, Esel und Fuchs schlossen einen Bund und gingen

zusammen auf die Jagd. Als sie nun reichlich Beute gemacht hatten, befahl der Löwe dem Esel, diese unter sie zu verteilen. Der machte drei gleiche Teile und forderte den Löwen auf, sich selbst einen davon zu wählen. Da aber wurde der Löwe wild, zerriss den Esel und befahl nun dem Fuchs zu teilen. Der nun schob fast die ganze Beute auf einen großen Haufen zusammen und ließ für sich selbst nur ein paar kleine Stücke über.
Da schmunzelte der Löwe: »Ei, mein Bester, wer hat dich so richtig teilen gelehrt?«

Die Lehre, die Aesop den Lesern mit seiner vermeintlichen Kindergeschichte übermittelte, liegt auf der Hand. Der Herrscher, also der, der wie der Löwe die Macht in Form von Stärke und Gewalt auf seiner Seite hat, nimmt sich, was er will. Gerechte Verteilung will er jedenfalls nicht. Die Zuhörer sollen sich dessen bewusst sein, wenn sie klüger sein wollen als der Esel und wenn ihnen ihr Leben lieb ist.
Das Stilmittel der Verhüllung der Realität - hier wie auch sonst in den Tierfabeln üblich - findet sich natürlich immer wieder auch in anderen literarischen Texten, was man häufig schon an der Nutzung historischer Stoffe wie ja auch in Shakespeares *Julius Caesar* sehen kann.
Andere der kürzeren epischen Textsorten wie der **Aphorismus** wollen ihre Botschaft ganz pragmatisch und deutlich darlegen. Auch hierzu ein paar Beispiele:

Wenn ein Buch und ein Kopf zusammenstoßen und es klingt hohl, ist das allemal im Buch? (1775, Lichtenberg)

Überzeugungen sind gefährlichere Feinde der Wahrheit als Lügen. (1878, Nietzsche)

Die freundlich klingende rhetorische Frage bei Lichtenberg: *ist das allemal im Buch?* , ist eigentlich bitterböse gemeint und will sagen, dass der hohle Klang eher von dem Kopf des Menschen kommt und eben dieser Klang für die geistige Leere in diesem Menschen spricht. Das Bild des Zusammenstoßens im konditionalen Nebensatz umschreibt die mögliche lesende Begegnung eines Menschen mit einem Buch. Das hohl klingende Geräusch sind dann die Äußerungen des Menschen über das Buch, die erkennen lassen, dass dieser das Buch nicht verstanden hat.

Der komplexere, weil mit mehreren abstrakten Begriffen: *Überzeugungen, Wahrheit, Lügen*, gespickte Aphorismus ist zugleich der syntaktisch einfachere Satz, denn er besteht nur aus einem thesenartig formulierten Hauptsatz. Aber auch dieser hat es in sich: Das Prädikat wird durch das Hilfsverb *sein* gebildet, wodurch der Sonderfall des sogenannten Gleichsetzungsnominativs entsteht, d.h. bei einer Satzgliedbestimmung würde sowohl der vor als auch der nach dem Prädikat *sind* stehende Teil als Nominativ zu bestimmen sein. Nun schwingen in den drei abstrakten Begriffen unterschiedliche Wertigkeiten mit. Klar ist, dass der Begriff *Wahrheit*, der ja stets mehr meint als die bloße Richtigkeit einer z.B. mathematischen Berechnung, einen äußerst positiven Anklang hat. Dass in diesem Satz der Begriff *Wahrheit* nicht im Zentrum steht, kann man schon daran erkennen, dass er grammatisch lediglich als Genitiv Attribut zum Gleichsetzungsnominativ im engeren Sinne: *gefährlichere Feinde*, benutzt wird. Es geht in diesem Satz um die *Feinde der Wahrheit*. Der von Nietzsche verwendete Plural: *Feinde*, zeigt, dass es für Nietzsche nicht nur einen Feind der Wahrheit gibt, der Komparativ: *gefährlichere*, verweist zudem auf die vergleichende Unterscheidung dieser Feinde hinsichtlich ihrer Bedrohung für die *Wahrheit*. Ohne jede Zweideutigkeit wird der Begriff *Lüge* und der, der sich ihrer bedient, negativ beurteilt. Das liegt darin begründet, dass, der Definition des Begriffs zufolge, jemand der lügt, ganz bewusst nicht die Wahrheit sagt. Etwas zwiespältiger ist da schon der Begriff *Überzeugung*: Einerseits möchten wir stets aus der Überzeugung heraus handeln, dass unser Handeln oder unsere Entscheidungen richtig sind, insofern erscheint es erstrebenswert über Überzeugungen zu verfügen. Andererseits gilt jemand mit einer Überzeugung, z.B. in religiöser oder politischer Hinsicht, als starr, unreflektiert, als intolerant und oft sogar bereit, für seine Überzeugung nicht nur zu streiten, sondern im Grenzfall auch zu töten, weil er diese seine Überzeugung für die einzig mögliche Wahrheit, also alles andere Denken für falsch und unterdrückenswert hält. Dass Überzeugungen für Nietzsche als die größere Bedrohung für die Wahrheit gelten, hat mit der eben beschriebenen Haltung von Überzeugten zu tun: Sie glauben fest daran, dass nur ihre Auffassung wahr ist, und übersehen von daher mögliche Fehler in ihrem Denken ebenso wie die tatsächliche Wahrheit, die sie gegebenenfalls sogar entschieden bekämpfen. Im Unterschied dazu schert sich ein Lügner nicht um die Wahrheit, hat auch kein Interesse Energie aufzuwenden, um die Wahrheit zu bekämpfen. Er weiß, dass das, was er äußert, nicht wahr, sondern zu seinem persönlichen Vorteil gelogen ist.

Was wir hier sehen können: Bei diesen sehr kurzen erzählerischen Texten kann es - wie bei einem Gedicht - auf die Beachtung noch der kleinsten sprachlichen Nuance ankommen.

Wie die Fabel gehört auch die **Parabel** zu den sehr alten, schon in der Bibel verwendeten Erzählformen. Parabeln stellen zumeist ein bildhaftes Geschehen dar, das sinnbildlich für etwas anderes, vom Autor Gemeintes steht, das der Leser erst aus der Parabel erschließen muss.

Zu den bedeutenden deutschsprachigen Parabeldichtern gehört neben Bertolt Brecht nicht zuletzt Franz **Kafka** (1883-1924) .

Als Beispiel für eine genauere Betrachtung untersuchen wir im folgenden eine seiner wohl bekanntesten Parabeln *Auf der Galerie* (1919):

Wenn irgendeine hinfällige, lungensüchtige Kunstreiterin in der Manege auf schwankendem Pferd vor einem unermüdlichen Publikum vom peitschenschwingenden erbarmungslosen Chef monatelang ohne Unterbrechung im Kreise rundum getrieben würde, auf dem Pferde schwirrend, Küsse werfend, in der Taille sich wiegend, und wenn dieses Spiel unter dem nicht aussetzenden Brausen des Orchesters und der Ventilatoren in die immerfort weiter sich öffnende graue Zukunft sich fortsetzte, begleitet vom vergehenden und neu anschwellenden Beifallsklatschen der Hände, die eigentlich Dampfhämmer sind – vielleicht eilte dann ein junger Galeriebesucher die lange Treppe durch alle Ränge hinab, stürzte in die Manege, riefe das – Halt! durch die Fanfaren des immer sich anpassenden Orchesters.

Da es aber nicht so ist; eine schöne Dame, weiß und rot, hereinfliegt, zwischen den Vorhängen,welche die stolzen Livrierten vor ihr öffnen; der Direktor, hingebungsvoll ihre Augen suchend,in Tierhaltung ihr entgegenatmet; vorsorglich sie auf den Apfelschimmel hebt, als wäre sie seine über alles geliebte Enkelin, die sich auf gefährliche Fahrt begibt; sich nicht entschließen kann, das Peitschenzeichen zu geben; schließlich in Selbstüberwindung es knallend gibt; neben dem Pferde mit offenem Munde einherläuft; die Sprünge der Reiterin scharfen Blickes verfolgt; ihre Kunstfertigkeit kaum begreifen kann; mit englischen Ausrufen zu warnen versucht; die reifenhaltenden Reitknechte wütend zu peinlichster Achtsamkeit ermahnt; vor dem großen Salto mortale das Orchester mit aufgehobenen Händen beschwört,es möge schweigen; schließlich die Kleine vom zitternden Pferde hebt, auf beide Backen küsst und keine Huldigung des Publikums für genügend erachtet;während sie selbst, von ihm gestützt, hoch auf den Fußspitzen, vom Staub umweht, mit ausgebreiteten Armen, zurückgelehntem Köpfchen ihr Glück mit dem ganzen Zirkus teilen will – da dies so ist, legt der Galeriebesucher das Gesicht auf die Brüstung und, im Schlussmarsch wie in einem schweren Traum versinkend, weint er, ohne es zu wissen.

Exemplarische Analyse und Interpretation zu *Auf der Galerie*

Immer wenn man einen erklärenden Text schreibt - und genau das ist eine Interpretation - , macht man dies mit Blick auf einen Leser, der nicht über die gleichen Vorinformationen verfügt wie der Schreibende.
Von daher ist es immer sinnvoll, dem gedachten Leser zunächst einige Informationen über das Erläuterungsvorhaben zu geben:

*Im folgenden untersuche ich die von Franz Kafka (1883-1924) veröffentlichte Parabel Auf der Galerie (1919). In dieser stellt er aus der Sicht eines **auktorialen Erzählers**[1] zwei Sichtweisen ein und desselben Geschehens: des Auftritts einer Kunstreiterin in einer Zirkusmanege, dar.*

Neben den Grundinformationen über den Gegenstand der Interpretation, also über dessen Autor, Titel und Textsorte, sollte man dem Leser auch einen kurzen thematischen Einblick verschaffen. Gerade bei älteren Texten empfiehlt sich zudem die Benennung der Lebensdaten des Verfassers und das Veröffentlichungsjahr des Textes. Auch der nun noch folgende Hinweis auf den literaturgeschichtlichen Hintergrund soll dem Leser bei der Einordnung von Autor und Text helfen.

Kafka ist parallel zur Zeit des Expressionismus (1905-1925) schriftstellerisch tätig gewesen, hat aber mit seiner Art der Figurengestaltung wie mit seiner Schreibweise nicht viel mit seinen expressionistischen Kollegen gemeinsam. Während Kafkas zeitgenössische Kollegen häufig auch sprachlich provokativ bis schrill ihre Empfindungen gegenüber ihrer Zeit zum Ausdruck gebracht haben, erscheint Kafkas Darstellung sprachlich vergleichsweise nüchtern und distanziert, von seinen Inhalten dagegen durchaus auch schon ungewöhnlich, zum Teil auch schockierend wie in seiner Erzählung In der Strafkolonie.

Um nun den Leser noch näher an den Text heranzuführen, bietet es sich bei nicht so umfangreichen Texten an, sich durch eine **gegliederte Inhaltsangabe**[1] eine Vorstellung vom gedanklichen Aufbau des Textes zu verschaffen. Dazu überprüft man, welche Sätze einen gedanklichen Zusammenhang bilden, benennt die entsprechenden Zeilen und fasst diese dann wie folgt in Form einer Inhaltsangabe zusammen:

In den Zeilen 1-9 **wird** *das Bild einer vom Zirkusdirektor wie vom Publikum und Orchester zur ununterbrochenen Arbeit angetriebenen, eigentlich lungenkranken Kunstreiterin* **gezeichnet** *und am Ende (Z.7-9) dann die Möglichkeit der Unterbrechung dieser Qual durch einen Galeriebesucher* **benannt.**
In den Zeilen 10-22 **stellt** *dann der Erzähler den Auftritt der Kunstreiterin als fürsorglich vom Direktor begleitet und vom Publikum wie Orchester gefeiert* **dar.** *Der Galeriebesucher* **bleibe,** *wie in den Zeilen 22-24 geschildert, weinend auf der Galerie.*

Was nach diesen Vorarbeiten folgt, ist der Schwerpunkt jeder Interpretation: Die genaue lineare Analyse und Interpretation, bei der mit Hilfe des bereits erworbenen Handwerkszeugs Schritt für Schritt der Text untersucht wird. Aufgrund der vorangegangenen Arbeitsschritte kann zudem eingangs noch eine **Deutungshypothese** benannt werden, also eine Arbeitsvermutung, welche Zielsetzung der Verfasser mit seinem Text in Bezug auf den Leser anvisiert haben könnte.

Der **Titel** *der vorliegenden Parabel* **Auf der Galerie** *verweist zunächst auf den Ort, von dem aus das Geschehen in der Zirkusmanege beobachtet wird. Obwohl nur vier von 24 Zeilen sich auf die Galerie bzw. den Galeriebesucher und sein Verhalten beziehen, bekommt durch den Titel dieser umfangmäßig untergeordnete Teil große Bedeutung. Von daher lässt sich als* **Deutungshypothese** *annehmen, dass es Kafka darum gegangen ist, die unterschiedlichen Verhaltensweisen von (möglicherweise) aktivem Eingreifen und passivem Hinnehmen von Gegebenheiten*

118

hervorzuheben und den Leser aufzufordern, seine Entscheidung zu treffen.

Die in der Inhaltsangabe bereits angedeutete Zweiteilung der Parabel in eine negativ-düster gehaltene sowie eine positiv-glamourös geschilderte Darstellung des Auftritts einer „Kunstreiterin" (Z.1) wird auch auf der sprachlichen Ebene deutlich unterstützt: Jeder der beiden Sinnabschnitte enthält nur einen Gesamtsatz, so dass wir jeweils nur am Ende jedes der beiden Abschnitte einen Punkt als Satzschlusszeichen finden. Allerdings wirkt das in Absatz eins dargestellte Geschehen aufgrund der Abgrenzung der Teilsätze lediglich durch Kommata deutlich hektischer als der Satz im zweiten Sinnabschnitt. Denn dort sind die Teilsätze durch Semikola getrennt, welche als längere Pause erscheinen und so der Darstellung jedes Einzelverhaltens ein größeres Gewicht und damit mehr Ruhe verleihen. Während außerdem die Zeilen eins bis neun durch die konditionale Nebensatzform dominiert sind und zudem durchweg im Konjunktiv 2 (Irrealis) gehalten sind, also deutlich machen, dass eine derartige „Show" so in der Realität nicht vorgeführt werden würde, werden die restlichen Zeilen (10-24) im Präsens Indikativ Aktiv dargestellt, dem Leser also als real gegeben benannt: Solch eine Vorführung mit solchen Verhaltensweisen der Handelnden können wir tatsächlich in einem Zirkus sehen. Die schon durch den Konjunktiv 2 deutlich werdende Irrealität des Geschehens in den ersten neun Zeilen wird noch verstärkt durch die hyperbelartige Beschreibung der zeitlichen Dauer des Auftritts der Kunstreiterin, wenn davon geschrieben wird, dass diese „monatelang" (Z.3) von „einem unermüdlichen Publikum"(2) „in die immerfort weiter sich öffnende graue Zukunft" (5f) vorangetrieben werde. Aber nicht nur durch die zeitliche Dauer wird die Arbeitssituation der Kunstreiterin als unerträglich geschildert, sondern auch dadurch, dass mit den Attributen „hinfällige, lungensüchtige"(Z.1) ihre gesundheitliche Konstitution als geradezu lebensgefährlich beeinträchtigt dargestellt wird. [...]

Die bisherige detaillierte Untersuchung soll nun nicht weitergeführt werden. Stattdessen möchte ich stärker zur Interpretation übergehen. Dabei verstehe ich eine solche Erzählung - ebenso wie ein Gedicht oder ein Theaterstück - wie ein Bild, das mir verschiedene Motive und Bildinhalte sowohl im Vorder- als auch im Mittel- und Hintergrund zeigt und mich vor die Aufgabe stellt, einen stimmigen Zusammenhang zwischen den analysierten Bilddetaills herzustellen.

Die, wie eingangs dargestellt, hyperbelartige Gestaltung im Zusammenspiel mit der sprachlichen Form des Konditionalsatzes und des Konjunktiv 2 Irrealis verweist zwar darauf, dass es so im Zirkus nicht zugeht, dass aber insgesamt schon etwas an der Darstellung „dran" ist: Denn die Attribute 'hinfällig' und 'lungensüchtig'(Z.1) verweisen auf eine zu Kafkas Zeiten durchaus sehr reale und verbreitete Krankheit, in diesem Fall bei der der Artistin: Tuberkulose. Diese Anfang des 20.Jahrhunderts kaum heilbare und überwiegend tödlich endende Erkrankung, an der auch Kafka (1917 diagnostiziert) selbst 1924 verstorben ist, wird durch Tröpfcheninfektion übertragen und bricht bei ohnehin geschwächten Personen aus! Zirkuszelte sind zudem exemplarische Orte, wo viele Menschen zusammen kommen - und damit Infektionen übertragen können - und waren zu Beginn des 20.Jahrhunderts kalte und zugige, Infektionserkrankungen begünstigende Räumlichkeiten, in denen ja nicht nur Nachmittags- und Abendvorstellungen stattfanden, sondern auch das tägliche Training. Letzteres ist dennoch unvermeidbar, krankheitsbedingte „Ausfälle" konnte sich weder ein Artist noch ein Zirkusdirektor leisten - es gab schlicht noch keine gesetzlich vorgeschriebene Lohnfortzahlung im Krankheitsfall. Wurde nicht gearbeitet, gab es auch keinen Lohn. Und so ist das Bild des „peitschenschwingenden erbarmungslosen Chef" (Z.2) zwar übertrieben, aber insofern doch zutreffend und realistisch, weil der Chef von seinen Mitarbeitern stets Leistung einforderte und damit seine Artisten zu arbeiten zwang, ob sie sich krank fühlten oder nicht. Natürlich fand nie eine „monatelang ohne Unter-

brechung"(Z.3) andauernde Vorstellung statt, aber das Leben einer Kunstreiterin bestand darin, auf ihrem Pferd im Kreis der Manege - der Kreis als Symbol der Unendlichkeit - jeden Tag zu trainieren und mehrere Vorführungen pro Tag zu gestalten und dazu noch „Küsse werfend, in der Taille sich wiegend"(Z.4), also ein schönes, Sympathie, Leichtigkeit und Nähe suggerierendes Bild zu vermitteln.

Dieses „Bild" ist dann Gegenstand des zweiten scheinbar realistisch gestalteten Sinnabschnittes: Durch die extremen Übertreibungen im ersten Sinnabschnitt erscheint - trotz der sprachlichen Form (s.o.) - auch die Darstellung im zweiten Sinnabschnitt unecht. Der schöne Schein der Show wird als solcher durch den starken Kontrast zwischen erstem und zweitem Sinnabschnitt begreifbar und bekommt dadurch Risse, durch die man die Alltäglichkeit, die Mühsal des Zirkuslebens - als Sinnbild jeglicher Scheinhaftigkeit im Leben - erblicken kann. Kafkas Einschätzung des Galeriebesuchers, als Beispiel der Haltung eines Menschen, die er hier auch schon im ersten Sinnabschnitt (Z.1-9) zeichnet, macht klar, dass noch nicht einmal ein so erschreckendes Bild der Wirklichkeit - wenn es denn so sichtbar wäre - sicher dazu führen würde, dass ein „junger Galeriebesucher" (7f) die Qualen der Kunstreiterin beenden würde. Denn dieser „eilte" (Z.7) lediglich „vielleicht" (Z.7) von seinem Platz auf der Galerie, von dem er alles gut im Blick hat, um eine Änderung des Geschehens herbeizuführen.

Noch weniger an aktivem Eingreifen ist dann von dem Galeriebesucher zu erwarten, wenn nicht die tatsächliche, alltägliche Qual des Artistenlebens sichtbar ist, sondern lediglich der perfekte Schein einer Show.

Von daher macht die Parabel Kafkas Kritik an jeglichem passiven Hinnehmen von Gegebenheiten ersichtlich, eine Passivität bis hin zur Gleichgültigkeit, wie wir sie bis in unsere Zeit immer wieder beobachten können, wenn zahlreiche Menschen bei Unfällen oder auch brutalen Gewaltakten von Menschen gegen andere Menschen zuschauen ohne einzugreifen oder aber wegschauen *und so tun, als hätten sie es nicht gesehen oder es ginge sie nichts an.*

Am Ende der Interpretation der Bildebene des Textes sollte man dann noch einmal innehalten und zusammenfassend darüber nachdenken, welche **Botschaft** der Verfasser durch seine Darstellung dem Leser hat vermitteln und welche **Wirkungsabsicht**, d.h. welche Veränderung der Einstellungen und Verhaltensweisen, er im Leser hat hervorrufen wollen.

***Kafka will** daher mit seiner Parabel den Lesern (am Beispiel des Galeriebesuchers) verdeutlichen, dass die Wirklichkeit sich nur durch Handeln, aber nicht durch Nichtstun verändern lässt (= **Botschaft**). Insofern ist die Deutungshypothese in diesem Sinne zu präzisieren: Es geht Kafka nicht nur darum, den Leser zu einer Entscheidung, sondern mehr noch zum Handeln zu ermuntern, also zum Herauskommen aus der passiven Haltung, alles von außen/von anderen zu erwarten. Durchbrochen werden sollen also Einstellungen wie „das geht mich nichts an" oder „wenn nur ich etwas tue, ändert das nichts" oder „ich trau mich nicht" etc. zugunsten einer Haltung, die bereit ist, sein Leben und seine Wirklichkeit selbstbestimmt gestalten zu wollen und nicht einfach alles hinzunehmen (=**Wirkungsabsicht/Veränderung von Einstellungen**). Letztlich also möchte Kafka bewirken (**Verhaltensebene**), dass sein Leser aus seiner Erkenntnis: das geht mich etwas an, die Konsequenz zieht, auch etwas zu tun, also z.B. nicht den schönen Schein der Zirkuswelt - die hier sicher nur als Beispiel zu verstehen ist für den schönen Schein, den wir als Menschen nur zu oft auch anderen Mitmenschen vorgaukeln - einfach so hinzunehmen, sondern tatsächlich und nicht nur „vielleicht" einzuschreiten. Oder, um ein anderes Beispiel zu bringen: nicht nur verstanden zu haben, dass rauchen schädlich für mich und andere ist, sondern auch die Konsequenz aus dieser Erkenntnis zu ziehen und mit dem Rauchen aufzuhören.*

Die ebenfalls nicht zu den umfangreichen Textsorten zählende, insbesondere nach dem Ende des Zweiten Weltkrieges viel geschriebene Kurzgeschichte soll hier nicht explizit untersucht werden. Zu verweisen ist hier aber auf ein Untersuchungsbeispiel im Anhang.

Die Gattung Roman

Stattdessen möchte ich nun mit einigen Beispielen auf die Gattung des **Roman**s eingehen.

Diese, im deutschen Sprachraum seit Grimmelshausens (1621-1676) *Der abenteuerliche Simplicissimus* (1668/69) beheimatete Gattung hat mit zunehmender Verbreitung der Lesefähigkeit ein nahezu stetig wachsendes Publikum gefunden. Woran das liegt? Nun, da lassen sich einige mögliche Gründe anführen:

Romane erlauben ihren Autoren ihrer Fantasie bezüglich der Verstrickungen ihrer Figuren in alle denkbaren Umstände freien, nahezu unbegrenzten Raum zu gewähren. Insofern zeichnen Romane ebenso an der Realität orientierte als auch die Realität weit übersteigende Geschehnisse, in denen die Autoren mal romantische Sehnsüchte gestalten, ein anderes Mal einen, als langweilig empfundenen Alltag spannungsreich, gruselig oder phantastisch übersteigen. Daher erlauben Romane stärker als andere literarische Gattungen ihren Lesern, in die vom Autor geschaffene Welt einzutauchen und so ein Stück weit der Realität zu entfliehen, wie z.B. Bastian Balthasar Bux in Michael Endes (1929-1995) *Die unendliche Geschichte* (1979). Dabei hilft dem Leser die Möglichkeit, sich mit Figuren des Geschehens zu identifizieren und mit diesen über einen längeren Zeitraum deren Erleben zu teilen. Denn dargestellt werden im Roman nicht kurze Begebenheiten, sondern in der Regel längere Phasen im Leben von Figuren, manches Mal das ganze Leben oder wie in Thomas Manns (1875-1955) *Buddenbrooks* (1901) das Leben mehrerer Generationen einer Lübecker Familie.

Schon allein der Umfang eines Romans lässt erahnen, dass - wie bei einem Werk aus dem Bereich der Dramatik - sich auch hier die detaillierte Untersuchung eines Gesamtwerkes eher nicht anbietet. Natürlich kann man das Geschehen als Ganzes ebenso wie das Vorkommen und das Verhältnis von Figuren im Textganzen auch in einem Roman in den Blick nehmen, ansonsten aber bietet sich wie beim Drama eher die Betrachtung von überschaubaren Auszügen an.

Exemplarische Deutung eines Auszuges aus Patrick Süskind *Das Parfum*

Wie bei anderen Textbetrachtungen gilt es auch und gerade bei der Betrachtung eines Romanauszuges zunächst dem Leser einige einführende Informationen zu vermitteln:

Patrick Süskind (geb.1949) stellt das Geschehen in seinem Roman Das Parfum (1985) aus der Perspektive eines auktorialen Erzählers dar und versetzt den Leser in das vorrevolutionäre Frankreich in der zweiten Hälfte des 18.Jahrhunderts. Im Mittelpunkt des Geschehens steht Jean Baptiste Grenouille, der durch seine eigene Geruchlosigkeit und seine herausragende Fähigkeit, Gerüche unterscheiden zu können, zum Außenseiter wird. Der vorliegende Textauszug (S.54-57)[1] handelt von einem für Grenouille so betörenden Duft, dass er in diesem Sinngeber und Wegweiser seines Lebens sieht.

In einem nächsten Schritt sollte dann dem Leser in Form einer Inhaltsangabe ein Überblick über das Geschehen im zu erläuternden Textauszug gegeben werden. Zu beachten sind hier das Streben nach Verknappung auf die wesentlichen, d.h. sinntragenden inhaltlichen Komponenten. Diese sollen natürlich sachlich richtig, sprachlich im Präsens und mit eigenen Worten sowie gegebenenfalls in Form der indirekten Rede dargestellt werden:

Bei einer seiner abendlichen Geruchserkundungen von Paris wird der Gerbergehilfe Grenouille (G) von einem Duft angezogen, der

all seine bisherigen Geruchserfahrungen so sehr übertrifft (Z.1-9), dass er glaubt, sein Leben habe keinen Sinn, wenn er diesen Duft nicht in seinen Besitz bekommt (Z.10-15).
Die Quelle des Duftes ist ein rothaariges Mädchen, an das G nahe herantritt. Als sie seine Anwesenheit spürt und sich umdreht, erwürgt er sie (Z.16-33).
Anschließend legt er sie auf den Boden, öffnet ihr Kleid und nimmt all ihre Geruchskomponenten von allen Körperregionen ab (Z.34-42).
Nach Rückkehr in seine Unterkunft ist er zum ersten Mal in seinem Leben glücklich, weil er glaubt, den Sinn und das Ziel seiner besonderen Geruchsbegabung in der Revolutionierung der "Welt der Düfte" (50f) erkannt zu haben.

Wie bei literarischen Texten, aber auch bei sachorientierten Untersuchungen üblich folgt nun die Formulierung einer Deutungshypothese. Diese soll den Interpreten nicht vorab auf eine Deutung festlegen, sondern ihm helfen eine Linie oder einen roten Faden für die Arbeit zu erhalten. Störungen der Deutungsidee sollten dabei nicht ausgeblendet, sondern als Korrektiv für den eigenen Deutungsansatz berücksichtigt werden, um so Fehler im eigenen Deutungsprozess möglichst zu vermeiden.

Eine mögliche Deutungshypothese für diese Textstelle könnte darin liegen, dass der in seinem bisherigen Leben aufgrund seiner Andersartigkeit - für die er nichts kann: niemand entscheidet sich, keinen Eigengeruch haben zu wollen, dafür besonders gut Düfte unterscheiden zu können... - stets herumgestoßene und abgelehnte G nun endgültig zum Getriebenen seiner Sonderbegabung wird, als er den Duft des Mädchens entdeckt und erfasst, dass in diesem nicht nur das Ordnungsprinzip der Duftwelt enthalten sei (8f), sondern zugleich sein Lebenssinn.

Es folgt nun der Hauptteil der Untersuchung - die genauere Analyse und Interpretation des Zusammenhangs der inhaltlichen

125

und sprachlichen Merkmale des Textauszuges:

Dass G in außergewöhnlichem Maße auf seinen Geruchssinn fixiert, fast schon reduziert ist, macht schon die dreifache Wiederholung des Prädikats "roch" im Zusammenhang mit der Aufzählung von drei auf den ersten Blick unangenehmen Geruchseindrücken (Achselschweiß, Haarfett etc.), die aber von G "mit größtem Wohlgefallen" (Z.2), also äußerst positiv aufgenommen werden, deutlich. Veranschaulicht wird diese positive Einschätzung des von dem Mädchen ausgehenden Dufteindrucks durch die sich anschließende Aufzählung von vier Vergleichen in den Zeilen zwei bis vier: „Ihr Schweiß duftete so frisch wie Meerwind, der Talg ihrer Haare so süß wie Nussöl...". G erscheint also jede einzelne dieser Duftkomponenten als sehr angenehm. Als entscheidend für das Empfinden stellt der auktoriale Erzähler bei seiner Wiedergabe Gs aber die „Verbindung all dieser Komponenten" (Z.4f) dar. Durch die dreifache Verwendung des Adverbs „so" (Z.5) steigert G die Einschätzung dieser von ihm wahrgenommenen Duftkombination extrem, übertrifft durch die Wiederholung von „dass alles...alles" diese Steigerung bis hin zum Status der Ausnahmslosigkeit: Für G hat durch diesen Duft jeder vorher in seinem bisherigen Leben wahrgenommene oder von ihm selbst erdachte Duft völlig an Wert verloren - und das, obwohl auch bisher schon das Sammeln von Dufteindrücken, also die Welt der Geruchsempfindungen, für ihn am wichtigsten gewesen ist. Aber Gs Gedanken gehen noch einen Schritt weiter, denn für ihn erschließt sich dieser Duft als Maßstab und Ordnungsprinzip für die gesamte Welt der Düfte, wenn er zum Ausdruck bringt: „Dieser eine war das höhere Prinzip, nach dessen Vorbild sich die andern ordnen mussten." (8f)
Die Zwanghaftigkeit dieser Fixierung Gs auf diesen Duft wird in der hyperbelartigen Annahme G.s ersichtlich, derzufolge „sein Leben keinen Sinn" (Z.10) mehr ohne den „Besitz des Duftes" hätte. Klar wird hier, dass G die bloße Duftwahrnehmung nun nicht mehr ausreicht, er will diesen Duft „besitzen", sein eigen nennen. Ein weiteres Indiz für seine zwanghafte Getriebenheit ist

auch die im folgenden Satz (Z.11f) verwendete Modalverbform „musste", die jegliche Alternative ausschließt und deutlich erkennen lässt, dass G für den „Besitz" dieses „apotheotische[n]" (Z.13) Duftes alles tun würde. Den Gegensatz zwischen dem als gottähnlich deklarierten Duft einerseits und „seiner schwarzen Seele" (Z.13) andererseits deute ich nicht als Ausdruck für den Gegensatz von Gut und Böse, sondern als Bewusstsein der inneren Leere und des Chaos in sich: Indem er diesen gottähnlichen Duft in sich aufnimmt, gibt er auch seiner Seele Struktur. Den ihm dann innewohnenden „Strukturen dieser Zauberformel" (Z.14) will G künftig ausschließlich   oder wie er es in Form einer Alliteration ausdrückt „nur noch (nach)" (Z.14) folgen.

Nach diesen entscheidenden Wahrnehmungen, Empfindungen und Einschätzungen Gs ist es kaum noch erstaunlich, dass G, anders als das Mädchen, deren Angst und Schrecken für den Leser nachvollziehbar dargestellt werden, den Tod des von ihm erwürgten Mädchens völlig unberührt von irgendwelchen moralischen Hemmungen hinnimmt, sich stattdessen „nur" sorgt „von ihrem Duft nicht das Geringste zu verlieren." (Z.32) Klar wird auch an der verdinglichenden Metapher „welk-gerochen" (Z.40), dass G. das Mädchen nicht als Wesen mit einem eigenen Lebensrecht sieht, für ihn ist sie lediglich ein duftendes Etwas, die Quelle des Duftes, der seinem Leben Struktur und Sinn gibt. Und so wird dann auch G. selbst vom auktorialen Erzähler als entmenschlichtes, von Gier getriebenes Nasenwesen dargestellt, wenn er schreibt: „Er stürzte sein Gesicht auf ihre Haut, und fuhr mit weit geblähten Nüstern von ihrem Bauch..." (Z.35ff); zugleich erscheint er wie ein Verdurstender, der „noch die letzten Reste ihres Dufts" (Z.39) in sich aufnehmen will, nein muss, um überleben zu können.

Auffällig ist dann, nach Gs Rückkehr in seine Unterkunft in der Gerberei, der Kontrast zwischen dem erst kurze Zeit zuvor verübten Mord an dem jungen Mädchen und der Gefühlsverfassung, die der auktoriale Erzähler an und in G wahrnimmt:

127

„Jetzt aber zitterte er vor Glück und konnte vor lauter Glückseligkeit nicht schlafen." (Z.45f) Ein weiterer Kontrast liegt in der Darstellung von Gs sozialer Realität, er haust in einem äußerst ärmlichen „Verschlag"(Z.43), also nicht einmal in einem eigenen Raum, sondern in einer abgetrennten, vermutlich sehr beengten Ecke in einem Raum und hat „Glück [...] in seinem Leben bisher nicht erfahren" (Z.44). Aber deutlich wird hier, dass ihn weder die Tötung des Mädchens noch seine elende soziale Lage beschäftigt. Vielmehr wird auch hier die Fixierung auf seine Geruchsempfindungen deutlich und so die neuartige Erfahrung mit dem Duft des Mädchens zur Quelle eines zuvor nicht gekannten Glücksempfindens. Während er bislang stets durch seine Anpassungsfähigkeit überlebt und sich stets ohne Selbstbewusstsein und persönliche Zielsetzung anderen untergeordnet hat, steigert sich ihm nun, vermittelt durch den Duft des Mädchens, die Andersartigkeit seiner Begabung hin zur Einsicht in seine einzigartige Genialität und die Möglichkeiten seiner Begabung. Dass ihm Vorstellungen wie der Prädestinationsglaube seiner Zeit nicht unbekannt sind, macht seine Annahme, ihm sei eine „höhere Bestimmung" (Z.50) zuteil, ersichtlich. Für diese „Bestimmung" habe er zudem mit dem Duft des Mädchens zugleich „den Kompass für sein künftiges Leben gefunden."(Z.55f) Dieser Duft, so seine Annahme, zeigt ihm die Richtung zum Ziel: „die Welt der Düfte zu revolutionieren" (50f), an, wofür „er allein auf der Welt [...] alle Mittel besitze" (Z.51).

Sinnvoll ist es stets nach einer Phase des sehr intensiven Arbeitens an sprachlichen wie inhaltlichen Details eines Gegenstandes die Ergebnisse dieser Untersuchung nun auch noch abschließend zusammenzufassen und in den größeren Zusammenhang zu rücken:

Fazit*: Die Interpretation hat die in der Formulierung der Deutungshypothese angenommene Fixierung Gs auf seine Begabung, ausgelöst durch die Wahrnehmung des für ihn* *herausragenden Duftes des rothaarigen Mädchens, deutlich bestätigt. Zwar steht scheinbar die Gefühllosigkeit seiner Tötungshandlung im Vordergrund des Auszuges, die rahmenartig diesen Mord umgebenden Reflexionen Gs bzw. die Darlegungen des auktorialen Erzählers weisen aber nach, dass es hier in erster Linie um die Formung Gs durch diese Erfahrung geht.*

Darin liegt dann auch die Bedeutung dieser Textstelle im Gesamtzusammenhang: G hat durch den Duft des Mädchens „das höhere Prinzip" (Z.8) der Duftwelt erfasst, hat nach der Tat angefangen, seine bisher gesammelten Düfte nach diesem Prinzip zu ordnen, muss aber feststellen, dass es ihm (noch) nicht gelungen ist, diesen Duft zu konservieren, was dann seine weiteren Morde und seine besessenen Versuche, Düfte zu konservieren, zur Folge hat, denn sein Kompass gibt ihm ja den Umsturz der Duftwelt vor. Die Absurdität dieses Ziels zeigt sich dann durch die Art des Todes von G.

Süskinds Roman steht exemplarisch für den Erfolg des Romans auch noch gegenwärtig. Neben den oben schon genannten Gründen trägt sicher auch die Tatsache dazu bei, dass durch Romane die unterschiedlichsten Leserbedürfnisse erfüllt werden. Ob nun ein Leser sich in den Irrungen und Wirrungen von Leidenschaften und Gefühlen wiederfinden, in fantastisch-märchenhafte Szenarien eintauchen, sich durch historisierende Romane in eine andere Zeit entführen lassen oder mit angehaltenem Atem die Jagd auf einen brutalen Serienkiller mitverfolgen möchte - im Roman findet sich für jeden Leser etwas Passendes. Und zwar für den Leser jeglicher Altersschicht wie ja schon allein die Romane von Cornelia Funke zeigen, welche Mädchen (Potilla, Wilde Hühner) ebenso wie Jungen (Drachenreiter, Herr der Diebe), aber auch Jugendliche beider Geschlechter (Tintenherz, Reckless) gleichermaßen begeistern.

Deutung eines Auszugs aus Heinrich Manns Roman *Der Untertan*

Kommen wir zu einem zweiten Beispiel. Wie sein Bruder Thomas gestaltete auch Heinrich Mann (1871-1950) Gesellschaftsromane, anders aber als dieser nicht selten mit kritisch-satirischem Gestaltungswillen. Besonders hervorzuheben ist in diesem Zusammenhang sicher seine Darstellung vom Werdegang des Diederich Hessling als Titelfigur in seinem Roman *Der Untertan*. Der nun im folgenden abgedruckte Auszug[1] zeigt diesen bei seiner Antrittsrede an die Arbeiter seiner vom verstorbenen Vater ererbten Papierfabrik:

Diederich nahm mit gnädiger Miene den Strauß; nun war es an ihm, sich zu räuspern. Er wandte sich nach den Seinen um, dann sah er den Leuten scharf in die Augen, allen nacheinander, auch dem schwarzbärtigen Maschinenmeister, obwohl der Blick des Mannes ihm peinlich war — und begann:

„Leute! Da ihr meine Untergebenen seid, will ich euch nur sagen, dass hier künftig forsch gearbeitet wird. Ich bin gewillt, mal Zug in den Betrieb zu bringen. In der letzten Zeit, wo hier der Herr gefehlt hat, da hat mancher von euch vielleicht gedacht, er kann sich auf die Bärenhaut legen. Das ist aber ein gewaltiger Irrtum, ich sage das besonders für die alten Leute, die noch von meinem seligen Vater her dabei sind."
Mit erhobener Stimme, noch schneidiger und abgehackter; und dabei sah er den alten Sötbier an:
„Jetzt habe ich das Steuer selbst in die Hand genommen. Mein Kurs ist der richtige, ich führe euch herrlichen Tagen entgegen. Diejenigen, welche mir dabei behilflich sein wollen, sind mir von Herzen willkommen; diejenigen jedoch, welche sich mir bei dieser Arbeit entgegenstellen, zerschmettere ich."
Er versuchte, seine Augen blitzen zu lassen, sein Schnurrbart sträubte sich noch höher.
„Einer ist hier der Herr, und das bin ich. Gott und meinem

Gewissen allein schulde ich Rechenschaft. Ich werde euch stets mein väterliches Wohlwollen entgegenbringen, Umsturzgelüste aber scheitern an meinem unbeugsamen Willen. Sollte sich ein Zusammenhang irgendeines von euch —"

Er fasste den schwarzbärtigen Maschinenmeister ins Auge, der ein verdächtiges Gesicht machte.

„— mit sozialdemokratischen Kreisen herausstellen, so zerschneide ich zwischen ihm und mir das Tischtuch. Denn für mich ist jeder Sozialdemokrat gleichbedeutend mit Feind meines Betriebes und Vaterlandsfeind ... So, nun geht wieder an eure Arbeit und überlegt euch, was ich euch gesagt habe. "

Er machte schroff kehrt und ging schnaufend davon. In dem Schwindelgefühl, das seine starken Worte ihm erregt hatten, erkannte er kein einziges Gesicht mehr. Die Seinen folgten ihm, bestürzt und ehrfurchtsvoll, indes die Arbeiter einander noch lange stumm ansahen, bevor sie nach den Bierflaschen griffen, die zur Feier des Tages bereitstanden.

Wie bei jeder Sachanalyse üblich folgen zunächst einige einleitende Informationen, die dem Leser helfen sollen, den thematisch-inhaltlichen Ausführungen besser folgen zu können. Solche Informationen sind natürlich insbesondere dann wichtig, wenn die Darlegungen einen Teilaspekt aus einem größeren Zusammenhang herausgreifen:

Heinrich Mann siedelt die Handlung seines bereits 1914 verfassten, aber erst nach dem Ende des ersten Weltkrieges 1918 veröffentlichten Romans in den Jahrzehnten vor Beginn dieses Krieges an. Er schildert darin die national-konservative, von autoritären Strukturen geprägte Sozialisation und von diesen Strukturen begeisterte Haltung seines Protagonisten Diederich Hessling. Dabei nutzt Mann immer wieder den Kontrast zwischen einer mit Hesslings inneren Unsicherheiten und Ängsten korrespondierenden Feigheit und Unterwürfigkeit gegenüber Höhergestellten einerseits und seinem gewollt forschen äußeren Auftreten gegen vermeintlich Schwächere andererseits. Der gewählte Auszug zeigt nun insbesondere die zuletzt genannte

Facette im Verhalten Hesslings, sein gewollt forsches Auftreten, in diesem Fall gegenüber seinen Angestellten, die er einschüchtern und zu einer höheren Arbeitsleistung bewegen möchte.

Nach diesen einleitenden Hinweisen folgt nun wie üblich die Formulierung einer Deutungshypothese.

Diese könnte darin bestehen, dass gezeigt werden soll, dass Hessling - dessen Leben vom Kleinkind bis zum Erwerb der Doktorwürde in Berlin in dem dem Auszug vorangehenden Teil dargestellt wurde - nun mit der Übernahme der Firmenleitung seine in Berlin erworbenen national-konservativen Vorstellungen auf sein künftiges Leben und seine Familie und Belegschaft überträgt und auf diese Weise auch seine Heimatstadt Netzig neu prägen will.

Vor Beginn der Analyse und Interpretation wird für den Leser ein knapper inhaltlicher Abriss zum Textauszug gegeben.

Nach Erhalt eines Blumenstraußes fordert Hessling seine Beleg-schaft dazu auf, ihm als neuen Chef eine intensive Arbeitshaltung zu zeigen. Zugleich droht er, sowohl Faulenzer als auch Sympathi-santen der SPD in seinem Betrieb nicht zu dulden.
Im letzten Druckabschnitt des Auszuges beschreibt der Erzähler die Befindlichkeiten von Redner und Zuhörerschaft nach Ab-schluss der Rede.

Es folgt nun mit der genaueren Analyse und Interpretation des Zusammenhangs der inhaltlichen und sprachlichen Merkmale des Textauszuges der Hauptteil der Untersuchung:

Dabei erzielt Mann hier wie an anderen Stellen seines Romans einen Großteil der satirischen Wirkung durch die ironisch-distanzierenden Darstellungen seines auktorialen Erzählers. Dementsprechend ist auch Hesslings Antrittsrede eingebettet in eine ganze Reihe von beschreibend-kommentierenden Darle-

gungen des fiktiven Erzählers. Dessen Bemerkungen beinhalten sowohl gewertete Beschreibungen äußeren Verhaltens als auch - erstmals am Ende des seiner Rede vorgeschalteten Erzähleinschubs - des Empfindens von Hessling.

Die scheinbar im Zentrum des Auszugs stehende Rede zeigt keinerlei Programmatik der inhaltlichen Neuausrichtung des Betriebes wie z.B. die Einbeziehung von Leistungsanreizen, Neuanschaffungen von Maschinen oder einer Expansion am Markt. Vielmehr beschränkt er sich auf Hesslings Positionierung als Chef, der absolute Unterordnung seiner Mitarbeiter, ein höheres Maß an Arbeitsleistung und die Vermeidung jeglicher politischer Agitation einfordert.

Der Hessling zur Begrüßung von einem kleinen Mädchen überreichte Strauß wird vom Erzähler als „mit gnädiger Miene" angenommen bewertet. Mit dieser Formulierung gesteht der Erzähler Hessling weder Freundlichkeit noch Dankbarkeit zu, sondern lediglich eine herablassende Bereitschaft diese freundliche Geste seiner Mitarbeiter anzunehmen. Die vorher schon mit Bezug auf die Arbeiter beschriebene lautliche Äußerung eines Räusperns, die offenbar eine Verlegenheit überbrücken (und ausdrücken) soll, wird nun mit der Wendung „nun war es an ihm" auch auf Hessling bezogen. Dass hierdurch eine Art Unsicherheit in Hessling äußerlich spürbar wird, zeigt die direkt anschließend beschriebene, fast schon hilfesuchend wirkende Wendung hin zu „den Seinen", also zu seiner Familie. Die freundliche Geste seiner Mitarbeiter hat das von Hessling beabsichtigte herablassend-forsche Agieren in Frage gestellt und ihn offenbar kurz verunsichert, was sowohl durch das (verlegene) Räuspern als auch durch den Blick zu seiner Familie ersichtlich wird.

Den „Leuten", wie hier entpersönlicht die Mitarbeiter tituliert werden, blickt er schließlich - immer noch schweigend - „scharf" in die Augen. Die Art und Weise, mit der Hessling dann nach Einschätzung des Erzählers nun „nacheinander" jeden Einzelnen seiner Mitarbeiter fixiert, soll Autorität und Unnachsichtigkeit zum Ausdruck bringen. Die besondere Position des Maschinenmeisters in der Belegschaft wird schon durch das einleitende Adverb „auch" deutlich, aber noch verstärkt sowohl durch das individualisierende Attribut „schwarzbärtigen" als auch durch die in seiner Bezeichnung „Maschinenmeister" deutlich werdende, offenbar im Hesslingschen Betrieb einzigartige fachliche Kompetenz des Mannes. Selbst diesem also blickt Hessling intensiv in die Augen. Diese Hervorhebung vermittelt, was der auktoriale Erzähler mit Hilfe der Innensicht verdeutlicht und so den äußeren Anschein in der Haltung Hesslings satirisch entwertet:

Anders als bei allen anderen ist ihm der offenbar entgegnete Blick des Maschinenmeisters „peinlich"; dies Adverbial wird hier in seiner ursprünglichen Bedeutung verwendet, sagt also aus, dass dieser Blick des Maschinenmeisters Hessling „Pein", also (psychischen) Schmerz bereitet und dass es ihm schwerfällt, diesem Blick standzuhalten.

Aus dieser Situation beginnt Hessling dann seine vier Redeabschnitte, auf die jeweils ein Erzählereinschub folgt.

Der Darstellungswille des Redners ist schon am Aussagecharakter seiner Sätze klar ablesbar: Er stellt sich nicht als jemand dar, der nachdenklich und differenzierend verfährt, sondern als einen Menschen, der keinen Zweifel an der Richtigkeit seiner Auffassungen hegt, der diese auch vertritt und durchzusetzen gewillt ist.

Deutlich wird dies schon in der durch Ausrufezeichen hervorgehobenen Anrede „Leute!", die auch im weiteren Verlauf einen Befehlston erwarten lässt. Dementsprechend erfolgt im anschließenden Kausalsatz: „Da...seid", die klare Verteilung der Rolle seiner Mitarbeiter als „meine Untergebenen" im hierarchischen System des Betriebs von Hessling. Der direkt folgende Hauptsatz: „will ich euch nur sagen", verstärkt den Eindruck, dass Hessling nicht vorhat, mit seinen Angestellten einen Dialog zu führen. In diesem Betrieb redet ausschließlich der Chef und dass sein Reden imperativisch ausgerichtet ist, macht der den Hauptsatz ergänzende Objektsatz erkennbar. Die ins

134

Passiv gesetzte Verbform „wird gearbeitet" stellt die Faktizität dieser Tätigkeit heraus, das Adverbial „forsch" fordert zudem eine zügige Art der Arbeitsausführung als Standard. Dadurch, dass Hessling dem Adverbial „forsch" noch das temporale Adverb „künftig" voranstellt, macht er ersichtlich, dass er diese Arbeitshaltung bislang als nicht gegeben ansieht. Diese Auffassung verstärkt der Redner in der nächsten Konstruktion, wenn er seine Absicht „mal Zug in den Betrieb zu bringen" äußert und damit seinen künftigen Mitarbeitern wie seinem Vater als seinem Vorgänger eine zu laxe Arbeitsauffassung unterstellt. Diese indirekte Kritik an seinem Vater schwächt er dann aber in der folgenden Hypotaxe dadurch ein wenig ab, dass er von „der letzten Zeit, wo hier der Herr gefehlt hat" spricht und damit auf die Zeit nach dem Tod seines Vaters und bis zur Erlangung seines Doktortitels anspielt, also auf die Zeit, in der seine Mutter und seine Schwestern allein den Mitarbeitern gegenübergestanden haben. Auch die pauschale Kritik an seinen Mitarbeitern schränkt Hessling ein, wenn er mit der Metapher „auf die Bärenhaut legen" nicht alle Angestellten als faul abqualifiziert, sondern dies Verhalten nur als „vielleicht", also nicht sicher gegeben, bezeichnet; zudem seien auch nicht alle betroffen, sondern nur „mancher von euch". Diese scheinbare gedankliche Differenzierung erweist sich aber letztlich nicht als Entgegenkommen Hesslings, sondern als Mittel, eine Solidarisierung und einheitliche Gegenposition seiner Mitarbeiter zu verhindern. Denn mit seinen Worten deutet Hessling hier schon an, dass er zwischen den Fleißigen und den weniger Fleißigen unterscheiden und aus mangelnder Arbeitshaltung und -leistung seine Konsequenzen ziehen will. Mit dem folgenden Satz schließt die erste Redepassage Hesslings und hier präzisiert er seine Warnung, wenn er „die alten Leute, die noch von meinem seligen Vater her dabei sind", direkt anspricht und die Auffassung, man könne sich „auf die Bärenhaut legen" als „gewaltiger Irrtum" bewertet. Indirekt bringt Hessling so zum Ausdruck, dass in seinen Augen niemand durch lange Betriebszugehörigkeit irgendwelche Vorteile gegenüber anderen Mitarbeitern hat.

In der dann eingeschobenen Erzählerpassage wird insbesondere die weitere Redeweise und die Blickrichtung Hesslings beschrieben: Hessling spricht im folgenden „mit erhobener Stimme", also lauter als vorher, sowie „noch schneidiger und abgehackter"; der Erzähler stellt damit eine Steigerung der Redeintensität durch gesteigerte Lautstärke sowie durch die Art der Artikulation des Gesagten in Aussicht. Die Steigerung durch die Komparative „schneidiger und abgehackter" soll an eine militärische, also imperativische Sprechweise erinnern, die keinen Widerspruch duldet.

Da der Betrieb nach dem Tode des Vaters und während seiner studienbedingten Abwesenheit von Netzig nur mit Hilfe des alten Sötbier weiter betrieben werden konnte, wendet er sich bei seinen folgenden Worten direkt Sötbier zu und macht ihm schon mit seinem nächsten Satz durch die Metapher „habe [...] das Steuer selbst in die Hand genommen" klar, dass nun nicht mehr Sötbier, sondern Diederich Hessling die Entscheidungen treffen wird. Das Zusammenspiel der vom Erzähler beschriebenen Redeweise mit den völlig unbelegten - „Mein Kurs ist der richtige" - zum Teil auch hyperbelartigen - „ich führe euch herrlichen Tagen entgegen" bzw. „(...) zerschmettere ich" - Behauptungen und dem situativen Kontext dient hier dazu, die Selbstinszenierung Hesslings satirisch der Lächerlichkeit preiszugeben; denn schließlich geht es hier nicht um Äußerungen, die ein bedeutender Politiker an seine Nation richtet, sondern um die Worte, die der neue Chef eines kleinen Unternehmens mit etwa zwanzig Mitarbeitern seinen Angestellten zu sagen hat.

Wie schon im ersten Redeabschnitt angedeutet, geht es Hessling auch im weiteren Verlauf vor allem darum, die in seinen Augen gegebene Hierarchie: „Einer ist hier der Herr, und das bin ich", darzustellen und zu unterscheiden zwischen denen, die für, und denen, die gegen ihn sind.

Stets im Kontrast dazu stehen die Erzählereinschübe, mit denen das von Hessling beabsichtigte Auftreten ebenso wie die von ihm angestrebte Wirkung beschrieben, aber zugleich durch die Art der Formulierung als gespielte Rolle entlarvt werden. Die Selbsterwartung Hesslings ist es „seine Augen blitzen [...] lassen" zu können, also so zu gucken, dass andere durch die gesehene Haltung und den Blick des Redners beeindruckt sind und vor der Macht, wie vor einem Blitz, sich klein machen und nicht getroffen werden wollen. Allein dadurch, dass der Erzähler dieser Selbsterwartung den Hauptsatz „Er versuchte" voranstellt, macht er schon deutlich, dass der Versuch ein solcher geblieben, also nicht gelungen ist. Auch durch die zweite optische Darstellung Hesslings: „sein Schnurrbart sträubte sich noch höher" , wirkt dieser eher noch lächerlicher. Dazu muss man wissen, dass Hessling sich, kurz vor seiner Rückreise in seine Heimatstadt Netzig, den Bart nach dem Vorbild des jungen Kaisers hat zurechtschneiden lassen: Dazu werden unter Mithilfe einer Bartbinde die Schnurrbartenden auf Höhe der Mundwinkel rechtwinklig nach oben gezogen. Die Formulierung im Text: „sein Schnurrbart sträubte sich noch höher" , legt also nahe, dass Hessling seinen Kopf in den Nacken legt, nun schon gar nicht mehr seine Mitarbeiter anschaut, sondern vollends in seinen Worten aufgeht, so dass durch die nach oben gerichtete Gesichtsseite „sein Schnurrbart [...] noch höher" in den Raum ragt. [...]

Da das Verfahren vom Grundsatz wie vom Detail deutlich geworden sein sollte, breche ich an dieser Stelle die detaillierte Untersuchung des Auszuges aus Heinrich Manns Roman *Der Untertan* ab. Im weiteren Verlauf soll nun aber noch einmal das abschließende Fazit mit der Rückbesinnung auf die eingangs benannte Deutungshypothese sowie die Deutung der (möglichen) Verfasserintention erfolgen.

Fazit*: Die genauere Untersuchung hat die Absicht des Redners Diederich Hessling bestätigt, seine während des Studiums in Berlin übernommene national-konservative Weltanschauung in seinen Betrieb zu übertragen, wie an seiner Betonung der Hierarchie im Betrieb einerseits und seiner Ablehnung sozial-*

demokratischer Bestrebungen andererseits ablesbar ist. Allerdings gilt es hier noch zu differenzieren zwischen der Deutung der Intentionen von Figur und Autor, eine Differenzierung, welche in der Eingangshypothese gefehlt hat. Die Möglichkeiten des Autors, seine Intention zu vermitteln, gehen natürlich über die seiner von ihm erdachten Figuren hinaus. Der Autor stellt seine Figur(en) entsprechend seiner weitergehenden Schreibideen und Wirkungsabsichten dar: Diederich Hessling ist ja nicht nur Redner im untersuchten Auszug, sondern zugleich die Titelfigur des gesamten Romans. Die im Titel enthaltene Bezeichnung „Untertan" macht Hessling mit dem vorangestellten Artikel „Der" zum Prototypen des Untertanen, also zugleich auch der Haltung, alles von oben Verordnete hinzunehmen und mitzutragen. Genau diese Haltung fordert Hessling - der sich ja vor seiner Abreise aus Berlin durch die Umgestaltung seines Schnurrbartes seinem großen Vorbild: dem Kaiser, auch optisch angepasst hat - im vorliegenden Auszug auch von seinen Mitarbeitern.

Insbesondere durch die im Hauptteil mitbetrachteten Einschübe des ja ebenfalls vom Autor konzipierten auktorialen Erzählers vermag es Heinrich Mann der durch Diederich Hessling verkörperten Untertanenhaltung eine Bewertung zukommen zu lassen.

Der Stellenwert der ausgewählten Textstelle im Gesamtzusammenhang liegt sicher darin, dass der Protagonist hier im kleinen Bereich von Familie und Firma erprobend umsetzt, was er in Berlin an Weltanschauung und Verhaltensnormen übernommen hat: Das durch sein Idol, den Kaiser, in Berlin verkörperte Gesellschaftsbild von den Herrschenden ganz oben und den Untertanen ganz unten wird von Hessling nach Netzig transportiert; hier in Netzig will er seine Position ganz oben erringen - und fängt damit in seinem engeren Umkreis das an, was er dann bis zum Romanende für ganz Netzig betreibt.

Dass hier auch der soziale Aufstieg Diederich Hesslings geschildert wird, bedeutet nicht, dass Heinrich Mann damit die Figur und Haltung des Untertanen als vorbildlich darstellt.

Im Gegenteil: Gerade durch die Erzählereinschübe bewirkt der auktoriale Erzähler einen entlarvend-satirischen Kontrast zwischen Hesslings vorgespielter Stärke auf der einen Seite und seinem Scheitern („Er versuchte...") sowie seiner inneren Unsicherheit („...ihm peinlich war...") und Schwäche („Schwindelgefühl") andererseits.
Die Intention des Verfassers besteht dann darin dem Leser in diesem und anderen Passagen schrittweise nahezubringen, dass die im Roman und mit der Titelfigur gezeigte egoistische und uneigenständige Untertanenmentalität des Buckelns nach oben und des Tretens nach unten zwar vielleicht zeitweise eine Karriere ermöglicht, aber weder eine reife und in sich ruhende Persönlichkeit entwickeln hilft noch menschlich und moralisch erstrebenswert ist.

In der Hoffnung, dass die vorgelegten Beispiele und Erläuterungen dazu beigetragen haben, das Verfahren zur Analyse und Interpretation auch epischer Texte anschaulich und nachvollziehbar zu gestalten, schließe ich diesen letzten Teil zur Darstellung der Erarbeitung literarischer Texte.
Wie für die übrigen literarischen Gattungen finden sich auch zum Bereich der Epik weitere Deutungsbeispiele im Anhang.
Im nächsten und letzten größeren Abschnitt begeben wir uns dann im folgenden auf das Gebiet der Untersuchung von Sachtexten.

3.4 Exemplarische Einführung in die Interpretation von Sachtexten

Vor der genaueren Betrachtung der Herangehensweise an Sachtexte, soll zunächst einmal der Bereich der literarischen Texte von dem der Sachtexte abgegrenzt werden.
Generell gelten literarische Texte als „fiktional", d.h. als vom

Autor erdacht. Erdacht meint hier natürlich mehr als die bloße Urheberschaft. Erdacht heißt, dass das Erleben und Empfinden von Figuren der Phantasie des Autors entsprungen ist, selbst dann, wenn es die Schauplätze der Handlung, den miterzählten zeitgeschichtlichen Kontext und auch die Figuren tatsächlich gibt oder gegeben hat oder der Autor auf vergleichbare Erfahrungen wie seine Figuren zurückgreifen kann. Die Spanne reicht hier von den eng an der (historischen) Lebenswelt orientierten Werken wie z.B. Georg Büchners Revolutionsdrama *Dantons Tod* bis hin zu Werken wie Tolkiens *Herr der Ringe*, in dem der Autor neben Menschen und menschenähnlichen (Zwergen, Hobbits, Elben) , auch monster- (Orks, Warge) und geisterhaft-mächtige (Ring-geister) Wesen auftreten lässt, die zudem in eine gänzlich erdachte Zeit und Umgebung gestellt werden.

Im Unterschied dazu beziehen sich Verfasser von Sachtexten auf die sie tatsächlich umgebende oder die historische Lebens-wirklichkeit, um diese - z.B. bei Reiseführern, Darstellungen zur politischen oder gesellschaftlichen Situation in Deutschland, zur politischen Verfasstheit anderer Staaten oder den religiösen Überzeugungen in anderen Kulturen - zu beschreiben oder auch zu bewerten. Neben (Reise-) Schriftstellern und Journalisten beziehen sich natürlich auch Wissenschaftler oder auch Philosophen auf die Wirklichkeit und sind in ihren Beschreibungen und Erläuterungen ebenso Verfasser von Sachtexten wie z.B. ein Jurist, der einen Kommentar zu einem Gesetzestext oder einem juristischen Sachverhalt verfasst.

Kurz: Alle Texte, die die Wirklichkeit des Lebens von tatsächlich gegenwärtig oder in der Vergangenheit existierenden Menschen und ihrer Umwelt beschreiben, erklären und beurteilen, gehören zur Gattung der Sachtexte. Im Unterschied dazu sind alle Texte, die sich Gespräche, Empfindungen und Handlungen von Menschen ausdenken, fiktionale Texte.

All das wirkt sich natürlich auch auf die sprachliche Gestaltung aus. Literarische Texte weisen in ihren durch menschliche Gegebenheiten geprägten Situationen ein deutlich höheres Maß an von Gefühlen bestimmten Satzstrukturen (Ausrufe, Befehle, Fragen) und Einzelformulierungen auf, die aus der individuellen ebenso wie aus der situativen Geprägtheit heraus auch emotional gefärbt sein können. Derart voraussetzungsreiche sprachliche Äußerungen sind oft auch aufgrund individueller Sprachgewohnheiten sowie die Verwendung bildhafter Ausdrücke uneindeutig. Das aber ist durchaus auch von den Verfassern so gewollt, weil es ihnen ja gerade darum geht, menschliche Situationen nachzugestalten. Im Unterschied dazu ist die Grundausrichtung eines großen Teiles von Sachtexten – wie allen Arten wissenschaftlicher oder informationeller Darstellungen – orientiert an der einfachen Form der Schulaufsatzform des Berichtes, in dem es insbesondere darum geht, einen Leser über die grundlegenden Fakten (wer, was, wann, wo, warum) eines Zusammenhanges sachlich neutral zu informieren. Anders als bei dieser an Information und Sachlichkeit orientierten sieht es bei der zweiten, eher appellativ ausgerichteten Gruppe von Sachtexten aus. Diese beziehen sich zwar auch auf eine Lebenswirklichkeit oder tatsächlich gegebene Situation, sind aber nicht in erster Linie am Nachweis irgendwelcher zugrundeliegender Fakten und der Information über diese, sondern eher an der Wirkung solcher Gegebenheiten auf die eigene Person interessiert. Aus dieser Wirkung heraus erfolgt dann die oft auch persönlich gefärbte Beurteilung dieser Situationen. Anders also als die zuerst beschriebene Gruppe von Sachtexten, die in erster Linie informieren will, geht es bei dieser zweiten Gruppe darum den Textadressaten von der Sichtweise des jeweils Sprechenden zu überzeugen und damit so auf den Adressaten einzuwirken, dass dieser die vermittelte Sicht übernimmt und dementsprechend sein Verhalten ändert. Zu dieser letzten Gruppe von Texten gehören alle Arten politischer Äußerungen wie politische Reden, Wahlwerbung, aber natürlich auch alle Arten von Produktdarstellungen etc. Während die erste Sachtextgruppe - um zu informieren - oft auf einfache und nur wenig entfaltete Aussagesätze zurückgreift, um den informationellen Gehalt klar und eindeutig in den Mittelpunkt zu rücken, arbeitet die zweite Sachtextgruppe sprachlich vielschichtiger. Allerdings verwendet auch diese durchaus, wie das folgende Beispiel aus der Abiturrede zeigt, kürzere syntaktische Einheiten, die aus nur einem Haupt- sowie einem Nebensatz bestehen: *Wer sich in der Schule ernsthaft für ein Fach interessiert hat, wird sich leichter ein Ziel setzen können.* Nicht selten jedoch verwenden die Verfasser von appellativen Sachtexten deutlich längere syntaktische Einheiten, um ihre Intention, also das, was sie ihren Adressaten nahe bringen und wovon sie sie argumentativ überzeugen wollen, möglichst nahe zu bringen. Davon zeugt durchaus auch der gerade von mir formulierte Satz, aber ebenso das zweite Beispiel aus der später noch im Auszug zu untersuchenden Schülerrede:

Auch die Kameradschaftlichkeit, eine tolle Sache und ein sympathischer Zug vieler unserer Lehrer, ersetzt nicht, worauf es wirklich ankommt: dass Sie als Lehrer zu dem Fach stehen, das Sie schließlich selber einmal gewählt und studiert haben, dass Sie in den Schülern das gleiche Interesse wecken, das Sie dazu gebracht hat, das Fach, Ihr Fach zu studieren.

Neben den Unterschieden in der Satzgestaltung verwenden appellative Texte eine weniger sachliche und knappe Wortwahl. Nicht selten finden sich in diesen Texten eine Gefühle und Werte transportierende Wortverwendung durch Adjektive, Adverbiale und zum Teil auch durch bildliche Gestaltungen.

Im folgenden werden nun zunächst zwei kurze Auszüge aus der ersten, informellen Sachtextgruppe untersucht, ehe zum Schluss ein Beispiel für die appellative Sachtextgruppe betrachtet wird.

Das erste Beispiel ist ein Auszug aus einem literaturwissenschaftlichen, genauer literaturhistorischen Werk und in dem Auszug finden sich die ersten Sätze zur Erläuterung der „Entstehung und Entwicklung" der griechischen Tragödie:

a Das Beispiel eines literaturhistorischen Sachtextes

Der im folgenden zu untersuchende Auszug stammt aus Ivo Braaks

Gattungsgeschichte deutschsprachiger Dichtung in Stichworten, genauer aus Teil *Ia Dramatik,* Hirt Verlag Kiel 1975, S.18.
Der Titelbestandteil: *in Stichworten,* verweist bereits auf das im Text unübersehbare sprachliche Merkmal der Textverkürzung. Deutlich wird dies zum Beispiel durch das Fehlen eines einleitenden Artikel „Die" vor „Gr. Tragödie" im ersten Satz oder oder auch durch das von Subjekt, Prädikat und einem Artikel im dritten Satz. Dieser müsste vollständig: „**Ein** besonders enges Zusammenfließen dieser Elemente **gab es** im Dionysos-Kult.", lauten. Diese Verkürzungen dienen der Verknappung auf den informellen Gehalt:

> *„Gr. Tragödie ist aus kultischem Spiel entstanden. Ritus und Kult bedienten sich von Anfang an des Mimus. Besonders enges Zusammenfließen dieser Elemente im Dionysos-Kult. Die bei feierlichen Umzügen und ekstatischen Chortänzen zu Ehren dieses Gottes gesungenen Lieder wurden nach dem Beinamen des Dionysos (Dithyrambos) Dithyramben genannt."*

Zweiter auffälliger Textbestandteil sind eine ganze Reihe von vom Autor als bekannt vorausgesetzten Begriffen wie „kultischem", „Ritus", „Mimus" usw. . Dass diese Ausdrücke nicht erklärt werden, macht ersichtlich, dass der Autor sich mit seinen Ausführungen an ein Fachpublikum wendet, das mit diesen Ausdrücken vertraut ist. Wie schon in den Vorbemerkungen zu den informellen Sachtexten ausgeführt, ist auch der vorliegende Auszug syntaktisch durch einfache, formal nicht durch Konjunktionen verbundene Hauptsätze charakterisiert, die durchweg faktenorientierte Aussagen präsentieren.
Inhaltlich sieht Braak den Ursprung der griechischen Tragödie in den religiösen Handlungen, die anlässlich von Feiern zur Ehrung von Göttern gestanden haben. Insbesondere die Gottesdienste zu Ehren des Dionysos, also des Gottes des Weines, der Fruchtbarkeit

und Ausschweifungen, spielten hierbei eine große Rolle, wie er in seinem dritten Aussagesatz betont. Diese Handlungen werden von Braak entsprechend der Herkunft des Nomens Kult aus dem Lateinischen – cultus [deorum]: Götterverehrung - als *kultisches Spiel* bezeichnet. Dass er dem Adjektiv kultisch das Nomen Spiel zuordnet, erklärt indirekt seine zweite thesenartige Aussage: „Ritus und Kult bedienten sich von Anfang an des Mimus." Während dem Begriff „Ritus" die Vorstellung einer festgelegten Odnung feierlicher, vor allem religiös motivierter Handlungen zugrunde liegt, verweist die Verwendung des Begriffs „Mimus" auf eine nachahmende Gestaltung im Rahmen dieser Feierlichkeiten. Dass hier etwas nachgeahmt wird, also nicht die Realität selbst gezeigt wird, belegt den spielartigen und stets wiederholbaren Charakter der Aktionen. Die Art dieser Handlungen wird dann im vierten Aussagesatz mit den „bei feierlichen Umzügen und ekstatischen Chortänzen […] gesungenen Lieder[n]" konkretisiert. Den Besuchern dieser Feierlichkeiten wurde also eine bestimmte Form der Verehrung des Gottes, hier: Dionysos, vorgespielt, an der die Besucher teilnahmen. Zugleich wurden diese durch den Mimus, also das Vorspielen der religiösen Handlungen, in die übliche/richtige Form der Ausübung des Kultes eingeführt.

Die Ähnlichkeit zum Gottesdienst christlicher Prägung ist unübersehbar: Auch hier agiert der Geistliche vor den Gläubigen nach einem festen Ritual, präsentiert dabei ja auch nicht nur einen vorgetragenen Text, sondern absolviert, z.B. beim Abendmahl, ja auch einen festgelegten Handlungsablauf. Noch stärker aber ist der mimetisch-spielerische Anteil am Gottesdienst beim weihnachtlichen Krippenspiel; bei „feierlichen Umzügen" denkt man unwillkürlich an die Bewegungen des Geistlichen vor dem Altar oder an Fronleichnamsprozessionen.

Zusammenfassend lässt sich zu diesem Beispiel eines wissenschaftlichen Textes ausführen, dass durch die reduzierte sprachliche Form, durch den Verzicht von Ausschmückungen durch wertbildende Adverbialien, Adjektive oder tendenziell subjektiv wirkende erläuternde Nebensätze der sachlich-nüchterne, um Objektivität bemühte Charakter wissenschaftlicher Texte unterstrichen wird. Darüberhinaus steht durch diese Art der Gestaltung der informelle Gehalt der Ausführungen deutlich im Vordergrund.

b Das Beispiel eines juristischen Satzes

Als Beispiel für einen juristischen Text nutze ich einen Auszug aus einem notariellen Kaufvertrag. Der ausgewählte Satz lautet:

> *„Der Notar wird angewiesen, die Eintragung des Grundpfandrechts im Grundbuch erst dann zu veranlassen, wenn ihm die Grundpfandrechtsgläubigerin bestätigt hat, dass das Grundpfandrecht bis zur vollständigen Zahlung des Kaufpreises und der Eigentumsumschreibung des Kaufgegenstandes nur als Sicherheit für diese Zahlung dient."*

Der sprachliche Unterschied zwischen dem literarhistorischen Text Braaks und dem Beispiel aus einem juristischen Text könnte kaum größer sein. Beide Texte umfassen gut fünf Textzeilen, während Braak diese jedoch mit vier vergleichsweise einfach strukturierten Sätzen füllt, kommt der juristische Text hier mit einem sehr komplexen Satz aus. Beide Texte arbeiten mit Fachvokabular. Die Schwierigkeit dieses juristischen Satzes liegt daher zum einen in den vertragsrechtlichen Fachbegriffen wie z.B. *Grundpfandrecht* oder *Grundpfandrechtsgläubigerin*, zum anderen aber auch in der grammatischen Struktur des Satzes. Während man Begriffe nachschlagen oder googeln kann, ist es für das Gesamtverständnis eines komplexen, aus mehreren Teilsätzen bestehenden Gesamtsatzes hilfreich, um die verschiedene Wertigkeit von und das Beziehungsgefüge zwischen Teilsätzen Bescheid zu wissen. Fünftklässler lernen bereits zwischen Haupt- und Nebensätzen zu unterscheiden. Diese einfachen Bezeichnungen helfen schon für den jungen Schüler nachvollziehbar werden zu lassen, dass Hauptsätze im Vergleich zu den Nebensätzen eine übergeordnete Bedeutung haben. Das bedeutet natürlich nicht, dass das in den Nebensätzen Ausgesagte zu vernachlässigen ist. Im Gegenteil: Hauptsätze liefern häufig Gedanken, die ohne die Präzisierungen durch die Nebensätze missverständlich wären. Dennoch hilft im Spannungsfeld zwischen formal-grammatischer Beschreibung – der Hauptsatz ergibt allein einen Sinn, das Prädikat steht (meist) an zweiter Stelle der Satzglieder – und inhaltlicher Bedeutung das Wissen um die formale Definition, das Gewicht des Inhaltes besser einzuschätzen. Auf den Beispielsatz angewandt bedeutet das, dass der im ersten Teilsatz zu findende Hauptsatz die Hauptaussage des Gesamtsatzes transportiert. In dieser Hauptaussage ist von einer Anweisung an die Adresse des Notars die Rede. Der Notar ist derjenige, der den abzuschließenden Vertrag beurkundet, also bezeugt, dass dieser Vertrag zwischen zwei (oder mehr) Vertragsparteien abgeschlossen wurde, und der auch für die juristische Korrektheit und korrekte Ausführung des Vertrages bürgt. Der Begriff der Anweisung im Hauptsatz macht zudem deutlich, dass der Notar an diese Anordnung gebunden ist, dass er nicht handeln kann, wie er will. Ersichtlich ist, dass der Hauptsatz zwar formal allein stehen kann, weil er aus Subjekt und Prädikat besteht, aber inhaltlich unabgeschlossen ist, weil in ihm nicht klar gemacht wird, worin denn nun die Anweisung besteht. Und hier kommen nun die Nebensätze ins Spiel. Besonders wichtig ist der zweite Teilsatz. Betrachtet man die Verbform *zu veranlassen*, fällt auf, dass es sich nicht um eine in eine Zeitform gesetzte Verbform handelt, sondern um einen um *zu* erweiterten Infinitiv, also eine Verbgrundform. Die mit einem erweiterten Infinitiv gebildeten Teilsätze haben meist eine klar umrissene Funktion im Gesamtsatz: Sie ersetzen ein im vorstehenden Teilsatz, hier dem Hauptsatz, fehlendes Objekt, d.h. der Infinitiv zeigt nun auf, worin die Anweisung an den Notar besteht: *die Eintragung des Grundpfandrechts im Grundbuch erst dann zu veranlassen* .

Die auszuführende Tätigkeit des Notars besteht darin, dass er etwas veranlassen, also die Ausführung einer Tätigkeit oder eines Vorgangs in die Wege leiten muss. Der Inhalt dieser Tätigkeit besteht in der *Eintragung des Grundpfandrechts im Grundbuch.* Komplexer werden nun Teil- und Gesamtsatz nicht durch eine weitere grammatische Komponente, sondern durch die Ergänzung der temporalen Adverbien *erst dann* . Beide sind, wie gesagt, zeitlich ausgerichtet, aber in sich nicht präzise. Das erste Adverb *erst* verweist auf eine vorher zu erfüllende Bedingung, die aber nicht explizit im Adverb selbst enthalten ist. Das zweite Adverb *dann* verstärkt die Bedingung durch den deutlichen Hinweis auf einen in der Zukunft liegenden Zeitpunkt. Insbesondere diese beiden Adverbien bedeuten, dass der Infinitivsatz einer inhaltlichen Erklärung bedarf, die die folgenden Teilsätze zu liefern haben. Der direkt anschließende Teilsatz, *wenn ihm die Grundpfandrechtsgläubigerin bestätigt hat,* ist ein Nebensatz. Erkennbar ist dies an der Endstellung des Prädikats *bestätigt hat* einerseits, an der einleitenden Stellung von *wenn* andererseits. *Wenn* leitet konditionale, also eine Bedingung benennende Nebensätze ein, in diesem Fall die Bedingung, die *erst* erfüllt sein muss, bevor der Notar seine Aufgabe erfüllen darf. Diese Bedingung umfasst, dass die Grundpfandrechtsgläubigerin – zumeist eine Bank, die einen Kredit gewährt hat - dem Notar (*ihm*) etwas im Konditionalsatz noch nicht Benanntes bestätigt haben muss. Was die *Grundpfandrechtsgläubigerin erst* bestätigt haben muss, also der Inhalt der Bestätigung, beschreibt der Konditionalsatz nicht. Dieser Inhalt wird erst im letzten Teilsatz benannt, als nähere Erläuterung zum Prädikat des Konditional-satzes. Der neue und letzte Teilsatz hat also eine ähnliche Funktion wie ein Objekt. Daher ist der letzte Nebensatz auch ein Objektsatz. Als solcher gehört er, was mittels der oben genannten Kriterien (Prädikat: *dient*, am Ende, Nebensatz einleitende Konjunktion: *dass*, am Anfang) erschließbar ist, zu den Neben-sätzen. Konkret lautet er, *dass das Grundpfandrecht bis zur vollständigen Zahlung des Kaufpreises und der Eigentums-*

umschreibung des Kaufgegenstandes nur als Sicherheit für diese Zahlung dient . In diesem Nebensatz steht die Verbform *dient* im Präsens Indikativ Aktiv, d.h. die Handlung des Dienens geht von dem Subjekt, hier dem Nomen *Grundpfandrecht* aus. Darin liegt denn auch die Bestätigung, welche die Grundpfandrechtsgläubigerin auszusprechen hat: *das Grundpfandrecht* [...] *dient* . Funktion eines Grundpfandrechts ist es, z.B. einen Bankkredit abzusichern. Das geschieht dadurch, dass vor der *Zahlung des Kaufpreises*, die ja heute häufig über die Auszahlung des von einem Kaufwilligen beantragten Bankkredites erfolgt, die Bank eine Eintragung ins Grundbuch zum Kaufgegenstand (Grundstück, Grundstück mit Haus etc.) erhält, die der Bank die finanziellen Ansprüche aus einem möglichen Verkauf in Höhe ihres Kredites garantiert. Da diese Aussage für sich genommen zu unbestimmt ist, werden ihr einige zeitliche adverbiale Bestimmungen: *bis zur vollständigen Zahlung des Kaufpreises und der Eigentumsumschreibung des Kaufgegenstandes,* und eine den Aufgabenbereich des Grundpfandrechts einschränkende Bestimmung: *nur als Sicherheit für diese Zahlung,* hinzugefügt. Die zeitliche Bestimmung erklärt dabei mit dem temporalen Adverb *bis* die Geltungsdauer des Grundpfandrechts. Dabei sind es zwei Komponenten, die zur Beendigung des Grundpfandrechts führen, die *Zahlung des Kaufpreises* und die *Eigentumsumschreibung* . Die Funktion des Grundpfandrechts wird dann noch explizit benannt. Es dient *nur als Sicherheit für diese Zahlung* .

Erkennbar wird an diesem Beispiel eines juristischen Fachtextes – hier eines Kaufvertrages – der wesentliche Unterschied zu dem informellen wissenschaftlichen Text, dem es darum geht, wissenschaftliche Fakten knapp, klar und präzise zu benennen. Dagegen ist es das Ziel des juristischen Textes den im Rahmen eines Kaufvertrages auftretenden unterschiedlichen Ansprüchen der Vertragsparteien – Verkäufer, Käufer, Kreditgeber – so gerecht zu werden, dass niemand benachteiligt und alle Ansprüche gegeneinander abgesichert werden. Dazu aber ist eine andere Sprache vonnöten als bei einem wissenschaftlichen Text.

c Das Beispiel eines appellativen Sachtextes[1]

Anders als ein juristischer Fachtext, dessen Anliegen es ist, aus der Perspektive des neutral(-objektiv-)en Notars alle denkbaren Probleme zwischen zwei Vertragsparteien auszuschließen und somit eine konfliktfreie Vertragsabwicklung für alle Betroffenen zu gewährleisten, will eine Rede den zuhörenden Adressaten eine Botschaft des Redners vermitteln. Eine Rede ist also per se nicht objektiv, sondern eher persönlich und zudem interessengeleitet. Sie will das vom Redner für richtig Gehaltene darlegen und als künftiges Verhalten den Zuhörern nahelegen.

Derart ausgerichtete Texte werden als *appellativ* bezeichnet. Die nun bereits 35 Jahre alte Abiturrede, welche hier nur in einem Auszug als Beispiel für appellative Sachtexte betrachtet wird, macht da keine Ausnahme. Anders als die beiden zuvor betrachteten Sachtexte fehlt es im vorliegenden Text an Fach-vokabular, was das Verständnis für Leser wie Zuhörer eher erleichtert. Auffälligster Unterschied ist sicher der direkte und durchaus höfliche (mehrfache Anrede: „liebe Lehrer") Adressatenbezug – im vorliegenden Auszug speziell an die Lehrer – ebenso wie die Betonung der persönlichen Sichtweise, die mehrfach durch „Wir", aber auch durch „ich mir" ersichtlich wird. Auch syntaktisch stellt der Text die Zuhörer vor keine unüberwindlichen Probleme, selbst wenn neben erweiterten Hauptsätzen einige mehrgliedrige Hypotaxen verwendet werden.

Inhaltlich wendet sich, wie bereits angedeutet, die Rednerin im vorliegenden Auszug an ihre Lehrerinnen und Lehrer und spiegelt diesen die Wirkung ihres Verhaltens auf ihre ehemaligen Schüler. Die hierin enthaltene „Botschaft" der Autorin Birgit Jähnke gilt es im weiteren Verlauf zu untersuchen.

[...] *Wir haben ein äußerst unsicheres Verhältnis zu unserer Zukunft.*
Ursache sind äußere Umstände, für die Sie, liebe Lehrer, nicht verantwortlich sind. Doch einen Punkt möchte ich hier anführen,

der Sie betrifft. Wer sich in der Schule ernsthaft für ein Fach interessiert hat, wird sich leichter ein Ziel setzen können. Wer sogar erfahren hat, dass es **viele** *interessante Fächer gibt, wird bereit sein, weiter zu lernen, zu vertiefen. Dieser Schüler wird auch nicht so schnell resignieren. In diesem Punkt nehmen Sie als Lehrer ganz entscheidend auf unser Leben Einfluss.*

[...] worauf es wirklich ankommt: dass Sie als Lehrer zu dem Fach stehen, das Sie schließlich selber einmal gewählt und studiert haben, dass Sie in den Schülern das gleiche Interesse wecken, das Sie dazu gebracht hat, das Fach, Ihr Fach zu studieren. [... Daher] wünsche ich mir, dass Sie, liebe Lehrer, [...] das Verhältnis zu Ihrem Beruf ernsthaft [...] überdenken: Wir können nichts dafür, wenn manche von Ihnen ihr eigenes Fach langweilt. Aber für uns geht es um alles: um unsere Einstellung zur Zukunft. Sie hatten die Macht, uns zu helfen, mit den düsteren Zukunftsprognosen fertig zu werden. Nicht wenige von Ihnen haben uns durch Ihr sachliches Engagement geholfen, unseren Weg zu finden. Oft, viel zu oft, wurden wir aber auch enttäuscht, abgeblockt, nicht ernst genommen, und ich glaube, wir sind ein eher deprimierter Jahrgang.

Die Lichtblicke werde ich jedoch nicht vergessen, und ich möchte allen Lehrern danken, die uns im Laufe der Schulzeit geholfen haben.

aus: Birgit Jähnke: Lektion für die Lehrer DIE ZEIT; Nr.35 (1985).

Jähnke geht 1986 in ihrer Rede *Lektion für die Lehrer* von der damaligen Situation von Abiturienten aus. Dabei betrachtet sie insbesondere die durch ihre Schulzeit, speziell durch die Lehrer geprägte Haltung der Orientierungslosigkeit vieler ihrer Mitschüler. Daraus auch erwächst ihr Appell an die Adresse der Lehrer, sich ihrer Verantwortung bewusst zu sein und ihr Verhältnis zu ihrem Beruf zu überdenken.

Am Anfang des Auszuges steht bei Jähnke der Selbstbezug: „Wir haben...", angesichts der durch das Abitur nun bevorstehenden

Veränderungen. Die Zukunft, so wird in ihrer Aussage deutlich, bietet für die Abiturienten keine rosigen Aussichten. Der Ausdruck *äußerst unsicheres Verhältnis* veranschaulicht, dass Birgit Jähnke und ihre Mitschüler mit großer Sorge auf ihren weiteren Lebensweg schauen. Gleich in der sich anschließenden Hypotaxe macht sie aber deutlich, dass dafür äußere Umstände, also Probleme innerhalb der Gesellschaft, die die Rednerin unbenannt lässt, nicht jedoch ihre Lehrer die Verantwortung tragen.

Sie macht aber andererseits auch in einer Serie von drei, z.T. parallelistisch gestalteten Thesen: *Wer sich [...] wird [...] setzen können... Wer sogar [...] wird bereit sein... Dieser Schüler wird [...]nicht so schnell resignieren,* deutlich, dass es durchaus einen Einflussbereich von Lehrern auf Schüler gibt, den sie als *entscheidend* bezeichnet. In ihren hier nicht persönlich, d.h. durch Personalpronomen, sondern allgemein formulierten, daher in die Nähe von Allgemeingültigkeit gerückten Thesen wird deutlich, dass sie das Interesse an einem oder mehreren in der Schule vermittelten Fächern für einen Faktor hält, der die Lernbereitschaft von Schülern erhält und deren Resignation verlangsamt. „Interesse" ist also nach Jähnkes Auffassung ein wesentlicher, für alle Schüler aller Schulen geltender Immunisierungsfaktor, der davor schützt, bei eher düsteren gesellschaftlichen Rahmenbedingungen zu verzweifeln. Der entscheidende, Immunisierung ermöglichende Punkt ist für Jähnke in diesem Zusammenhang die Haltung, mit der Lehrer ihr Fach präsentieren. Durch die Eindringlichkeit signalisierende adverbiale Verbverstärkung *wirklich* hebt sie hervor, dass Interesse an einem Fach oder einem fachlichen Phänomen bei anderen, gerade jüngeren Menschen nur dann geweckt und bewahrt werden kann, wenn der Fachlehrer erkennen lässt, dass er seinen fachlichen, von ihm präsentierten Gegenstand auch selbst als faszinierend empfindet.

In einer weiteren Reihung von drei Aussagen formuliert die Verfasserin drei Forderungen an die Adresse von Lehrern: Diese sollen über die Vermittlung der Fakten hinaus ihre Schüler nachvollziehen lassen, aus welcher Motivation heraus die eigene

Entscheidung zum Studium des durch sie repräsentierten Faches entsprungen sei, außerdem sollen sie dieses fachliche Interesse auf ihre Schüler übertragen. Die letzte Forderung in dieser Reihung ist die nach einer Selbstreflexion der Lehrer über ihr Verhältnis zu ihrem Fach, einer Forderung, der sie durch das Adverbial „ernsthaften" Nachdruck verleiht. Dass sie glaubt, ihre Forderung derart unterstreichen zu müssen, deutet darauf hin, dass sie Reflexivität bei Lehrern oft nur als vorgegeben, aber nicht als wirklich praktiziert ansieht. Dazu durchaus passend gibt sie anschließend den Eindruck von Schülern über die Einstellung der Lehrer zu ihrem Beruf wieder, wenn sie formuliert: *Wir können nichts dafür, wenn manche von Ihnen ihr eigenes Fach langweilt.* Daraus spricht zwar keinerlei Kritik an mangelnder fachlicher Kompetenz, aber doch der Eindruck, dass Schüler am unterrichtlichen Verhalten von Lehrern nicht (immer) erkennen können, worin eigentlich die besondere Beziehung bzw. das Interesse des Lehrers an seinem Fach besteht. Im Umkehrschluss bedeutet das, wenn ein Lehrer den Eindruck vermittelt, seine eigenen fachlichen Gegenstände interessieren ihn nicht, kann er auch nicht erwarten, mit einer solchen Haltung das Interesse seiner Schüler an diesem Fach erwecken zu können. Das aber wiederum hat für Jähnke zur Folge, dass in den Schülern keine von Interesse geleitete *Einstellung zur Zukunft* entwickelt wird. Eine solche aber hätte, wie oben schon erläutert, die immunisierende Kraft *mit den düsteren Zukunftsprognosen fertig zu werden.*
In ihren abwägenden Schlusssätzen betont und lobt sie einerseits die Hilfe, die Schülern im obigen Sinne von Lehrern zuteil geworden ist. Dabei macht sie aber andererseits auch durch die kontrastierende Wortwahl *Nicht wenige von Ihnen,* für die durch den Ausdruck *sachliches Engagement* charakterisierten Lehrer, im Vergleich zu den anderen, deren Wirken mit den Mengenadverbien *Oft, viel zu oft* umschrieben wird, deutlich, dass die Zahl der Lehrer, die *ernsthaft* über ihr Verhältnis zu ihrem Beruf nach-denken sollten, deutlich höher ist als die Zahl der Engagierten. Die Unterschiede in der Außenwirkung solchen Lehrerverhaltens sind

152

ebenso deutlich und verstärken die Eindringlichkeit der Appelle der Rednerin: Während die einen durch die Vermittlung von Interesse den Schülern nach Birgit Jähnkes Aussagen geholfen haben *unseren Weg zu finden,* wurden die Schüler von anderen *enttäuscht, abgeblockt, nicht ernst genommen,* woraus sie folgert, *wir sind ein eher deprimierter Jahrgang.*

Auch die Metapher *Lichtblicke* für die Lehrer, *die uns im Laufe der Schulzeit geholfen haben,* also die engagiert Interesse vermittelnden Lehrer, macht überdeutlich, dass deren Zahl im Vergleich zu den anderen eine kleine Minderheit darstellt.

Die drei in den Blick gerückten Beispiele für Sachtexte und deren deutende Lektüre haben hoffentlich nicht nur die Problematik und Vielschichtigkeit auch dieser Textgruppe, sondern auch deren Enträtselbarkeit mit Hilfe eines gewissen Repertoirs an Hilfsmitteln gezeigt.

Einige weitere Beispiele für diesen Bereich finden sich auch hierzu im Anhang.

4 Anhang

4.1 Anmerkungen

S.12, Anm.1: Unterscheidung der Begriffe Analyse und Interpretation

Im alltäglichen Gespräch, aber auch in fachlichen Darstellungen findet man häufig eine Gleichsetzung der Begriffe Analyse und Interpretation.

Im Unterschied dazu werde ich in meinen weiteren Ausführungen den Begriff der *Analyse* nur für *den* Bereich der Auseinandersetzung mit Texten verwenden, in dem es um die sachliche *Beschreibung* von faktisch im Text gegebenen grammatischen und sprachlich-stilistischen Elementen oder um die Darstellung von tatsächlich benannten Inhaltselementen geht.

Dagegen nutzt nach meinem Verständnis die *Interpretation* zwar die Analyseergebnisse, stellt diese aber in einen Bedeutungszusammenhang. Dies macht jeder Muttersprachler auf der Ebene alltäglicher Kommunikation in zumeist weniger komplexen Situationen ständig und intuitiv. Da jeder Text, den ein Leser zur Hand nimmt, dem Leser etwas „sagt", entsteht auf diese Weise eine Gesprächssituation auf einer überalltäglichen Ebene. Anders als bei einem Freund, dessen familiäre und berufliche Situation ich kenne, weiß ich beim Öffnen eines Buches nichts über Zielsetzungen des (Sachbuch-) Autors oder bei eher literarischen Texten über die Figuren, ihre Sorgen oder ihre Sehnsüchte und Ziele. Im Lesen muss ich dann also die vorgefundenen Einzelinformationen - Ebene der Analyse - zu einem Bild zusammensetzen, das mich z.B. die Figuren, ihre Lage und Befindlichkeit einschätzen lässt. Bei diesem letztgenannten Prozess befinde ich mich bereits auf der Ebene der Interpretation. Dieser beim privaten Lesen zumeist automatisch-intuitiv ablaufende Prozess soll nun beim öffentlichen, z.B. schulischen

Interpretieren bewusst gemacht werden. Ich soll also erst einmal mir selbst, dann anderen erklären, was mich zu meinem Verständnis des Textes und seiner Figuren veranlasst hat.

S.45, Anm.1: **Zur Vertiefung: Übung zur Bestimmung von Satzgliedern/ Lösung zu S.35** und damit einhergehende Folgerungen für die Deutung (exemplarisch anhand von Satz eins)

Jetzt mache für die folgenden Sätze die Umstell- und Weglassprobe und bestimme auf diese Weise die Satzglieder:

Morgen fahre ich schnell in die Schule.

Umstellprobe: Ich fahre morgen schnell in die Schule. Schnell fahre ich morgen in die Schule.
Fazit: Es ergeben sich die folgenden fünf Satzglieder: Ich, fahre, morgen, schnell, in die Schule
Weglassprobe: a) ...fahre morgen schnell in die Schule. *Wer oder was fährt ...?* Antwort: Ich; *mit der Frage „wer oder was" wird das Subjekt bestimmt,* „Ich" ist also das Subjekt des Satzes b) Ich ...morgen schnell in die Schule. *Was tue ich morgen?* Antwort: „fahre(n)"; *mit der Frage „was tut/geschieht" wird das Prädikat bestimmt*; „fahre" ist also das Prädikat des Satzes; da „fahre" im Präsens Indikativ *Aktiv* steht, wird erkennbar, dass das Subjekt selbst die Handlung: fahren, ausführt c) Ich fahre...schnell in die Schule. *Wann* fahre ich...? Antwort: morgen; *mit der Frage „wann" wird die adverbiale Bestimmung der Zeit erschlossen,* „morgen" ist ist also eine adverbiale Bestimmung der Zeit; das Zeitadverbial trägt dazu bei zu erklären, dass die Handlung des Subjekts – trotz der Gegenwartsform des Prädikats – erst in der Zukunft: „morgen", stattfindet d) Ich fahre morgen...in die Schule. *Wie* fahre ich morgen in die Schule? Antwort: schnell; *mit der Frage „wie" erschließt man die adverbiale Bestimmung der Art und Weise,* „schnell" ist also eine adverbiale Bestimmung der Art und Weise; die *adverbiale Bestimmung der Art und Weise* gibt Hinweise auf die Fahrweise des Subjekts e) Ich fahre morgen schnell... *Wohin* fahre ich morgen schnell? Antwort: in die Schule;

155

mit der Frage „wo/wohin/woher" erschließt man die adverbiale Bestimmung des Ortes; „in der Schule" ist also eine adverbiale Bestimmung des Ortes, die den Zielort der Fahrt des Subjekts benennt.

Dort treffe ich um acht Uhr meinen Freund Philipp.
Umstellprobe: Ich treffe dort um acht Uhr meinen Freund Philipp. Um acht Uhr treffe ich dort meinen Freund Philipp. Meinen Freund Philipp treffe ich dort um acht Uhr.
Fazit: Es ergeben sich die folgenden fünf Satzglieder: Ich, treffe, dort, um acht Uhr, meinen Freund Philipp
Weglassprobe: a) ...treffe ich um acht Uhr meinen Freund Philipp. *Wo* treffe ich...? Antwort: Dort; *mit der Frage wo/wohin/woher erschließt man die adverbiale Bestimmung des Ortes*; „Dort" ist also eine adverbiale Bestimmung des Ortes
b) Dort...ich um acht Uhr meinen Freund Philipp. *Was tue* ich dort? Antwort: „treffe"; *mit der Frage „was tut/geschieht" wird das Prädikat bestimmt*; „treffe" ist also das Prädikat des Satzes c) Dort treffe... um acht Uhr meinen Freund Philipp. *Wer oder wa*s trifft ...? Antwort: Ich; *mit der Frage „wer oder was" wird das Subjekt bestimmt*, „Ich" ist also das Subjekt des Satzes d) Dort treffe ich...meinen Freund Philipp. *Wann* treffe ich...? Antwort: um acht Uhr; *mit der Frage „wann" wird die adverbiale Bestimmung der Zeit erschlossen*, „um acht Uhr" ist ist also eine adverbiale Bestimmung der Zeit e) Dort treffe ich um acht Uhr... *Wen oder was* treffe ich...? Antwort: meinen Freund Philipp; *mit der Frage „wen oder was" wird das Akkusativ-Objekt bestimmt*, „meinen Freund Philipp" ist also ein Akkusativ-Objekt

Hastig erzähle ich meinem Freund meine schönsten Urlaubserlebnisse.

Umstellprobe: Hastig erzähle ich meinem Freund meine schönsten Urlaubserlebnisse. Ich erzähle meinem Freund hastig meine schönsten Urlaubserlebnisse. Meine schönsten Urlaubserlebnisse erzähle ich hastig meinem Freund.

Fazit: Es ergeben sich die folgenden fünf Satzglieder: Hastig, erzähle, ich, meinem Freund, meine schönsten Urlaubserlebnisse
Weglassprobe: a) ...erzähle ich meinem Freund meine schönsten Urlaubserlebnisse. *Wie* erzähle ich...? Antwort: Hastig; *mit der Frage „wie" erschließt man die adverbiale Bestimmung der Art und Weise,* „Hastig" ist also eine adverbiale Bestimmung der Art und Weise b) Hastig ... ich meinem Freund meine schönsten Urlaubserlebnisse. *Was tue* ich...? Antwort: erzähle; *mit der Frage „was tut/geschieht" wird das Prädikat bestimmt*; „erzähle" ist also das Prädikat des Satzes c) Hastig erzähle ... meinem Freund meine schönsten Urlaubserlebnisse. *Wer oder was* trifft ...? Antwort: ich; *mit der Frage „wer oder was" wird das Subjekt bestimmt,* „ich" ist also das Subjekt des Satzes d) Hastig erzähle ich ... meine schönsten Urlaubserlebnisse. *Wem* erzähle ich...? Antwort: „meinem Freund"; *mit der Frage „wem" wird das Dativ-Objekt bestimmt,* „meinem Freund" ist also das Dativ-Objekt des Satzes e) Hastig erzähle ich meinem Freund ... *Wen oder was* erzähle ich...? Antwort: meine schönsten Urlaubserlebnisse; *mit der Frage „wen oder was" wird das Akkusativ-Objekt bestimmt,* „meine schönsten Urlaubserlebnisse" ist also ein Akkusativ-Objekt

Nach wenigen Minuten läutet die Schulglocke.

Umstellprobe: Nach wenigen Minuten läutet die Schulglocke. Die Schulglocke läutet nach wenigen Minuten.
Fazit: Es ergeben sich die folgenden drei Satzglieder: Nach wenigen Minuten, läutet, die Schulglocke
Weglassprobe: a) ...läutet die Schulglocke. *Wann* läutet die Schulglocke? Antwort: nach wenigen Minuten; *mit der Frage „wann" wird die adverbiale Bestimmung der Zeit erschlossen,* „nach wenigen Minuten" ist ist also eine adverbiale Bestimmung der Zeit b)Nach wenigen Minuten...die Schulglocke. *Was macht die Schulglocke?* Antwort: (sie) läutet; *mit der Frage „was tut/geschieht" wird das Prädikat bestimmt*; „läutet" ist also das

Prädikat des Satzes c) Nach wenigen Minuten läutet... *Wer oder was* läutet? Antwort: die Schulglocke; *mit der Frage „wer oder was" wird das Subjekt bestimmt,* „die Schulglocke" ist also das Subjekt des Satzes.

Wir gehen schnell in unseren Klassenraum.

Umstellprobe: Wir gehen schnell in unseren Klassenraum. Schnell gehen wir in unseren Klassenraum. In unseren Klassenraum gehen wir schnell.

Fazit: Es ergeben sich die folgenden vier Satzglieder: Wir, gehen, schnell, in unseren Klassenraum

Weglassprobe: a) ...gehen schnell in ... *Wer oder was* geht schnell in...? Antwort: Wir; *mit der Frage „wer oder was" wird das Subjekt bestimmt,* „Wir" ist also das Subjekt des Satzes b) Wir ... schnell in unseren Klassenraum. *Was tun wir* ? Antwort: gehen; *mit der Frage „was tut/geschieht" wird das Prädikat bestimmt;* „gehen" ist also das Prädikat des Satzes c) Wir gehen ... in... *Wie* gehen wir in ...? Antwort: schnell; *mit der Frage „wie" erschließt man die adverbiale Bestimmung der Art und Weise,* „schnell" ist also eine adverbiale Bestimmung der Art und Weise d) Wir gehen schnell... *Wohin* gehen wir schnell? Antwort: in unseren Klassenraum; *mit der Frage wo/wohin/woher erschließt man die adverbiale Bestimmung des Ortes,* „ in unseren Klassenraum" ist also eine adverbiale Bestimmung des Ortes.

S.67ff,Anm.1: Einige zentrale sprachlich-stilistische

Mittel

(die fett hervorgehobenen Begriffe sollten bis Klasse 8, der Rest sukzessive bis zum Abitur beherrscht werden)

Bilder	Ausdrucksweise insgesamt; diese zusammenfassende Bezeichnung für die bildlichen Mittel wird vor allem in Gedichten, aber durchaus auch in erzählenden und dramatischen Texten eingesetzt
Metapher	Ein Wort oder eine Wortgruppe wird aus den Bedeutungszusammenhängen des vertrauten Sprachgebrauchs gelöst und in andere Zusammenhänge so eingeordnet, dass es eine neue Bedeutung erhält (Beispiele: Flussarm, goldtreu, Gold ihres Hauptes, Blüte des Lebens; silberner/goldener/roter/bleicher Mond)
Personifika-tion	Abstrakten Begriffen, unbelebten Erscheinungen, Tieren und Pflanzenwerden Eigenschaften oder Verhaltensweisen zugeordnet, die nur Personen zukommen (Beispiel: süßer Friede, blinder Zufall, schön ist der Friede, der Sommer stand und lehnte und sah den Schwalben zu,...)
Vergleich Metonymie	Durch wie oder so , als ob und ähnliches wird eine Beziehung zwischen zwei Bereichen hergestellt, zwischen denen der Dichter eine Gemeinsamkeit sieht

159

Synästhesie	Ein gebräuchliches Wort wird durch ein anderes, das zu ihm in engster Beziehung steht, ersetzt (Beispiel: Zeppelin für Luftschiff, Kreml statt Regierung Russlands
Allegorie	Vermischung von zwei oder mehreren Sinnesbereichen (Beispiel: Farbton, golden wehen die Töne, die gläsernen Paläste klingen spröder an deinen Blick)
	In bildender Kunst und Dichtung versteht man darunter ein Sinn-Bild, d.h. eine bildhaft belebte Darstellung eines abstrakten Begriffes oder klaren Gedankenganges. Zur Veranschaulichung wird der Begriff sinnlich in die Körperwelt versetzt, oft als Personifikation: das Alter als Greis, die Liebe als Amor, die Gerechtigkeit in Gestalt der Justitia mit Waage, Richtschwert und verbundenen Augen

Satzfiguren	Oberbegriff für **Satzbau-Stilmittel** in Reden, dramatischen, aber auch erzählerischen Texten
Asyndeton	Nicht durch Konjunktionen verbundene Wörter, Satzteile oder Sätze (Beispiel: alles rennet, rettet, flüchtet)
Polysyn-deton	Eine durch ständige, ungewöhnlich häufige Wiederholung derselben Konjunktion verbundene Reihe von Wörtern oder Sätzen (Beispiel: Und es wallet und siedet und brauset)
Ellipse	Weglassung des Unwichtigen, d.h. aus dem

160

	Satzsinn Erschließbaren. Ein auf Vollständigkeit angelegter Satz wird unvermittelt abgebrochen (Beispiel: Und Ihro Gnaden sollten glauben, dass ich aus Misstrauen, aus Sorge für meine Bezahlung...?)
Zeugma	Gleiche Satzglieder werden syntaktisch, d.h. vom Satzbau her, richtig verbunden, obwohl sie in ihrer Bedeutung verschiedenartig sind (Beispiel: Ich will Blumen und Tränen auf ihr Grab streuen)
Aposiopese	Verschweigen des Wichtigen, d.h. nicht unmittelbar Erschließbaren (vgl. Ellipse), unter affekt-, d.h. gefühlsbetontem Abbruch der Rede (Beispiel: Wenn es mir nicht gelingt, den Grafen augenblicklich zu entfernen: so denk ich - Doch, doch; ich glaube er geht in diese Falle gewiss) Im naturalistischen Drama ist die Aposiopese eines der wichtigsten Stilmittel.
Klimax	(oft dreigliedrige) Steigerung im Aufbau der Wortfolge (Beispiel: Er weint, er ist bezwungen, er ist unser)
Antiklimax	Steigerung zum schwächeren Ausdruck (Beispiel: Doktoren, Magister, Schreiber und Pfaffen
Paralle-lismus	Gleichlauf der Satzglieder in zwei Versen oder aufeinander folgenden Sätzen (Beispiel: Der Einsatz war groß, der Gewinn war klein.)

Chiasmus	Überkreuzstellung einander entsprechender Satzglieder (Beispiel: Der Einsatz war groß, klein war der Gewinn .)
Inversion	Umstellung der Wörter; die Veränderung der üblichen Wortfolge dient der Hervorhebung eines wichtigen Wortes (Beispiel: *Nicht* für erforderlich aber hält man es...)

Wortfiguren	
Emphase	Nachdruck in der Rede als phonetisches, d.h. nur hörbares (im Vortrag, Gespräch etc.) Stilmittel zur Hervorhebung und stärkeren Eindringlichkeit eines Wortes (Beispiel: Ein *Mann* steht vor dir.)
Hyperbel	Ein Ausdruck oder eine Aussage wird durch Vergrößerung oder Verkleinerung so übersteigert, dass er, wörtlich genommen, nicht mehr zutrifft (Beispiel: Das habe ich dir schon tausendmal gesagt, Schneckentempo, Mund offen wie ein Scheunentor)
Litotes	Die Bedeutung eines Sachverhaltes wird durch die Verneinung seines Gegenteils geschwächt oder verkleinert (Beispiel: Wir haben nicht wenig gelacht, Er ist nicht ohne Fleiß)
Euphemismus	Das Negative eines Sachverhaltes wird durch positive Bezeichnungen verhüllt oder beschönigt (Beispiel: entschlafen statt sterben, nuklearer Ernstfall statt Atomkrieg)
Ironie	Der Sprecher meint das Gegenteil dessen, was seine Worte besagen (Beispiel: Du bist mir ein toller Freund!)

S.93, Anm.1: William Shakespeare **Die Reden von Brutus und Marcus Antonius an der Leiche Cäsars** (aus: *Julius Cäsar*)

William Shakespeare (1564-1616) gehört zu den großen Dramatikern der Weltliteratur. Er war nicht nur Stückeschreiber, sondern auch Schauspieler und Theaterunternehmer. Viele seiner Dramen verarbeiten Stoffe aus der englischen Geschichte und politische Themen. 1603 übernahm König James die Schutzherrschaft der von Shakespeare geleiteten Theatertruppe, die seitdem „The King's Men" hieß. Das Theater spielte eine hervorragende Rolle im öffentlichen Leben der Zeit. Shakespeare zog sich in seinen letzten Lebensjahren als begüterter und angesehener Mann in seine Geburtsstadt Stratford zurück.
Seine bekanntesten Dramen sind „Romeo und Julia", „Ein Sommernachtstraum" „Der Kaufmann von Venedig", „Julius Cäsar" „Hamlet", „Othello", „König Lear" und „Macbeth".
In „Julius Cäsar" wird dargestellt, wie eine Gruppe von Römern um Brutus Cäsar ermordet, um zu verhindern, dass dieser die römische Republik in ein Königreich verwandelt und die republikanischen Freiheiten zerstört. Marcus Antonius will mit seiner Rede das Volk gegen Brutus und die Verschwörer einnehmen.

S.93, Anm. 2: Rostra: Rednerplattform auf

dem Forum Romanum

S.98, Anm.1: Lupercus ist der römische Name des Pan, zu dessen Ehre jeweils am 15.Februar Feierlichkeiten stattfanden

S.102, Anm.1: Möglicher Aufbau der Untersuchung eines Dramentextes

1 **Einl.**: Autor/Lebensdaten, Titel/Erscheinungsjahr, Textsorte, Darstellungsperspektive (Monolog, Dialog), Thema des Auszuges, Einordnung des Auszuges in den Zusammenhang

2 **Deutungshypothese zur Wirkungsabsicht des Autors**: Warum lässt der Autor an dieser Stelle im Aufbau des Gesamttextes diese Figuren sprechen/aufeinandertreffen und bzw. was will er mit seiner sprachlichen Darstellung der Figuren für einen Eindruck beim Leser/Zuschauer hervorrufen?

3 **lineare oder aspektorientierte Interpretation** (**wichtig**: Textrückbindung durch - kurze/prägnante - Zitate und Zeilen-/Seitenangaben; inhaltliche Wiedergabe und **Erklärung** mit eigenen Worten im Präsens, distanzierende Sachsprache/ Verwendung der indirekten Rede sowie unter Berücksichtigung von Sprachverwendung/sprachlichen Bildern im Text der Figuren und auch der Regieanweisungen)

3a **Sprechhandlungen der Figur**: was sagt diese, in welchem Ton (vgl. Regieanweisungen); spricht die Figur eine andere Figur an oder spricht sie für sich (Verbalisierung von Gedanken), was will die Figur damit erreichen/ausdrücken - was sagt uns diese Darstellung der Figur über die Darstellungs- und Wirkungsabsicht des Verfassers?

3b **Verhalten der Figur**: wendet sie sich jemandem zu, von jemandem ab, wird ihr Verhalten als eher defensiv oder aggressiv als rational oder emotional ...dargestellt; was will die Figur damit erreichen/ausdrücken - was sagt uns diese Darstellung der Figur über die Darstellungs- und Wirkungsabsicht des Verfassers?

3c **Haltung der Figur** (quasi Resümee aus 3a/b): lässt sich die

Figur als eher dominant oder unterlegen als offen oder verschlagen als sympathisch oder unsympathisch als schlicht/dumm oder klug als statisch/starr oder als reflektierend/dynamisch einschätzen? Was sagt uns das über das Verhältnis der Figuren (sind sie sich sympathisch, lehnen sie einander ab, schätzen/verachten sie einander,...) und über die Wirkungsabsicht des Autors?

3d **Funktion der Figur** in der Szene und Bedeutung des szenischen Handelns im Kontext des Dramas

4 **Reflexion der Eingangshypothese**: Bestätigung, Widerlegung, Modifikation (jeweils mit begründeter Erklärung)

S.117, Anm.1: **Exkurs zu Darstellungsperspektiven in literarischen Texten**

Ein Kernmerkmal literarischer Texte ist, dass ein Leser aufgrund von Überschrift, Klappentext o.ä. genau weiß, wer den vorliegenden Text verfasst hat. Nun verwenden Autoren in lyrischen, aber auch in erzählerischen Texten nicht selten das Personalpronomen ˋich´. Dieses Ich ist selbst Teil des Geschehens. Der Leser könnte hier meinen, der Autor selbst stecke hinter diesem Ich. Dies um so mehr, wenn die Texte den Anschein erwecken, dass ihre Handlung in der Gegenwart von Autor und Leser stattfindet. Da jedoch literarische Texte, selbst dann wenn sie sich eines historischen oder zeitgenössischen Themas bedienen, nicht das tatsächliche Erleben des Autors widerspiegeln, sondern ein vorgestelltes, also ausgedachtes Erleben, wird in der literaturwissenschaftlichen Betrachtung des Perspektivenproblems eine Gleichsetzung von Ich und Autor als falsch angesehen. Das bedeutet, dass das vom Autor verwendete Ich als literarische Figur anzusehen ist, die der Autor nutzt, um seinen Leser möglichst nahe, also auch emotional nahe an das im Text dargestellte Geschehen oder Erleben heranzuführen. Bei Gedichten spricht man in einem solchen Fall von einem **lyrischen Ich**, in allen erzählerischen Texten vom **Ich-Erzähler**.

166

Für dramatische Texte stellt sich die Problematik anders dar, da die Perspektive in jeder Szene jeweils die des gerade Sprechenden ist, der einen Monolog hält oder mit einer anderen Figur in einen Dialog verwickelt ist. Ein Sonderfall ist im Drama die allerdings nur selten verwendete Teichoskopie, bei der ein Schauspieler berichtet, was es - für den Zuschauer nicht sichtbar - jenseits der Bühnenbegrenzung imaginativ zu ˋsehen´ gibt.

Neben der ja auf eine Person verengten, am Geschehen beteiligten Ich-Perspektive verwenden Autoren aus erzähltechnischen Gründen auch noch weitere Darstellungsperspektiven. Die **Er- oder Sie-Form** ermöglicht dem Autor eine ganze Reihe von verschiedenen Blickwinkeln. Zum einen kann er das Geschehen ohne jegliche Bewertung lediglich wiedergeben; er blickt dabei **neutral** auf den jeweiligen Schauplatz und die handelnden Personen und gibt wieder, was wahrnehmbar ist. Zum zweiten kann er auch die **personale Perspektive** einer der handelnden Personen einnehmen und das Geschehen aus deren Wahrnehmungen, Kenntnissen und Gedanken darstellen. Bei der dritten Möglichkeit weiß der fiktive Erzähler nicht nur um die Gedanken, Gefühle und Wahrnehmungen aller handelnden Personen, er kennt auch - im Unterschied zu diesen - alle Aspekte von Vorgeschichte und künftigem Geschehen; gelegentlich tritt er auch als Urteilender in Erscheinung. Diese Perspektive wird als **auktorial** bezeichnet.

S.118, Anm.1: Ziel **einer Inhaltsangabe ist es, einen vorgegebenen Text unabhängig davon, ob es sich um einen literarischen** oder einen Sachtext handelt, anhand der folgenden fünf Kriterien wiederzugeben.

Der Text muss

- sachlich richtig,
- unter Verwendung der indirekten Rede,
- mit eigenen Worten
- auf das Wesentliche verknappt und

- im richtigen Tempus dargestellt werden.

S.124, Anm.1: Die Analyse des Auszugs aus P.Süskind *Das Parfum* bezieht sich auf die Diogenes Taschenbuchausgabe (Nr.22800) aus dem Jahre 1994; der gewählte Ausschnitt beginnt daselbst auf S.54 mit „Nun roch er,..." und geht bis S.58: „...größte Parfumeur aller Zeiten". Die im Text verwendeten Zeilenangaben beziehen sich auf eine für schulische Zwecke neu formatierte, in dem genannten Abschnitt aber ungekürzte Passage.

S.130, Anm.1: Der zitierte Auszug findet sich auf S.106f. im Fischer Taschenbuch 1490: Heinrich Mann *Der Untertan*, Frankfurt a.M. 1996

S.149, Anm.1: Hier die komplette Abiturientenrede: **Lektion für die Lehrer**

Auf der Suche nach einer Perspektive: So ließen sich die Beiträge einer Abiturientin und einer Studentin resümieren, die wir in den letzten Wochen veröffentlichten. Nun erreichte uns eine Abiturrede, deren Verfasserin an die Berufserzieher appelliert
Wir blicken in keine rosige Zukunft. Keiner von uns hat das Gefühl, jetzt heraustreten zu dürfen, um die Welt zu erobern. Jugendlicher Überschwang, idealistische Begeisterung, Sturm und Drang, diese Begriffe passen auf uns nicht.
Wir sind nicht wie die Schülergeneration der Nachkriegsjugend, zu der viele von Ihnen, liebe Eltern und Lehrer, gehörten. Auch sind wir nicht zu vergleichen mit der Schülergeneration von 1968. Wir sind keine Protestler. Manche behaupten sogar, wir seien zu angepasst.
Wir feiern also unser Abitur unter ganz anderen Vorzeichen. Wir haben eine Hürde genommen – die erste. Darauf sind wir stolz. Aber unser Abiturzeugnis? Ein wertloser Berechtigungsschein. Für alle Lehrberufe, für alle Ausbildungsberufe gibt es Eignungstests und Wartelisten, für das Studium den Numerus clausus; die Arbeitslosigkeit bedroht auch uns – wir werden uns immer wieder

anstrengen müssen. Wir glauben nicht, dass wir alles erreichen können, was wir wollen. Wir haben ein äußerst unsicheres Verhältnis zu unserer Zukunft.

Ursache sind äußere Umstände, für die Sie, liebe Lehrer, nicht verantwortlich sind. Doch einen Punkt möchte ich hier anführen, der Sie betrifft. Wer sich in der Schule ernsthaft für ein Fach interessiert hat, wird sich leichter ein Ziel setzen können. Wer sogar erfahren hat, dass es *viele* interessante Fächer gibt, wird bereit sein, weiter zu lernen, zu vertiefen. Dieser Schüler wird auch nicht so schnell resignieren. In diesem Punkt nehmen Sie als Lehrer ganz entscheidend auf unser Leben Einfluss.

Ich behaupte, dass es keinen von vornherein desinteressierten Schüler gibt. Natürlich stumpfen wir im Schulbetrieb oft ab. Aber jedesmal, wenn wir in unserer Schulzeit ein neues Fach, einen neuen Lehrer bekommen haben, waren wir voller Erwartung, gespannt, was nun kommen würde. Ich behaupte, dass ein Lehrer, der seine Schüler von vornherein für einen uninteressierten Haufen hält, einen schweren, unentschuldbaren Fehler begeht. Gelangweilte Lehrer, abgestumpfte Schüler – ein Teufelskreis, der oftmals schon in der Mittelstufe begonnen hat. In der Oberstufe geht's dann auf das Abitur zu – Interesse ist da ein Luxus, den höchstens noch Religionslehrer für selbstverständlich halten.

Auch die Kameradschaftlichkeit, eine tolle Sache und ein sympathischer Zug vieler unserer Lehrer, ersetzt nicht, worauf es wirklich ankommt: dass Sie als Lehrer zu dem Fach stehen, das Sie schließlich selber einmal gewählt und studiert haben, dass Sie in den Schülern das gleiche Interesse wecken, das Sie dazu gebracht hat, das Fach, *Ihr* Fach zu studieren. (Mathematiklehrer wissen, dass Mathematik Spaß macht, 90 Prozent der Schüler wissen es nicht.) Sonst wäre es tatsächlich einfacher, wenn der Schüler das Schulbuch nimmt und es zu Hause durchliest.

Damit unsere Nachfolger nicht so denken, wünsche ich mir, dass Sie, liebe Lehrer, Stellung nehmen, und uns, die Neulinge, zu Ihrem Wissen hinführen. Um Schüler von einem Fach zu faszinieren, reichen Fakten nicht aus. Die Hintergründe und die Zusammenhänge

Ihres Gebietes müssen die Fakten anreichern. Und dazu gehört, die Schüler als mündige Menschen ernst zu nehmen.

Einen Lehrplan, der Sie langweilt, in anonyme Köpfe zu stopfen, ist sinnlos und fatal. Na klar, sagen Sie, wer will nicht den (unerreichbaren) Idealzustand! Ich möchte aber nicht nur ein paar schöne Ideen ausbreiten, ich möchte Sie bitten, das Verhältnis zu Ihrem Beruf ernsthaft zu überdenken: Wir können nichts dafür, wenn manche von Ihnen ihr eigenes Fach langweilt. Aber für uns geht es um alles: um unsere Einstellung zur Zukunft. Sie hatten die Macht, uns zu helfen, mit den düsteren Zukunftsprognosen fertig zu werden. Nicht wenige von Ihnen haben uns durch Ihr sachliches Engagement geholfen, unseren Weg zu finden. Oft, viel zu oft, wurden wir aber auch enttäuscht, abgeblockt, nicht ernst genommen, und ich glaube, wir sind ein eher deprimierter Jahrgang.

Die Lichtblicke werde ich jedoch nicht vergessen, und ich möchte allen Lehrern danken, die uns im Laufe der Schulzeit geholfen haben.

Birgit Jähnke 22. August 1986 , aus der ZEIT Nr. 35/1986

4.2 Weitere Materialien

4.2.1 Beispiele zur Lyrik

Beispielinterpretation   zu   Joseph   von   Eichendorff
„Mondnacht" (1837)

Es war, als hätt` der Himmel

Die Erde still geküsst,

dass sie im Blütenschimmer

von ihm nur träumen müsst.

Die Luft ging durch die Felder,

die Ähren wogten sacht,

es rauschten leis die Wälder,

so sternklar war die Nacht.

Und meine Seele spannte

Weit ihre Flügel aus,

flog durch die stillen Lande,

als flöge sie nach Haus.

Einleitung:

Joseph von Eichendorff (1788-1857) verfasste 1837 sein wohl berühmtestes Gedicht „Mondnacht" aus der Sicht eines lyrischen Ichs, das aus dem Empfinden einer schönen Naturstimmung sich selbst in Einklang mit der Natur fühlt.

Formanalyse:

Eichendorffs Gedicht umfasst drei Strophen zu je vier Versen, die durchweg im Kreuzreim (abab) gehalten sind, allerdings in Strophe eins und drei je eine Assonanz in der Reimbeziehung von Vers eins und Vers drei erkennen lassen. Gleichmäßig ist auch der durchgängige dreihebige Jambus; parallel zur Reimverbindung umfassen der erste und dritte Vers sieben Silben, also eine unvollständige Versendung, während der zweite und vierte Vers sechs Silben, also jeweils drei komplette Jamben umfasst.

Inhaltsangabe:

In Strophe eins dient der (frühere) Anblick der „Blüten" dem Ich zum Anlass eine enge Beziehung von Himmel und Erde zu assoziieren; Strophe zwei beschreibt den Zusammenhang von wolkenlosem Nachthimmel und sanftem Wind, der durch Felder und Wälder streicht. Strophe drei schildert dann das Empfinden des lyrischen Ichs, das „seelisch" eins mit der Natur geworden ist.

Interpretation:

Auffällig ist, dass der im Titel „Mondnacht" genannte Mond im ganzen weiteren Text nicht einmal mehr erwähnt wird. Die Titelmetapher lässt ja einen Vollmond erwarten, der die Nacht deutlich heller als gewöhnlich erscheinen lässt. Dass die Nacht tatsächlich „erleuchtet" ist, wird im Textverlauf jedoch lediglich in der Metapher „Blütenschimmer" (Strophe eins, Vers drei) sowie in dem Adverbial „sternklar" (Str.2, V.4) erkennbar. Die genannte Metapher verdeutlicht, dass der Schein des Mondes von den Blütenblättern reflektiert wird und damit eine Widerspiegelung des von Sternen und Mond gelieferten Lichtes bietet. An diesem Eindruck des Blütenschimmers setzt auch der Gedanke des lyrischen Ichs in Vers 1f. an: Die Kombination des vergleichenden „als" mit dem Konjunktiv II „hätt ... geküsst" verdeutlicht, dass dem Ich natürlich klar ist, dass die Personifikation von Himmel und Erde, die sich küssen, nicht der Realität entspricht; dennoch möchte das Ich durch das Bild des Kusses dem Leser veranschaulichen, dass die Berührung von Himmel und Erde am Horizont sowie der zarte Lichtschimmer von Sternen und Mond am Himmel und andererseits der Blütenblätter auf der Frühlings- oder Sommererde eine Ahnung der Harmonie in der Natur darstellt, die in der weiteren Personifikation in den Versen drei und vier „sie...nur träumen müsst" fortgesetzt wird.

Berücksichtigt man, dass Eichendorff sich im Laufe seines Lebens zum Katholizismus, letztlich zu einer innigen Gläubigkeit hingewandt hat, gilt es auch die Bewegungsrichtung zu beachten und in die Deutung einzubeziehen: Aktiv handelnd ist der „Himmel", der dann als Metonymie für Gott verstanden werden kann; seine Berührung wird als „still", also ruhig und zart beschrieben - hier gilt kein Zwang, keine Gewalt, hier gelten nur Harmonie und Liebe. Dementsprechend ist dann das Modaladverb „nur" zu berücksichtigen. „Nur", also ausschließlich vom Himmel, also von Gott, kann, nein „muss" die Erde, also der Mensch „träumen". Alles Denken und Empfinden gilt es also nach diesem Verständnis auf Gott auszurichten.

Ruhe und Zartheit der Berührung, das Fehlen von Härte und Gewalt, wird dann in Strophe zwei durch die Adverbialien „sacht"(V.2) und „leis" (V.3) erneut aufgegriffen, damit der Eindruck von Strophe eins unterstrichen. Dabei wird in Strophe zwei, Vers eins die „Luft" personifiziert; diese umgibt uns ja stets, wir brauchen sie zum Leben, ja können sie nicht entbehren; die Bewegungsform, die ihr zugeschrieben wird, ist „gehen", also eine vergleichsweise ruhige und bedächtige Fortbewegung, die es ermöglicht, die Umgebung genau zu betrachten und seinen Schritt so behutsam zu lenken, dass nichts auf dem Weg Befindliches zu Schaden kommen kann. Die Wirkung der Luftbewegung ist eine ebenso ruhige: durch den leichten Luftzug werden die Ähren, also die schweren Fruchtstände des Getreides, nur leicht und kaum merklich aus ihrer Position gebracht. An dieser Stelle nun lässt der Begriff „Ähren" erkennen, dass die vom lyrischen Ich geschilderte Situation eher im Sommer, also zur Reifezeit des Getreides handelt als im Frühjahr. Ebenso wie die Fruchtstände auf den Feldern werden auch die Zweige in den Wäldern durch den schwachen Wind nur leicht bewegt Diese Bewegung trägt auch lediglich zu einem kaum merklichen, die Ruhe und Harmonie nicht störenden Geräusch bei. Das „so" am Anfang des letzten Verses von Strophe zwei macht klar, dass das lyrische Ich einen Bedingungszusammenhang herstellt zwischen „sternklar", also der Tatsache, dass keine Wolken am Nachthimmel zu sehen sind, und der geringen Luftbewegung, die diese Nachtstimmung des Friedens und der Harmonie in der Natur charakterisiert.

Die Harmonie zwischen Himmel und Erde, die im ersten Vers der ersten Strophe formal mit dem vergleichenden „als" und einem Konjunktiv II dargestellt wird, findet im letzten Vers der dritten und letzten Strophe eine Entsprechung in der Harmonie, die das lyrische Ich zwischen sich und der Natur empfindet. Und auch hier legt Eichendorff seinem lyrischen Ich das vergleichende „als" und den Konjunktiv II als formales Mittel in den Mund und unterstreicht damit formal wie gedanklich die Nähe zwischen dem Anfang und dem Ende seines Gedichtes.

Gleich im ersten Vers der dritten Strophe bringt sich das lyrische Ich erstmals selbst mit ein, auffälligerweise aber nicht als Sinnenwesen, sondern als beseeltes Wesen: Die Personifizierung der Seele als eines beflügelten Wesens, das sich in die Luft erhebt und „durch die stillen Lande" fliegt, ist Symbol der Sehnsucht des lyrischen Ichs nach Harmonie mit der Natur. Dass dieses Gefühl aber nicht reiner Wunsch, sondern als Harmonieerfüllung für das lyrische Ich bereits einmal Realität geworden ist, lässt das Erzählpräteritum, das den Großteil des Textes beherrscht, erkennen: „Es war...", „Die Luft ging..." „meine Seele spannte..." verweisen durch die Wahl des Präteritum Indikativ Aktiv auf einen tatsächlichen Erlebensvorgang in der Vergangenheit, den das lyrische Ich als beglückend empfunden hat. Dieses Glücksgefühl wird in der schon benannten Personifikation der Seele deutlich: Wenn die Seele ihre Flügel „ausgespannt" hat, müssen diese vorher eng angelegt gewesen sein; eng angelegt aber ist ein Bild der Einschränkung, der Verkrampfung und Bedrückung, während das Entfalten der Flügel eine Befreiung, eine Entspannung, ja eine Entwicklung der Möglichkeiten darstellt. Das Bild des Flugs „durch die stillen Lande" ist dann das Bild des Eins-Werdens mit der Natur, der abschließende Vergleich im Konjunktiv II „als flöge ...nach Haus" macht dann klar, dass der „Flug" natürlich nicht nach Hause geht, aber in seiner Bedeutung dem nach Hause Wollen, also dem Streben nach Geborgenheit, Ruhe, Behaglichkeit und Erholung entspricht.

Insofern auch kann das Einswerden mit der Natur ein Weg sein, um für die von Gott verliehene „Seele" die Nähe zu Gott, als ihrem eigentlichen Zuhause, zu ermöglichen.

Exemplarischer Vergleich zweier Gedichte von Franz Werfel und Georg Trakl

Aufgabe: **1.** Analysiere und interpretiere den vorliegenden Text Franz Werfels unter besonderer Berücksichtigung des Verhältnisses von Titel und Text,
2. ehe du daran anschließend zu einer vergleichenden Darlegung der Verwendung von sprachlichen Mitteln und Inhalten in beiden Texten gelangst [komme dabei nach einer Einleitung zu beiden Texten und deiner Erarbeitung des Textes von Werfel (lineare Analyse und Interpretation mit abschließender Deutung der Verfasserintention) , zu einer vergleichenden Formanalyse, ehe du im steten Rückbezug auf deine Ergebnisse zum Text von Werfel die Übereinstimmungen und Unterschiede zu Trakl darstellst]

Franz Werfel (1890-1945) *Die Wortemacher des Krieges* (1914)

Erhabene Zeit! Des Geistes Haus zerschossen
Mit spitzem Jammer in die Lüfte sticht.
Doch aus den Rinnen, Ritzen, Kellern, Gossen,
Befreit und jauchzend das Geziefer bricht.

Das Einzige, wofür wir einig lebten,
Das Brudertum in uns das tiefe Fest,
Wenn wir vor tausend Himmeln niederbebten,
Ist nun der Raub für eine Rattenpest.

Die Tröpfe lallen, und die Streber krächzen,
Und nennen Mannheit ihren alten Kot.
Dass nur die fetten Weiber ihnen lechzen,
Wölbt sich die Ordensbrust ins Morgenrot.

Die Dummheit hat sich der Gewalt geliehen,
Die Bestie darf hassen, und sie singt.
Ach, der Geruch der Lüge ist gediehen,
Dass er den Duft des Blutes überstinkt.

Das alte Lied! Die Unschuld muss verbluten,
Indes die Frechheit einen Sinn erschwitzt.
Und eh nicht die Gerichts-Posaunen tuten,
Ist nur Verzweiflung, was der Mensch besitzt.

Georg Trakl (1887 – 1914) *Grodek* (1914)

Am Abend tönen die herbstlichen Wälder
Von tödlichen Waffen, die goldnen Ebenen
Und blauen Seen, darüber die Sonne
Düstrer hinrollt; umfängt die Nacht
Sterbende Krieger, die wilde Klage
Ihrer zerbrochenen Münder.
Doch stille sammelt im Weidengrund
Rotes Gewölk, darin ein zürnender Gott wohnt
Das vergossne Blut sich, mondne Kühle;
Alle Straßen münden in schwarze Verwesung.
Unter goldnem Gezweig der Nacht und Sternen
Es schwankt der Schwester Schatten
   durch den schweigenden Hain,
Zu grüßen die Geister der Helden,
   die blutenden Häupter;
Und leise tönen im Rohr die dunklen Flöten
   des Herbstes.
O stolzere Trauer! Ihr ehernen Altäre
Die heiße Flamme des Geistes nährt heute
   ein gewaltiger Schmerz,
Die ungebornen Enkel.

Interpretation zu Franz Werfel (1890-1945) *Die Wortemacher des Krieges* (1914)

Wie der Titel von Franz Werfels expressionistischem Gedicht *Die Wortemacher des Krieges* bereits deutlich macht, geht es in diesem Text um Menschen, die in der Lage sind mit Sprache gestalterisch umzugehen, konkreter: die Worte „des", also entweder zur *Beschreibung des* Krieges oder zur *Propaganda für* den Krieg `machen´. Daher kann man im Zusammenhang mit dem Erscheinungsjahr 1914 und unter Verweis auf den im Text ersichtlichen Kontrast zwischen der Ausschaltung des Verstandes und der Freisetzung niederer Instinkte als Deutungshypothese annehmen, Werfel möchte die Kriegstreiberei vor und zu Beginn des ersten Weltkrieges kritisieren.

Bereits der ironische Ausruf in Vers eins „Erhabene Zeit!" zeigt die kritische Distanz des lyrischen Ichs (vgl. 2.1 „wofür <u>wir</u>...") zu seiner Gegenwart. Bis zum Ende von 1.2 wird durch die Metapher „Geistes Haus" im Zusammenhang mit dem Partizip „zerschossen" in einem Bild der Gewalt deutlich, dass in dieser Zeit der Verstand nicht nur gestört, sondern völlig ausgeschaltet, weil gewaltsam vernichtet worden ist. Das Bild eines zerstörten Gebäudes wird durch das Attribut „spitzem" ebenso wie durch das Prädikat „sticht" (1.2) aufgegriffen, während das Bedauern des lyrischen Ichs über diesen Umstand am Nomen „Jammer" ersichtlich wird.

Das Adverb „Doch" zu Beginn von Vers drei leitet den Gegensatz zum Bild der Zerstörung aus den ersten beiden Versen ein: Es gibt nach wie vor Leben in der Zerstörung. Die vier aufgezählten Nomen „Rinnen, Ritzen, Kellern, Gassen" (1/3) lassen enge, feuchte, dunkle und schmutzige räumliche Gegebenheiten assoziieren, haben also alle einen eher abstoßend-negativen Anklang. Verstärkt wird dieser Eindruck durch das Subjekt „Geziefer" (1.4) , das an Kakerlaken, Kellerasseln o.ä. Tiere denken lässt, die für die meisten Menschen als Schädlinge gelten und ekelerregend wirken. Nach dem bislang Gesagten ist also der

`Ausbruch´ dieses Geziefers (1.4) erst durch die Ausschaltung des Verstandes („Geistes Haus") möglich geworden. Im Kontrast zum „Jammer" (1.2) wird hier die Haltung des Geziefers als „jauchzend", also hoch erfreut, dargestellt, mehr noch: als „Befreit", was bestätigt, dass die Zerstörung „Des Geistes Haus" (1/1) Voraussetzung für den Ausbruch des Geziefers gewesen ist. Das bedeutet, dass der Verstand als eine das Geziefer eindämmende Macht gewirkt hat . Und dies lässt die Schlussfolgerung zu, dass die Ausschaltung des menschlichen Verstandes Voraussetzung für die Freisetzung niederer Triebe im Menschen ist.

Der temporale Kontrast zwischen den Versen 2.1-3 (Präteritum: „lebten", „-bebten") und 2.4 (Präsens: „Ist") entspricht dem Gegensatz zwischen den Versen 1.1-2 und 1.3-4. Die Gruppe des „wir", hinter der auch das im wir eingeschlossene lyrische Ich erkennbar wird, hat intellektuell die Gemeinsamkeit („einig" 2.1, „Brudertum" 2.2) der Interessen aller Menschen hervorgehoben, ja sogar gefeiert („Fest" 2.2), und zwar als Gemeinschaft unabhängig davon, woran der jeweils andere glaubt („vor tausend Himmeln" 2.3). In der Gegenwart dagegen sei dieser von Toleranz geprägte Leitgedanke „Raub für eine Rattenpest" (2.4) . Der Begriff der Ratte konkretisiert das Nomen „Geziefer"; im metaphorischen Zusammenhang „Rattenpest" wird der ansteckende und tödliche Charakter („-pest") der Bedrohung durch das Geziefer deutlich. Mehr noch: Da dieser Gedanke bereits „Raub" geworden, also der „Rattenpest" in die Hände gefallen sei, ist die Ansteckung, konkret der Ersatz des Gedankens der Gemeinschaft durch niedere und ungeistig-irrationale Vorstellungen bereits unvermeidbar.

Nachdem nun in den ersten beiden Strophen die Zerstörung der Vernunftbasis in der Gesellschaft und deren Ersatz durch niedere Motive dargestellt worden sind, wendet sich das lyrische Ich strophenübergreifend von 3.1 bis 4.2 der Aufzählung solcher irrationaler Motive und Haltungen zu […]

Die Anaphern („Die...Die...) in 4.1 und 4.2 verweisen bereits formal auf einen engen Zusammenhang dieser beiden Verse, ein Zusammenhang, der auch durch den parallelen Aufbau und die Tatsache gestützt wird, dass der erste Satz in Strophe vier erst am Ende von 4.2 abgeschlossen wird. Geprägt werden diese zwei Verse zudem durch mehrere Personifikationen von z.T. abstrakten Begriffen. Deutlich wird so durch die Personifikation „Die Dummheit hat sich […] geliehen"(4.1), dass damit nicht eine einzelne Person, sondern eine Eigenschaft oder Haltung vieler gemeint ist, die Haltung nämlich nicht nachdenken zu wollen oder zu können und zugleich die Bereitschaft dieser dummen Personen, Entscheidungsbefugnisse , aber auch - erkennbar am Reflexivpronomen „sich" - Verfügungsmacht über die eigene Person abzutreten. Diese Deutung lässt sich auch durch den grammatischen Zusammenhang der Satzglieder in 4.1 belegen: Handelnde Figur, also Subjekt des (Aktiv-) Satzes, ist in diesem Fall „Die Dummheit" (wer oder was hat geliehen?). Die Aktivität des Subjekts besteht in dem Vorgang des ´Leihens´ ; das Reflexivpronomen (hier: „sich"), das stets einen grammatischen Rückbezug auf die handelnde oder sprechende Person angibt, verweist zudem darauf, dass nicht irgend ein Gegenstand oder gar Geld „geliehen" worden ist, sondern die eigene Person, also die „Dummheit". Zielfigur bzw. Adressat des Leihvorgangs, also Leihnehmer, ist das Dativ-Objekt (wem hat die Dummheit sich geliehen?) „der Gewalt". Das bedeutet, dass aufgrund dieses Leihvorganges die Dummen künftig das zu tun haben, was der Leihnehmer, also die hier ebenfalls personifizierte Gewalt, anordnet. Auch mit der Gewalt sind natürlich Menschen gemeint und zwar diejenigen, die gewaltbereit sind, worunter im Kontext dann in erster Linie die im Titel genannten „Wortemacher des Krieges" zu verstehen sind.

Der Begriff der „Bestie" (4.2) knüpft an die abwertenden Begriffe „Geziefer" (1.4) sowie „Rattenpest" (2.4) an; eine Bestie ist ein nur seinen Instinkten folgendes, gefährliches, weil jederzeit zum Töten bereites Lebewesen. Die Modalverbform „darf" (4.2) macht klar, dass die ebenfalls personifizierte „Bestie" die

Erlaubnis erhalten hat zu „hassen" (4.2). Nach dem zu 4.1 Gesagten kann diese Erlaubnis nur von der „Gewalt" gekommen und der „Dummheit" gewährt worden sein, wodurch ergänzend zur formalen anaphorischen Parallele zwischen 4.1 und 4.2 auch vom Sinn her die Gleichsetzung von „Dummheit" und „Bestie" ersichtlich wird. Den dummen Menschen wird also von den gewaltbereiten „Wortemachern des Krieges" zugestanden zu hassen, also sich von anderen emotional so stark zu distanzieren, dass an Gemeinschaft - wie das „Brudertum" (2.2) - nicht mehr zu denken ist. Vielmehr stehen abwertende Gefühle und Vorurteile im Vordergrund, die der „Bestie" helfen, sich besser und wertvoller zu fühlen als der der Verachtung preisgegebene Gegner. Die letzte Personifikation in 4.2 „[die Bestie] singt" betont die neue Gemeinschaft, die der hasserfüllten und manipulierten (dummen) Menschen.

In den letzten sechs Versen von Werfels Gedicht beklagt („Ach" 4.3) das lyrische Ich diese von Menschen nicht aufhebbare („Unschuld <u>muss</u>..." 5.1) und ausweglose sowie von „Verzweiflung" (5.4) geprägte Situation, aus der der Mensch erst durch das Gericht Gottes („[...] eh nicht die Gerichts-Posaunen tuten" 5.3) erlöst werden kann.

Zusammenfassend lässt sich sagen, dass die Deutungshypothese in der eingangs formulierten Weise nicht gänzlich zu halten ist. Zwar macht Werfel als Werthaltung klar, dass eine Orientierung an Gewalt und Hass, damit eine Befürwortung von Krieg falsch ist, und kritisiert insofern durchaus die im Titel genannten „Wortemacher des Krieges", also Menschen, die Propaganda für die Nutzung von Gewalt als Mittel der Politik machen. Andererseits verweist er darauf, dass es bereits vor der Kriegstreiberei vor und zu Beginn des ersten Weltkrieges eine rational begründete („Geistes Haus"), von Toleranz und Gemeinschaft geprägte alternative Haltung gegeben habe, der aber durch die Ausschaltung des Verstandes jegliche Basis genommen worden sei. Daraus resultiert für Werfel eine unumkehrbare, von Verzweiflung geprägte Situation, in der denn auch die zweite jegliche Handlung ausschließende Aussage des Gedichtes liegt: Die dummen und gewaltbereiten Menschen bilden eine solche Übermacht in der Gesellschaft, sind vernünftigen Erwägungen gegenüber so unerreichbar, dass der einsichtige Mensch selbst nichts mehr tun kann, um die Situation zum Besseren hin zu verändern. Die abschließende Aussage geht dann auch dahin, dass der Mensch sich seinem Schicksal ergeben muss und lediglich auf das Eingreifen Gottes hoffen kann.

Die vom Gedicht vermittelte Wirkung ist die, dass sich der Autor zum Zeitpunkt der Abfassung seines Textes in einem Zustand der verzweifelten Ohnmacht befunden hat, so dass die Wirkungsabsicht lediglich darin liegen kann vor weiteren Versuchen, eine Veränderung herbeizuführen, zu warnen.

[*Wichtig: Bei einem Textvergleich müsste die obige Darstellung verknappter erfolgen!!!*]

Vergleich

E: Im folgenden werde ich die zwei expressionistischen (1905-1920/25) Gedichte von Franz Werfel (1890-1945) *Die Wortemacher des Krieges* (1914) und Georg Trakl (1887-1914) *Grodek* (1914) vergleichend analysieren und interpretieren. Beide Texte sind im Jahr des Ausbruchs des ersten Weltkriegs entstanden und setzen sich als politisch ausgerichtete Lyrik mit den Gegebenheiten kurz vor bzw. zu Beginn dieses Krieges auseinander. Bei Werfel beklagt das lyrische Ich insbesondere die unaufhebbare von den „Wortemachern des Krieges" geschürte Irrationalität, Trakl dagegen stellt seinen Text aus einer nicht erkennbaren, jedoch von tiefer Trauer und Melancholie geprägten Perspektive dar; diese Trauer gilt Leiden und Sterben so vieler Menschen in der Schlacht von Grodek.

[*an dieser Stelle müsste jetzt bei dem Aufgabenformat: Textvergleich, die Analyse und Interpretation des ersten Textes vorgenommen werden; das oben vorgelegte Interpretations-*

beispiel zeigt allerdings von der Differenziertheit der Erarbeitung eher die Tendenz einer Einzelanalyse an, müsste also für das Format „Vergleich" reduzierter auf das Wesentliche ausgeführt werden]

Vergleichende Analyse der äußeren Form: Im Unterschied zu der klar strukturierten, in fünf gleichbleibend vierversige mit Kreuzreimen und fünfhebigen Jamben versehenen äußeren Form des Gedichtes von Werfel gestaltet Trakl seine Ausführungen in einem 17versigen Strophenblock ohne Reim und ohne einheitliches Metrum. Hier lässt sich annehmen, dass Werfel Zeit und Muße zur auch formalen Gestaltung seines Textes hatte, Trakl diese Zeit aber entweder nicht gehabt hat oder ihm diese Form nicht so wichtig gewesen ist.

Vergleichende Analyse von sprachlichen Mitteln und Inhalt: Während der Titel des Textes von Werfel unmittelbar interpretierbar ist, sagt dem nicht informierten Leser der Titel des Gedichtes von Trakl: *Grodek* , zunächst nichts; erst wenn man weiß, dass Grodek der Schauplatz einer Schlacht zu Beginn des ersten Weltkrieges gewesen ist und Trakl infolge der von ihm dort miterlebten Ereignisse gestorben ist, bekommt man einen Anhaltspunkt für das Verständnis des Textes.
Beide Autoren nutzen eine Fülle von sprachlichen Bildern für die Gestaltung der von ihnen intendierten Inhalte. So sind Werfels Inhalte eher in einem von negativen räumlichen (Haus, Keller, Gossen...) Gegebenheiten geprägten Umfeld zu verorten, dagegen ist Trakls Gedicht eher in einem Naturraum (Wälder, Ebenen, Seen, Weidengrund, Rohr...) anzusiedeln. Diese Orte sind bei Trakl häufig mit positiv anmutenden Attributen (Herbstlich, golden, blau...) versehen, die den Eindruck einer schönen, friedlichen und lebenswerten Welt entstehen lassen. Wie bei Werfel entsteht Wirkung so durch Kontrastierung. Bei Werfel liegt der Hauptkontrast zwischen der verstandesgeprägten und einer irrationalen Haltung, wohingegen bei Trakl der positiven Schilderung der

Natur die negative Wirkung menschlichen Handelns (tödliche Waffen, sterbende Krieger, zerbrochene Münder etc.) gegenübersteht. Dass die Natur dieses zerstörerischen Handeln von Menschen ablehnt, zeigt die Personifikation „Sonne düstrer hinrollt", durch die der Eindruck einer verstimmten Nachdenklichkeit der Sonne in Bezug auf menschliches Handeln entsteht. Das Prädikat „umfängt" vermittelt zudem den Eindruck einer Fürsorglichkeit und von Mitleid, die vom Subjekt „die Nacht", ebenfalls einer personifizierten Naturerscheinung, ausgeht, eine Fürsorglichkeit und Rücksichtnahme, die den sich gegenseitig umbringenden Menschen fehlt. Hier wird bereits deutlich, dass Werfel und Trakl in ihrer Ablehnung von Gewalt übereinstimmen. Anders als Werfels lyrisches Ich, das das ohnmächtige Ausgeliefertsein an die gewaltbereiten Wortemacher des Krieges beklagt, ohne dabei auf konkrete Gewalttaten einzugehen, stehen in Trakls Text die unmittelbaren Folgen und Auswirkungen von Gewalthandlungen im Mittelpunkt, wenn er z. B. in Vers 5f. bzw. in V.13 „Sterbende Krieger, die wilde Klage Ihrer zerbrochenen Münder" sowie „blutenden Häuptern" schwerste Verletzungen und damit Leid und Schmerz der betroffenen Soldaten anschaulich macht. Ebenso weist er in V.10 und 17 durch die Metaphern „schwarze Verwesung" sowie „ungeborenen Enkel" nicht nur auf den elendigen Tod vieler junger Soldaten hin, sondern auch darauf, dass diese nie mehr die Gelegenheit haben werden, Kinder in die Welt zu setzen und damit auch Enkel hervorzubringen. Angesichts dieser Umstände gelangt dann auch Trakl dazu sich auf den menschlichen Verstand zu beziehen. Im Unterschied zu Werfel, für den der Verstand zerstört und ohnmächtig dem kriegstreiberischen Handeln zusehen muss, vermag Trakl noch „Die heiße Flamme des Geistes" (V.16) auszumachen. Der „Schmerz" (V.16) über das Leiden und Sterben sowie die unvorstellbar grausame Vernichtung von Lebenschancen führt nicht nur zu einem Verstummen der Natur, das in der Personifikation „schweigenden Hain" deutlich wird, sondern auch, durch die vierfache Alliteration auf „sch-" in Vers 12 hervorgehoben, zu einer Störung des Gleichgewichtssinnes der ja berufsbedingt Schlimmes gewohnten (Kranken-) "Schwester".Außerdem trägt dieser Schmerz zu einem Auflodern der metaphorisch gefassten Geistesflamme bei. Von daher gestaltet auch Trakl - wie Werfel - einen Gegensatz zwischen den Gewalthandlungen der Menschen einerseits und andererseits dem, was der Verstand nahelegt. Jedoch erscheinen der Verstand und sein Auflodern, wie bei Werfel, eher ohnmächtig: Er kann auch bei Trakl das irrational-zerstörerische Handeln nicht verhindern. Eine weitere Parallele besteht darin, dass beide Autoren sich auf Gott beziehen. Für Werfel stellt Gottes Eingreifen („die Gerichts-Posaunen tuten" 5.3) die einzige Hoffnung für die Menschen dar, sich aus der Verfügungsgewalt der „Wortemacher des Krieges" lösen zu können. Im Unterschied dazu verweist Trakl lediglich auf die dem Handeln der Menschen ablehnend gegenüberstehende Haltung dieser höheren Macht, wenn er in V.8 davon spricht, dass „Rotes Gewölk", also der entweder von der untergehenden Sonne oder von dem Feuerschein menschlicher Waffen beleuchtete Himmel, der Ort sei, „darin ein zürnender Gott wohnt". Für diese Ablehnung spricht das Attribut „zürnender"; die Verortung „darin" spricht dennoch für eine gewisse Abgeschlossenheit und Distanz dieses Gottes zu den Menschen. Daraus erklärt sich auch, dass dieser Gott an keiner Stelle des Textes eingreift und sich dem Handeln der Menschen entgegenstellt, so dass auch das Vorhandensein und der Zorn Gottes für Trakl, anders als für Werfel, keine Hoffnung mehr auslöst.

Vergleichende Deutung der Verfasserintention: Beide Autoren gehen von einer Haltung der Verzweiflung aus, beide beklagen die Situation ihrer Zeit und beide wollen deutlich machen, worin sie die Problemlage sehen. Während diese für Werfel insbesondere in der Übernahme der Macht durch Kriegstreiber liegt, wodurch er vernünftig abwägendes Denken ausgeschaltet und mit der Förderung von Hass- und Gewaltbereitschaft den Krieg vorbereitet sieht, liegt die Problematik für Trakl im bereits begonnenen Krieg. Von daher ist es Trakls Anliegen Brutalität, Leid, Schmerz und Konsequenzen der grausamen Kampfhandlungen mitzuteilen. Beide Autoren vermitteln zudem das Gefühl von Ohnmacht und Unabänderlichkeit der Situation, die für Werfel allenfalls durch das Eingreifen Gottes noch zu retten ist. Anders als bei Werfel ist bei Trakl zwar die „Flamme des Geistes" nicht ausgelöscht, aber dennoch wirkungslos und ohnmächtig, so dass weder vom menschlichen Geist noch von Gott eine Veränderung der Gegebenheiten zu erwarten ist.

4.2.2 Beispiele Dramatik

Exemplarische Analyse und Interpretation zu Schillers *Kabale und Liebe*

Im vorliegenden Auszug (4.Akt, 7.Szene; S.67, Z.37 bis S.70, Z.15) aus Friedrich Schillers (1759-1805) bürgerlichem Trauerspiel *Kabale und Liebe* (1784) versucht die Lady in einem Dialog mit Luise durch verschieden Angebote (Stelle, Geld) und Drohungen Luise von ihrer Liebe zu Ferdinand abzubringen. Im Gesamtzusammenhang des Schauspiels geht es um die unstandesgemäße Liebe zwischen dem Adeligen Ferdinand von Walter und der bürgerlichen Musikertochter Luise Miller, die durch Kabalen bedroht ist: Der Präsident des Herzogtums, Ferdinands Vater, und sein Sekretär Wurm wollen Ferdinand, zur Absicherung ihrer Machtposition am Hofe des Herzogs, mit dessen Favoritin, der Lady Milford, verheiraten und haben zu diesem Zweck eine teuflische Intrige durchgeführt.

In der vorliegenden Szene hat die Lady im Wissen um die Liebe zwischen Ferdinand und Luise letztere zu sich rufen lassen. Nachdem sie zunächst versucht hat, sie - unter dem Vorwand, es gebe einen Gönner und auch sie wünsche Luises Glück - mit dem Angebot einer Stelle als ihr Kammermädchen zu ködern, ein Angebot, das Luises Misstrauen weckt, wird schließlich im Gesprächsverlauf deutlich, dass dies Angebot nur ein Vorwand gewesen ist, dass es aber tatsächlich um Ferdinand geht, den beide Frauen lieben.

Die Lady empfängt Luise in ihrem prächtigsten Saal und hat sich besonders reich ankleiden lassen - offenbar um Luise den Kontrast zwischen ihnen beiden deutlich vor Augen zu führen, wie ihr Kammermädchen Sophie "boshaft" (Regieanweisung S.64, Z.28) bemerkt.

Während des gesamten zu analysierenden Gesprächs zeigt sich nun aber ein deutlich umgekehrter Kontrast: Nicht die reich ausgestattete Lady erscheint stolz und selbstbewusst, sondern Luise, die schon in der ersten auf sie bezogenen Regieanweisung als "gelassen und edel" (S.67, Z.42) bezeichnet wird, Attribute, die man eher beim Adel vermutet. "Gelassen" signalisiert hier Luises Sicherheit hinsichtlich ihrer Gefühle, ihres Wissens und Wollens, das zweite Attribut "edel" zeugt gerade nicht von Egoismus, sondern von einer Haltung der Distanz auch zu sich selbst, wenn sie auf die drohend vorgetragene Forderung der Lady reagiert, ihr zu erklären, warum sie die ihr angebotene Stelle ablehnt. Dass Luise keine dumme und launenhafte junge Frau ist, zeigt in ihrer Antwort das weitere Attribut "ernsthaft" (S.68, Z.6), mit dem deutlich wird, dass Luise kein Spiel vorspielt, sondern meint, was sie sagt. Gleich zu Beginn ihres Monologs macht sie klar, was sie von der Drohung der Lady hält: "Ich fürchte ihre Rache nicht, Lady" (S.68, Z.2). Luises Haltung in dieser Szene ist geprägt von der kaum noch zu verschlimmernden Situation, in der sie sich befindet: Um ihren Vater zu retten, hat sie sich zwingen lassen, einen vorgetäuschten Liebesbrief an den Hofmarschall von Kalb zu schreiben und durch einen heiligen Schwur bestätigt, dass sie diese Täuschung niemals offenbaren werde. Luise ist klar, dass sie damit ihren geliebten Ferdinand endgültig verloren hat. Zu diesem Zeitpunkt sind ihre Eltern immer noch gefangen. Sie ist allein und auf dem Höhepunkt ihrer Verzweiflung. Ihre Furchtlosigkeit angesichts ihres Schicksals lässt sie die Fragehaltung umkehren und die Gesprächsdominanz erlangen, wenn sie nun ihrerseits zu erforschen sucht, welche Beweggründe die Lady hatte "sich zur

Schöpferin meines Glücks aufzuwerfen" (S.68, Z. 10f). Dieses Glück in Gestalt Ferdinands sieht Luise aber ebenso als verloren an wie die Gnade Gottes, der "dem Blick der Erschaffenen ihre Strahlen verbirgt" (S.68, Z.15f); Luise glaubt, dass für sie kein Glück mehr möglich ist, wenn die "Strahlen" von Ferdinands Liebe nicht mehr auf sie fallen oder das Leben ihres Vaters in Gefahr ist. Daher möchte sie von der Lady erfahren, eingeleitet durch eine Reihe von Gegensatzpaaren wie "grausam-barmherzig" (S.68, Z. 18), "Glück...Elend...Wonne...Verzweiflung" (S.68, Z.19f), ob sie "glücklich" sei (S.68, Z.28) und ob sie ihr, wenn sie ihre Mutter wäre, "zu dem Tausche" ihrer Positionen raten würde. Ihre Klugheit und Menschenkenntnis - trotz ihrer Jugend - erweist sich der Lady, als Luise ihr "folgt" (S.68, Z.29), um ihr die o.g. Frage zu stellen, ob sie glücklich sei; zugleich zeigt sich hier endgültig das Scheitern der Absicht Lady Milfords, Luise durch den Glanz des Hofes zu blenden und einzuschüchtern. Unterstrichen wird Luises Selbstbewusstsein und ihre Gesprächsdominanz auch durch die Regieanweisung "fein und scharf ihr in die Augen sehend" (S.68, Z.40): Luise wendet also nicht schüchtern den Blick ab, wenn sie die viel höher gestellte Lady anschaut; im Gegenteil, sie fixiert sie, aber nicht verletzend, sondern "fein" (s.o.), sie hält diesen Blick nicht nur aus, sondern zwingt die Lady durch dessen Intensität und ihre Worte "Es sollte mich doch wundern, Mylady, wenn Sie jetzt erst auf diesen Lehrer fielen" (S.68, Z.40f) sich abzuwenden und aufzuspringen (S.69, Z.1). Klar wird hier durch den Bedingungssatz mit "wenn" und durch die Verwendung des Konjunktiv II Irrealis: "fielen", dass Luise an einer situativen Eingebung der Lady zweifelt, dass sie ihr vielmehr unterstellt, von vornherein gewusst zu haben, dass dieser "Lehrer" Ferdinand ist und dass es in dem Gespräch nicht um ein Stellenangebot, sondern um die Rivalität beider Frauen um Ferdinand geht. Auch als die Lady dies zugibt und sich auf Drohungen verlegt, lässt Luise sich nicht einschüchtern, sondern bleibt "standhaft" (S.69, Z.10) gegenüber diesem Hochmut der Adeligen. Luises Menschenkenntnis erweist sich dann auch darin, dass sie an dem "Toben" (S.69, Z.4) der Lady erkennt, dass hier ein anderer Mensch liebt und um seine Liebe kämpft wie sie selbst; weil die Lady in dieser Situation Gefühle zulässt und zeigt, empfindet Luise Sympathie für sie, was sie mit den Worten "ich liebe Sie um dieser Wallung willen, Mylady" (S.69, Z.26f) ausdrückt. Als sich die Lady aber in ihrer Verzweiflung herablässt, Luise mit Schmuck bzw. Geld bestechen zu wollen, reagiert Luise "voll Befremdung", weil sie dies Verhalten überhaupt nicht versteht, aber zugleich zu ahnen beginnt, dass die Lady an der Kabale durch Wurm und den Präsidenten "im Ernst keinen Anteil gehabt" hat.

Die Regieanweisung S.69, Z.41ff legt dann nahe, dass Luise diese Einschätzung der Lady zu einem Gegenplan nutzen will, mit dem sie trotz ihrer "Ohnmacht" (S.69, Z.40) - also ihrer Gebundenheit an den Eid, Ferdinand nichts über die Falschheit des Briefes sagen zu dürfen - etwas in ihrem Sinn und die Kabale Vereitelndes bewirken will. Die in der Regieanweisung geschilderte Haltung: "sieht sie starr und bedeutend an" (S.69, Z.42), erinnert an die von Machtbewusstsein geprägte Haltung der Lady zu Beginn des Auszuges, als diese Luise "starr in die Augen" (S.67, Z.37) geschaut hat. Luise hat in diesen wenigen Augenblicken, in denen sie von den Regieanweisungen als "gedankenvoll" (S.69, Z. 41) geschildert wird, den Plan gefasst, mit dem sie eine Verbindung zwischen Ferdinand und der Lady verhindern kann: Luise geht davon aus, dass die in ihren Augen empfindsame, Ferdinand selbst ja auch liebende Lady nicht ertragen könnte, Ferdinand von ihrer Rivalin quasi geschenkt zu erhalten und ebenso wenig immer daran denken zu müssen, dass ihre eigene Liebe, die der Lady, nur durch den Selbstmord Luises möglich geworden ist. Erst nachdem Luise der Lady ihren Selbstmordplan mitgeteilt hat, wird an der letzten Regieanweisung der Szene "sie stürzt hinaus" (S.70, Z.15) zum ersten Mal eine starke, auch nach außen ersichtliche Emotion Luises in dieser Szene erkennbar. Die Auseinandersetzung mit der Lady hat sie - nach außen gelassen bleibend - überstanden, aber der Gedanke Ferdinand zu verlieren und zugleich das

188

gottgegebene Geschenk des Lebens durch Selbstmord wegzu-werfen, berühren sie so sehr, dass Luise nicht länger selbstbe-herrscht bleiben kann, sondern ihre Gefühle durch Davonlaufen ausdrücken muss.

Im Kontrast zu Luises gleichbleibend selbstbewusster Haltung erscheint die Lady laut Regieanweisungen sehr schwankend in ihrer Gefühlslage. Während sie zu Beginn, trotz "großer innerer Bewegung" (S.67, Z.35) noch recht selbstbewusst auf Luise zugeht "und ihr starr in die Augen" (S.67, Z.37) blickt, offenbar um ihr durch die Festigkeit ihres Blickes Rangunterschied und Stärke zu signalisieren, verändert sich diese Haltung am Ende ihres ersten Dialogparts, wo der Ton des von ihr Gesagten als "drohend" (S.67, Z. 41) charakterisiert wird. Schon das Attribut "starr" verdeutlicht die Anstrengung, die es die Lady kostet, Luise so zu fixieren; dass sie kurz darauf zu einer "drohend[en]" Haltung Zuflucht nimmt, zeigt bereits, dass sie gegen die liebend-selbstbewusste Haltung Luises kein anderes Mittel zu haben glaubt, als die Macht ihres hohen gesellschaftlichen Ranges. Die Lady kann Luises Ablehnung der ihr angebotenen Stelle nur mit einer Haltung erklären, welche ihr "meine Dienste besonders abscheulich malt" (S.67, Z.40) und so möchte sie nun mit allem Nachdruck der Drohung, die sie in die Modalverbform "muss" (S.67, Z.41) legen kann, von ihr hören, wie Luise ein solches Angebot ablehnen kann. Wie emotional bewegt und hilflos sich die Lady angesichts der verzweifelten Worte Luises fühlt, zeigt sie, als sie Luise "schnell und betroffen" "verlässt" (S.68, Z. 28f). Die Lady hält es in der Nähe dieses jungen Menschen nicht länger aus, ist von ihren Worten zutiefst erschüttert, was durch die nächste Regieanweisung ersichtlich wird, derzufolge sich die Lady "heftig bewegt in den Sofa" (S.68, Z.36) `wirft´. Die Lady hat sich nicht mehr unter Kontrolle, wie schon an früheren Stellen zeigt sich ihre Gefühlslage deutlich an ihrem Verhalten, hier an der als "Wurf" charakterisierten Bewegung aus dem Stand in das Sofa; es hält sie nicht mehr auf den Beinen, eine innere Energie zwingt sie sich - gegenüber Luise - in eine niedrigere Position fallen zu lassen. Ähnlich räumlich-körperlich drückt sie ihre Unfähigkeit, sich emotional zu zügeln, in der nächsten Regieanweisung aus: Die Lady "springt auf" (S.69, Z.1), wodurch auch deutlich wird, dass sie innerlich zutiefst beunruhigt ist, nicht mehr ruhig an einem Platz bleiben kann. Auf der sprachlich-inhaltlichen Ebene gesteht sie Luise mit den Worten "weil ich ihr doch nicht entwischen kann" (S.69, Z.1f) ihre Unterlegenheit. In den folgenden klimaktisch gestalteten Passagen öffnet die Lady das Gespräch auf seinen wahren Grund hin, wenn ihr in abgehackter Form herausrutscht: "Ich kenn ihn - weiß alles - weiß mehr, als ich wissen mag", steigert sich dann, ebenfalls in Form einer Klimax, in eine "Heftigkeit, die nach und nach bis zum Toben steigt" (S.69, Z.4f). Hier erst wird klar ausgesprochen, dass es in dem dialogischen Ringen der beiden Frauen um Ferdinand geht. Die Lady kann sich, wie die Charakterisierung dieses Sprechens als "Toben" erweist, nicht mehr beherrschen, zeigt, dass sie emotional geradezu besessen von dem Verlangen ist, Ferdinand für sich zu gewinnen und so droht sie Luise, sie sei "verloren" (S.69, Z.9), wenn sie Ferdinand nicht aufgibt.

Als die Lady - auch durch die Worte Luises, welche sie aufgrund ihrer gezeigten Gefühle als Menschen betrachtet und nicht mehr nur als Standesperson - "sich jetzt gefasst hat" (S.69, Z. 28), verlegt sie sich auf Schmeicheleien, wie z.B. "O Luise, edle, große, göttliche Seele", sucht sie durch Reichtum zu bestechen, indem sie sie anfleht "Dein sei alles, aber entsag ihm" (S.69, Z.35f).

Die Lady erniedrigt sich hier quasi vor Luise, um zu erreichen, dass durch Luises Verzicht auf Ferdinand der Weg frei wird für eine wechselseitige Liebe von Lady und Ferdinand, die sie aber nicht erzwingen will und kann.

Anfängliches und unausgesprochenes Gesprächsziel der Lady ist es, Luise durch das Angebot einer Stellung am Hofe in ihre Abhängigkeit zu bekommen und sie so als Rivalin um Ferdinand auszuschalten.

Luise dagegen, die aufgrund der Tatsache, dass sie - um ihren Vater zu retten - sich hat zwingen lassen, den falschen Liebesbrief an von Kalb zu schreiben, will der Lady nur noch ihren verbliebenen Bürgerstolz und ihre Verachtung der Moral und Heuchelei des Hofes und auch der Lady entgegenhalten.

Erst als die Lady sich von Luises Vorwurf, das Stellenangebot als Vermittlung von Lebensglück für Luise sei nicht aufrichtig gemeint, sondern ein bloßer Vorwand, in die Enge getrieben fühlt und Ferdinand als wahrer Grund des Gespräches offenbar wird, wird erkennbar, dass das Ziel der Lady ist, Luise mit allen Mitteln dazu zu bewegen, auf Ferdinand zu verzichten. Luise dagegen will der Lady deutlich machen, dass die Liebe zwischen Ferdinand und ihr nicht nur wechselseitig ist, sondern dass es hier um "zwei Herzen, die Gott aneinanderband" (S.70, Z.4f) gehe, also um etwas, das bedeutsamer ist als die von Menschen gesetzten Standesgrenzen, etwas, das Menschen, auch die Lady, nicht zerstören können und dürfen. Luise appelliert damit am Ende durchaus auch an den Glauben der Lady an eine höhere Ordnung Gottes, dem es nach Luises Worten "nicht gleichgültig sein [wird], wenn man Seelen in seinen Händen mordet" (S.70, Z.9f); ebenso aber appelliert sie auch an die mitfühlende Menschlichkeit der Lady, wenn sie ihr verdeutlicht, dass ihr Verhalten - und hier unterstellt sie ihr doch noch eine Teilhabe an der Hofkabale - Luise in den Selbstmord treibe.

Exemplarischer Vergleich zweier Auszüge aus Goethes Faust – der Tragödie erster Teil

Aufgabe: Vergleichen Sie die formale Gestaltung und inhaltliche Ausrichtung der Verse (Text 1:) 1178-85/1194-1201 und (Text 2:) 1583-1606!

1) Einl.: Die beiden vorliegenden Textpassagen stammen aus Johann Wolfgang Goethes (1749-1832) 1808 veröffentlichtem Schauspiel `Faust - der Tragödie erster Teil´, das in den Jahren

von 1772/73-1806 entstanden ist. Goethe stellt in diesem überwiegend dialogischen Werk die unerfüllten Hoffnungen Fausts als Motiv für seine Lösung von den Wissenschaften und seine Bereitschaft, sich der Magie zuzuwenden, dar. Faust, dessen Streben nach Erfassen dessen, "was die Welt im Innersten zusammenhält" , geht, verstrickt sich durch seinen Pakt mit Mephisto in ein oberflächliches Leben und letztlich in die Schuld, das gottesfürchtige Gretchen von der rechten Bahn abgebracht und ins Unglück gestürzt zu haben. Der im Jahre 1800 entstandene Text 1 schildert im Monolog Fausts neu aufkeimende Hoffnung, die sich nach seinem durch das Ostergeläut abgebrochenen Selbstmord und dem Osterspaziergang, bei dem er Mephisto in Pudelgestalt mitgebracht hat, auf Gottes Liebe, auf Hoffnung und Vernunft stützt. Der 1788 entstandene Text 2 zeigt im Gegensatz dazu Faust während eines Dialogs mit Mephisto wieder in düsterer Stimmung. Da er es erneut nicht geschafft hat, einen Geist - in diesem Fall: Mephisto - zu halten, ist er verzweifelt und lebensmüde, verflucht alles Hoffen, Glauben, Lieben und auch die Geduld.

2.1 Vergleich der äußeren Form und ihrer Funktion für den Inhalt

Der zu untersuchende Text 1 besteht aus zwei Strophen zu je acht Versen, die im Kreuzreim gehalten sind und einen regelmäßigen, vierhebigen Jambus (Knittelvers) aufweisen; die Verse eins, drei, fünf und sieben haben jeweils ein katalektisches Versende. Diese regelmäßige Gestaltung erinnert an den feierlichen Vortrag der Erzengel im `Prolog im Himmel´ und unterstützt in ihrer Gleichmäßigkeit die positive Stimmung Fausts nach seiner Rückkehr aus `Feld und Auen´. Auch der 24 Verse umfassende Text 2 verwendet einen durchgängigen Kreuzreim und einen vierhebigen Jambus mit regelmäßig (Verse: 1, 3, 5, ...) vorhandenem katalektischen Versende. Trotzdem ist hier eine völlig andere Stimmung festzustellen, die ganz deutlich in der andersgearteten stilistischen Gestaltung der beiden Texte begründet liegt, aber auch schon im formalen Bruch des Metrums im Höhepunkt der Passage in den Versen 1603-1605 (jeweils ein Daktylus + dreihebiger Trochäus) zum Ausdruck kommt.

2.2 Analyse und Interpretation von T 1

Goethes Einstieg mit dem Verb `Verlassen...´ könnte zunächst eine negative Gestimmtheit erwarten lassen. Diese Erwartung wird jedoch bereits in Vers 1179 durch die Metapher `tiefe Nacht´ und die von ihr bestimmten Personifikationen modifiziert. Die Metapher verdeutlicht zunächst , dass der von Faust verlassene Naturbereich von `Feld und Auen´ nicht mehr so positiv gesehen wird wie im Eingangsmonolog (vgl. Vers 418:" Flieh! Auf! Hinaus ins weite Land!"); denn `Nacht´ selbst bedeutet ja Dunkelheit, also eine visuelle Wahrneh-mungseinschränkung, die Unsicherheit auslösen kann; da eine `Nacht´ normalerweise nicht `tief´ ist wie z.B. Wasser, sondern eher eine bestimmte Dauer hat, verstärkt das Adjektiv-Attribut hier den Eindruck undurchdringlicher Dunkelheit, wodurch `Feld und Auen´ für das dramatische Ich Faust nicht mehr eben als angenehme Aufenthaltsorte gelten können. Da zudem die Metapher `tiefe Nacht´ durch die angeschlossene Verbform `bedeckt´ zur Personifikation erweitert wird, erscheint diese `Tätigkeit´ der Nacht als eine Handlung, die Fausts Weggang aus der Natur provoziert hat; auch für das in 1180f. Genannte, hyperbelartig wirkende Gefühl (`heil`gem Grauen´) erscheint die personifizierte Nacht ("Nacht...weckt") als Auslöser. Auffällig ist das genannte Gefühl zudem, weil es gedanklich die Verbindung zweier Gegensätze (heilig - Grauen) darstellt (Oxymoron). Dies insofern sehr gemischte, zugleich Nähe wie Trennung erheischende Gefühl ist aber nun seinerseits Auslöser für eine *entscheidendere* Veränderung, die ebenfalls durch die Tätigkeit (`weckt´) der Nacht hervorgerufen worden ist: Die Weckung der `bessren Seele´! Auffällig ist, dass hier ein

193

Komparativ ('bess*rer*'), Verwendung findet, der nahelegt, dass es auch eine schlechtere Seele gibt, die offensichtlich vorher in Faust vorherrschend gewesen sein muss, wenn es denn nötig gewesen ist, die 'bessre' zu 'wecken'. Aus dem Kontext wissen wir um die deprimierte Stimmungslage Fausts vor dem Läuten der Osterglocken, einer Stimmungslage, die ihn schon zum Selbstmord treiben wollte. Diese depressive Phase und Gestimmtheit ist nun überwunden, eine neue Gestimmtheit mit positiverer Haltung zum Leben tritt nun wieder für Faust in den Vordergrund. (...)

2.3 Vergleich der beiden Texte

Während in Text 1 eine ruhige und ausgeglichene Stimmungslage - vorwiegend durch positiv gefärbte Metaphern und Personifikationen unterstützt, die Fausts neuen Mut und Lebenswillen zeigen - dominiert, ist der Grundton in Text 2 geprägt durch die emphatische Sprechweise Fausts, die durchweg düster wirkt. Eingeleitet wird der Text durch einen Konditionalsatz, in dem Faust an den vorher geäußerten Vorwurf Mephistos anknüpft, Faust habe letztlich doch vor dem Selbstmord zurückgeschreckt (1579f.), und in Form einer Synästhesie ('süßer Ton') die Ursache seines Stockens nennt, diesen auf den ersten Blick anziehend und zustimmend erscheinenden akustischen Sinneseindruck aber sogleich als 'kindliches Gefühl' und noch stärker in Vers 1586 durch die Verbform 'betrog' abwertet. Faust bedauert also inzwischen, verleitet durch die Osterglocken, nicht doch Selbstmord begangen zu haben, und nimmt diese 'Verführung' zum Weiterleben als Anlass, in ständig sich steigernder emphatischer Sprechweise alles ihm bisher Teure zu 'verfluchen'. 'Fluch', 'verfluchen' und 'fluch' sind denn auch die zentralen Begriffe, die in ihrer Negativität deutlich den Unterschied zu Text 1 markieren. Dies gilt auch für die in Text 2 ebenfalls häufig verwendeten Metaphern und vor allem Personifikationen: Faust möchte zeigen, dass er nicht aus sich heraus vor dem Selbstmord zurückgeschreckt ist, also auch nicht bezichtigt werden kann, am Leben zu hängen, denn ein `Ton zog ihn´ , ein `Ton betrog´ ihn, d.h. er sieht eine äußere Macht, die in sein Leben eingegriffen hat. Damit erfasst Faust auch an dieser Stelle - scheinbar intuitiv - die Existenz einer transzendenten Welt, die Einfluss auf sein Leben nimmt. Während Faust in Text 1 aus dieser Einsicht die Konsequenz einer Hinwendung zum Wort Gottes gezogen hat, wendet er sich nun von Gott ab. Die Gedanken an die christliche Heilserwartung, an die Liebe Gottes, die in Text 1 noch Hoffnung in Faust ausgelöst haben, erscheinen in Text 2 in mehreren Metaphern als `Lock- und Gaukelwerk´ bzw. `Blend- und Schmeichelkräfte´, also als Einwirkungen auf die menschliche Vorstellungskraft, die nur Täuschungen, aber keine wirklichen Einsichten mit sich bringen. Fausts religiöses Empfinden erweist sich hier als ein solches, das sehr stark von einer egozentrischen Erwartungshaltung bestimmt ist, die als `Belohnung´ für seine Religiosität persönliche Erkenntnis und Bestätigung der Bedeutsamkeit der eigenen Person zu erlangen wünscht, aber seine eigene Bedeutungs- und Machtlosigkeit mit Bitterkeit wahrnehmen muss (vgl. 1526f. : "Bin ich denn abermals betrogen?..."). (...)

Während also die Harmonie signalisierende, nahezu durchweg gegebene Gleichförmigkeit der äußeren Form in Text eins stilistisch gebrochen wird, finden wir in Text zwei eine Entsprechung zwischen harmonisch gleichförmiger äußerer Form, der Stimmung des sprechenden Ich und den von ihm verwendeten Stilmitteln bzw. deren Bedeutung. Auf der einen Seite zeigt also Text eins eine beruhigte Gestimmtheit Fausts, gegründet auf der wiedergeweckten Hoffnung und der Liebe Gottes, im Gegensatz dazu stellt Text zwei Faust in düster-lebensmüder Stimmung dar, die sich gründet auf seiner neuerlichen Erfahrung, den Geistern nicht gewachsen zu sein, sie nicht halten zu können. Faust, der sich in Text eins noch nach den `Quellen des Lebens´ gesehnt hat, schwört in Text zwei allen Äußerlichkeiten und geistigen Dingen ab, die im Menschen Hoffnung erzeugen können, ja sogar den christlichen Zentralbegriffen: Glaube, Liebe, Hoffnung und Geduld.

2.4 Aussage/Absicht

Goethe zeigt am Beispiel seiner Faustgestalt, gerade auch in den beiden vorliegenden Auszügen, das Hin- und Hergerissensein des Menschen in dieser Welt, letztlich auch die Möglichkeit, ja sogar Wahrscheinlichkeit des Scheiterns zu hochgesteckter persönlicher Zielsetzungen. Der hochmütige Glaube des Menschen, die Rätsel dieser Welt lösen zu können, sich selbst auf eine Stufe mit der transzendenten Welt heben zu können, muss scheitern, der Mensch (hier: Faust) der Verzweiflung , Gleichgültigkeit und dem Zynismus seinem eigenen Schicksal (und dem anderer: vgl. Gretchen-Tragödie) gegenüber verfallen.

Darauf möchte Goethe den Leser bzw. Zuschauer seiner Tragödie aufmerksam machen und ihn dazu anregen, zu einem gelasseneren Umgang mit den eigenen Erwartungen und seinem Leben zu kommen. (...)

4.2.3 Beispiele Epik

Einzelaufgabe (Klasse 10) zu Andersch „Sansibar oder der letzte Grund": *„Der Junge"* (S.81f)
1. **beschreibe die sprachlichen Auffälligkeiten der Textstelle Seite 82, Zeile 8 bis 18 und erkläre ihre inhaltliche Bedeutung für die Darstellung des Jungen, ehe du seine Gedanken und Einstellungen in Z.9f.** (S.82) *„dass man Jahre warten soll,..., und selbst dann ist es noch ungewiss"* [was ist unter „es" im Zusammenhang zu verstehen?], **Z. 14f.** *„wozu bin ich auf der Welt, wenn ich nicht Sansibar zu sehen bekomme"* [welche Bedeutung erhält hier der reale Ort/die Insel Sansibar?] **sowie Z.16ff** *„zugleich wusste er, dass er mit den Büchern zu Ende war, weil er*

erkannt hatte, dass man Papiere brauchte" [was heißt das: was haben Bücher ihm vorher bedeutet, was hat er in Bezug auf Bücher nun für eine Einstellung?] **erläuterst**;

Die Eingangspassage der zu untersuchenden Textstelle unterstreicht durch den Einschub in Zeile acht : „..., *dachte er*,..." zwar den erzählerischen Gesamtcharakter, stellt aber dennoch die Innensicht der Gedankenwelt des Jungen in den Vordergrund. Dabei dient das Indefinitpronomen „*man*" als Verallgemeinerung des individuellen Empfindens des Jungen. Die Wiederholung des Adverbs „*doch*" in seinen Gedankenformulierungen „*man muss doch*" sowie „es ist *doch* unerträglich" unterstreicht das intensive Verlangen des Jungen nach der ersehnten Freiheit, die Modalverbform „*muss*" und das Adverbial „*unerträglich*" betonen die Zwanghaftigkeit des Wunsches bzw. die Unerträglichkeit seiner Nichterfüllung. In dem Adverbialsatz „*dass man Jahre warten soll*" verweisen erneut das Pronomen „*man*" sowie mit „*soll*" eine Modalverbform auf die für den Jungen und andere Jugendliche geltende Aufforderung zu „*warten*", also die Hoffnung auf Erfüllung aller Sehnsüchte in die Zukunft zu verlagern, im Wissen darum, dass „*es*", gemeint ist die Realisierung der Hoffnungen, auch dann „*ungewiss*" (S.82, Z.10) bleibt.
Der von Zeile zehn bis Zeile dreizehn reichende erste erzählerische Teil beschreibt in einer Satzreihe von fünf parallelistisch angelegten Hauptsätzen („er zog...[er] breitete...er hatte...") das Handeln des Jungen und dessen Reaktion auf seine Wahrnehmung ferner Inselnamen wie „*Sansibar*" auf den von ihm ausgebreiteten Karten. Diese Wahrnehmungen veranlassen ihn - von Andersch ab Zeile 14 wieder in der Innensicht dargestellt, diesmal aber gesteigert durch die explizite Verwendung der Ich-Perspektive - die Frage nach dem Sinn seines Lebens zu stellen. Die Verknüpfung der Sinnfrage mit den durch polysyndetische Reihung benannten fernen Orten „Bengalen und Chittagong und...und..." macht für den Leser anschaulich, dass der Junge von seinem Leben Abwechslung, Neues erwartet, nicht aber die Gleichförmigkeit, die für ihn sein bisheriges Leben charakterisiert hat.

Der zweite erzählerische Teil von Zeile 16 bis 18 beschreibt kein äußeres Geschehen, sondern die nunmehr veränderte Einstellung des Jungen. Die im Hauptsatz „Und zugleich wusste er,..." angedeutete, im Temporaladverb „zugleich" schlagartig aufleuchtende neue Erkenntnis der veränderten Bedeutung der Bücher, auf die das Verb „wissen" verweist, wird in den dann folgenden drei Nebensätzen hergeleitet. Nach einem halben Jahr in seinem Versteck ist „er mit den Büchern zu Ende" (S.82, Z.16f.): Bücher sind bislang für ihn stets die Möglichkeit gewesen, seinem ereignislosen Alltag zu entfliehen, in zeitlich („Schatzinsel") wie geographisch („Mississippi") entlegene „Räume", die mehr an Abwechslung, Veränderung und Spannung im Leben seiner Helden zu bieten haben. Die Realität, in der er gern der Enge Reriks entfliehen möchte, bietet ihm aber nicht die Möglichkeit einfach abzuhauen"; um aus Rerik wegzukommen, braucht er, weil nicht volljährig, die schriftliche Zustimmung der Mutter, er braucht „Papiere", von denen in seinen Abenteuerbüchern nicht die Rede gewesen ist. Bücher haben also für den Jungen bislang eine andere, eine schönere „Realität" verkörpert; mit 16 Jahren aber hat er verstanden, dass sie keine Realität, sondern eine Fiktion darstellen, die mit seiner Realität und ihren Gegebenheiten nichts zu tun hat; „zu Ende" ist er also mit den Büchern als Realitätsersatz, während sie immer noch Ausgangspunkt für das Verlangen nach einem sinnvollen Leben in seiner Welt sein können („die Bücher sind prima, aber sie stimmen alle nicht mehr...", Seite 82, Zeile 1f.

Exemplarische Fehleranalyse am Beispiel von Ilse Aichinger "Das Fenster-Theater"

Schülerinterpretation	notwendige Erweiterungen	Fehlerart
Das Verhältnis zwischen dem Mann und der Frau ist	...Dies zeigt sich spätestens in der letzten Sinneinheit, wo mit den Worten "...ein kleiner	gedanklich unklar und ohne Beleg

eigentlich keines bzw. [eines] einseitiger Natur.	Knabe stand. Auch er..."(ab Z.104) deutlich wird, auf wen der *Mann* sich bezogen hat.	am Text
Die Frau bezieht die Aktionen des Mannes auf sich, während der Mann sich mit dem Jungen vergnügt [*besser: beschäftigt*].	- vgl. hierzu Z.20f.:"Meint er mich" -	Textbeleg
Anfangs findet die Frau noch Gefallen am [*Tun des*] Mann[es] und <u>ist ihm wohl nicht abgeneigt</u> [*steht ihm wohl nicht ablehnend gegenüber*]	...- vgl. hierzu Z.45f: "Das bereitete ihr solange Vergnügen..." -	Textbeleg bloße Behauptung, ohne Textbeleg und ohne Erklärung
, obwohl er sich aus ihrer Sicht ziemlich aufdringlich verhält.	...Darauf verweist auch das Verhalten der Frau, die sich immer mehr vom Fenster, also ihrem Beobachtungsplatz ("Die Frau trat einen Schritt zurück ..." / 33f., "...als sie noch einen ...Schritt zurücktrat, ..."/38f.) und damit von dem Mann zurückzieht.	bloße Behauptung, weil ohne Textbeleg und ohne Erklärung

Als sie aber dann nur noch seine Beine sieht, fühlt sie sich belästigt und ist angewidert von ihm und ruft deswegen die Polizei.

Zu erklären ist dies aus heutiger Sicht kaum noch begreifbare Verhalten der Frau einmal mit der verklemmten Sexualmoral der Abfassungszeit, natürlich auch der Tatsache, dass die Frau vermutlich ebenfalls schon älter ist und dementsprechende Moralvorstellungen hegt. Eine weitere, wesentlich zeitlosere Erklärung ließe sich aus der Einsamkeit der Frau herleiten. Der Texteinstieg (Z.1-10) zeigt ja, dass die Frau bereits die Erfahrung gemacht hat, dass innerhalb ihres Blickfeldes nichts passiert. D.h. sie sehnt sich danach, etwas zu erleben, weil ihr Leben ansonsten leer und ereignislos verläuft ("Es hatte ihr noch niemand den Gefallen getan, vor ihrem Haus niedergefahren zu werden." 5ff). Sie hat niemanden, mit dem sie sich unterhalten kann, sie hat nur den Blick aus dem Fenster; mehr noch: sie ist so in Passivität verfallen, dass sie "unersättlich"(4f) "neugierig(er)"(4) ist, so neugierig, dass sie danach lechzt, den Tod eines Menschen beobachten zu können, um nur einmal etwas zu erleben. Ihre Einsamkeit

Textbeleg

Den Mann [*dagegen*] interessiert die Frau überhaupt nicht [,] und [*er*] hat [besser: *hegt*] nicht die geringsten Absichten, was sie angeht.	und ihr Verlangen, einmal etwas zu erleben, könnten also Beweggrund dafür sein, dass die Frau die Polizei anruft: Sie will es gewesen sein, die den verrückten "Alten" gemeldet hat, sie will dabeisein, wenn die Polizei ihn abholt.	bloße Spekulation, die für die Aspektinterpretation unergiebig ist
Er hat Spaß mit dem Kind und ahnt nicht [ein-]mal, dass sich jemand dadurch belästigt fühlen könnte. (Ich denke (mal), dass er, wenn er die Polizeisirene gehört hätte, sie niemals auf sich bezogen hätte, da er ja in kein(st)er Weise das Gesetz gebrochen hat; er hat ja einfach nur einem kleinen Jungen eine Freude bereitet.)	- wie die letzte Sinneinheit erweist (vgl. Z.104f) -	

Anmerkungen:

- in runde Klammern Gesetztes ist stilistisch überflüssig bzw. unschön
- in eckige Klammern Gesetztes ist zu ergänzen bzw. eine Verbesserung

4.2.4 Beispiele Sachtexte

Deborah Tannen *Andere Worte, andere Welten.*
Kommunikation zwischen Frauen und Männern

A)   Deborah Tannen setzt sich in ihrem soziolinguistischen Sachtext „Andere Worte, andere Welten. Kommunikation zwischen Frauen und Männern" (1997) mit der Schwierigkeit der Deutung sprachlicher Äußerungen auseinander. Als Kerngedanke formuliert sie die Annahme, dass sprachliche Äußerungen mehr- bzw. vielschichtig sind und sich nicht allein aufgrund der sprachlichen Form deuten lassen. Mit ihren Ausführungen möchte sie sich im Rahmen der soziolinguistischen Fachdiskussion gegen vereinfachende Deutungen wenden; sie möchte ihren Kollegen klarmachen, dass eine angemessene Deutung sprachlicher Äußerungen neben der sprachlichen Form auch noch „die paradoxe Beziehung zwischen der Dynamik von Macht und von Solidarität"(42f) berücksichtigen muss.

B)   Im ersten Sinnabschnitt von Zeile eins bis fünf weist Tannen der Annahme der traditionellen Gesprächsanalyse, „alle Sprecherinnen [gingen] mit ähnlichen Auslegungsmethoden vor", nur begrenzte Geltung zu. Die Begrenztheit dieser Geltung macht sie zum einen daran fest, dass diese Annahme „unausgesprochen" geblieben sei, also nicht infolge einer wissenschaftlichen Absprache zustande gekommen sei; zum anderen erklärt sie die Begrenztheit mit dem Verweis auf die Verallgemeinerung von nur einem Beispiel aus.
Von Zeile fünf bis neun klärt sie mit Hilfe der Autorität einer gewichtigen Menge an „Forschungsliteratur"(Z.5), in welchem begrenzten Gebiet die Annahme der traditionellen Gesprächsanalyse Geltung beanspruchen könne: Nur bei der Übereinstimmung des „kulturelle(n) Hintergrund(es)"(Z.7). Sobald Abweichungen hierbei festzustellen seien, müsse man dieser

soziolinguistischen Fachliteratur zufolge auch von einer unterschiedlichen Sprachverwendung wie –deutung ausgehen.

Nachdem Tannen bis Zeile neun den Stand der soziolinguistischen Forschung und Diskussion beschrieben hat, geht es ihr von Zeile zehn an darum, ihre eigenen Forschungsergebnisse darzulegen.

In einem ersten groben Überblick behauptet sie in den Zeilen 10-15, dass als Faktoren der Modifizierung von Sprachnutzung und –deutung nicht nur die sprachliche Herkunft, sondern vielmehr nahezu alle soziologischen Aspekte wie Schichtzugehörigkeit, Geschlecht, Alter etc. bedeutsam seien, wenn es gelte, sprachliche Strategien einzuschätzen.

Dass diese Annahme von Bedeutung für die Erforschung der Kommunikation zwischen Frauen und Männern sei, behauptet Tannen im Abschnitt von Zeile 16-26. Ohne dabei das Dominanzstreben der Männer über die Frauen in Kommuni-kationssituationen in Frage zu stellen, möchte Tannen jedoch für jedwede Art der Kommunikation einen neuen Erklärungsansatz liefern, der die bisherigen Erklärungsmuster von männlichen (z.B. Unterbrechungen) wie weiblichen (z.B. Indirektheit) Gesprächs-verhaltens als zu undifferenziert in Frage stellt.

Ihr Eintreten für eine differenziertere Betrachtung von kommunikativem Verhalten begründet Tannen in den Zeilen 27-29 mit der These, dass die gleichen sprachlichen Mittel für gegen-sätzliche Absichten genutzt werden. Aus dieser nicht belegten Tatsachenannahme folgert sie in den Zeilen 30-35 in einem Zirkelschluss, dass Redestrategien, die in einem bestimmten Zusammenhang z.B. auf Dominanz abzielten, in einem anderen Zusammenhang eine Verbindung herstellen könnten. Diese Folgerungen erklärt sie in den Zeilen 36-43 zunächst mit ihrem Hauptgedanken, dass eine Deutung bestimmten Sprachverhaltens allein aus der sprachlichen Form nicht genüge; in ihrem angedeuteten Begründungsansatz erklärt sie dies mit der fehlenden Übereinstimmung von Redeabsicht und Redewirkung einerseits und der von der soziolinguistischen Forschung gestützten Auffassung, dass jede Art von Interaktion, also auch die menschliche Kommunikation, immer beide (Kommunikations-) Partner zu berücksichtigen habe. Seinen Abschluss findet dieser Gedanke des kommunikativen Zusammenhanges in der zentralen These Tannens, dass diese „Mehrdeutigkeit" (41) in der „paradoxe(n) Beziehung zwischen der Dynamik von Macht und von Solidarität" (Z.42f) begründet liege.

Das von Tannen in den Zeilen 44-49 gebrachte Beispiel der kommunikativen Begegnung einer Frau und eines Mannes veranschaulicht mit den Erläuterungen in den Zeilen 49-55, dass eine mehrdeutige Äußerung wie die Frage: „Wo hast du denn deinen Mantel?", sowohl als herablassendes Machtspiel wie auch als freundlicher Solidaritätsakt gedeutet werden könne; die Antwort des Mannes: „Danke, Mutti", mache seine Deutung dieser Frage als ein herablassendes Machtspiel eindeutig – und dient damit als Unterstützung von Tannens These, dass die Mehrdeutigkeit sprachlicher Äußerungen insbesondere in der zwischenmenschlichen Spannung zwischen dem Streben nach Dominanz einerseits und der Befähigung zum Mitgefühl andererseits begründet liegt.

C) Deborah Tannens Kritik an den bisherigen soziolinguistischen Erklärungen von Sprachverhalten in kommunikativen Situationen kann ich durchaus teilen; eine Verallgemeinerung des Deutungsverfahrens wie es nach Darstellung Tannens von der traditionellen Gesprächsanalyse betrieben wird, halte ich im Vergleich mit naturwissenschaftlichen Testreihen, mit statistischen Verfahren etc, die sich auf Hunderte oder gar Tausende von Datenreihen stützen, für äußerst fragwürdig.

Insofern kann ich dem um Differenzierung bemühten Ansatz Tannens, dass es für eine Deutung von Sprachverhalten nicht ausreiche, die sprachliche Herkunft der Kommunikationspartner als Erklärungsgrundlage für Kommunikationsstörungen o.ä. heranzuziehen, nur zustimmen. Auch meines Erachtens sind es eine Fülle von Faktoren, die das individuelle - männliche wie weibliche - Sprachverhalten und ebenso die Wirkung bzw.

Deutung von fremdem Sprachverhalten beeinflussen - wie D.Tannen ja in den Zeilen 12ff selbst auch angeführt hat. Wenn ich z.B. in einem Anflug guter Laune eine andere Person als „Ignorant" bezeichne, hängt es nicht nur vom Sprachverständnis der anderen Person, sondern auch von dessen/deren eigener Stimmung, seiner/ihrer Kenntnis meiner eigenen Person und meines für mich typischen Sprachverhaltens ab, ob mein Verhalten als „Flachs" oder gar als Beleidigung bzw. - um in der Terminologie Tannens zu bleiben - als Machtverhalten verstanden wird.

Nicht nachvollziehen kann ich am Ende des Textes von Tannen die mir wieder als Einschränkung und unzulässige Verallgemeinerung erscheinende Erklärung von kommunikativem Verhalten mit den Kategorien von Macht und Solidarität.

Zwar kann auch meiner Meinung nach ein Dominanzstreben oder genauso eine Haltung von Mitgefühl Motivation für ein bestimmtes Gesprächsverhalten und eine Deutung des Gesprächs-verhaltens anderer sein, aber eben nicht nur, wie mein obiges Beispiel und auch die Ausführungen Tannens in den Zeilen 12ff gezeigt haben.

Korrekturbogen zur 2.Klausur im GK Deutsch Q1.2 – Textvergleich

Aufgabe	Schülerbeispiel	Kommentar	Korrektur/Positiv-beispiele
1b gegliederte Inhaltsangabe	Böll beschreibt, dass jeder_der Sprache verwendet_ eine Verantwortung trägt und sich dieser meist nicht bewusst ist. Worte verwandeln	*A:* *So nicht explizit im Text* *Gliederung fehlt, ebenso eine sachlich-distanzierte*	Böll **behauptet** bis Zeile 13, dass jeder Sprachnutzer eine Verant-wortung trage. Er **begründet dies** damit, dass Worte vom Empfänger

sich in etwas, was bei dem Empfänger verschiedene Auswirkungen haben kann und sind daher mit Vorsicht zu verwenden. Hinter jedem Wort steckt ein großes Gebiet an Möglichkeiten und somit kann ein einzelnes Wort viele verschiedene Reaktionen hervorrufen. [Manche Menschen erfreuen sich, während andere Menschen über das selbe Wort trauern.] Böll verdeutlicht, dass das zensieren von Texten verständlich ist, da diese manchmal großes Unheil anrichten könnten. Das Wort gilt als einer der größten Verursacher von Unruhen und Krieg. [Seine Meinung verdeutlicht er mit mehreren Beispielen	*Darstellung durch indirekte Rede; z.T. sprachlich zu eng an der Textvorlage!* -*überflüssiges Detail in der Inhaltsangabe* *äußerst miss- verständlich!* *Überflüssig* *A: für* *A: wirkungs- vollen* *Gr/A: ...der Worte bedient,* *umständlich und zu wenig verknappt*	verschieden aufgefasst werden können und daher mit Vorsicht zu verwenden seien. **Dies** unterschiedliche Verständnis **erklärt** er damit, dass hinter jedem Wort ein großes Spektrum an Bedeutungen stecke und somit ein einzelnes Wort viele verschiedene Reaktionen hervorrufen könne. Dass **diese Ambivalenz von Worten** in der Politik als Gefahr begriffen wird, **belegt** Böll ab Zeile 14 (bis Z.27) zunächst (bis Z.19) mit seinem Verweis auf die Zensur von Sprache in diktatorischen Staaten, ehe er (bis Z.27)

<u>auf die ich gleich</u> <u>eingehen werde</u>.] Er beendet seine Rede, indem er erklärt, dass er trotz seiner Leidenschaft <u>zur</u> Sprache auch auf den kritischen und <u>aus</u>wirkungsvollen Umgang mit ihr eingehen möchte und dass er darauf verweisen will, dass die Politik sich <u>an</u> <u>den</u> Worte<u>n</u> bedient<u> </u>um die Menschen zu beeinflussen. Bölls zentrale These ist der Verweis darauf, wie Sprache verwendet werden kann und was sie zur Folge haben kann. Der Mensch wird auf verschiedene Weisen durch sie beeinflusst und kann durch sie unbemerkt manipuliert werden. Der selbstverständliche Umgang mit Sprache kann schwere Folgen haben.

Beispiele dafür bringt, dass Sprache immer wieder auch missbraucht worden sei, um Gegner auszuschalten. Er beendet seine Rede, indem er in den Zeilen 28 bis 34 in seiner **zentrale**n **These** auf die Nutzung von Sprache durch die Politik zum Zweck der Beeinflussung von Menschen hinweist.

1c Interpretation Böll	Böll beginnt seine Rede mit der <u>Erkenntnis</u>, dass Worte „gespaltene Wesen" (Z.29) <u>sind</u>, die <u>bei der Verwendung</u> eine große Verantwortung übertragen. Dies erläutert er mit dem Beispiel des <u>Brots</u> (vgl. Z.5f). Dieses sonst so harmlose Wort, <u>was</u> vermutlich jeder regelmäßig verwendet, kann nach seinen Erkenntnissen zum Mörder werden (vgl. Z.6f). <u>[Dieses Beispiel ist von ihm sehr gut gewählt, da es sein Argument stark verdeutlicht.]</u>	***These*** *M: seien; A:* *dem Verwender* *R: Brotes* ***sachlich*** ***falsch****: nicht* *das Wort wird* *zum Mörder,* *sondern „um* *dieses Wortes* *willen" werde* *gemordet* ***sachl. unange-*** ***messene*** ***Wertung*** *i.d.* *Interpretation*	Böll beginnt seine Rede mit der <u>These</u>, dass Worte „gespaltene Wesen" (Z.29) <u>seien</u>, die dem <u>Verwender</u> eine große Verantwortung übertragen. Dies erläutert er mit dem Beispiel des <u>Brotes</u> (vgl. Z.5f). Dieses sonst so harmlose Wort, <u>das</u> vermutlich jeder regelmäßig verwendet, könne dazu beitragen, dass Morde geschehen (vgl. Z.6f).
1c Interpretation Böll	<u>Zuerst</u> beginnt Böll, dass der Umgang mit Worten <u>einen</u> immer nachdenklicher <u>stimmt</u>, da Worte „<u>gespaltene Wesen</u>" (Z.2) <u>sind</u>. Dieses	*Sb!* *A: ; durchweg:* *M!!* *was heißt das?* *Durchweg* ***fehlende*** ***Deutung***	<u>Böll beginnt mit der Aussage</u>, dass der Umgang mit Worten <u>einen Wortkundigen</u> immer nachdenklicher <u>stimme</u>, da Worte

208

„gespaltene Wesen"(Z.2) <u>kann</u> erst zu Tage treten, wenn es benutzt, also „ausgesprochen oder hingeschrieben" (Z.3) <u>wird</u>. Durch diese<u>s Benutzen</u> <u>bürdet</u> es dem Benutzer <u>eine Last</u> <u>auf</u>. Dies verdeutlicht <u>er mit</u> <u>einem Beispiel am</u> <u>Wort Brot.</u> Wegen des Wortes Brot <u>wurde</u> <u>Kriege</u> geführt (vgl. Z.6) und aus diesem Grund fordert Böll auf, dass <u>wir uns</u> die Geschichte <u>des</u> Wortes ansehen und <u>wir</u> die Geschichte bewusst zur Kenntnis nehmen<u> </u> <u>und die</u> <u>„Verwandlung"</u> <u>(Z.8) sollten wir</u> <u>auch kennen.</u>Als Schlussfolgerung zieht Böll daraus, dass <u>„hinter jedem</u> <u>Wort eine Welt</u> steht" (Z.10) und die	*Deutung?* *A/Sb* *Bz; Deutung?* *Deutung?* *Deutung?* *Gr!* *Deutung?* *R; A* *Sb* *ungenaue* *Darstellung*	„gespaltene Wesen" (Z.2), ***also mehrdeutig*** <u>seien</u>. Dieses „gespaltene Wesen" (Z.2) <u>trete</u> zu Tage, wenn es benutzt, also „ausgesprochen oder hingeschrieben" (Z.3) <u>worden sei</u>. Diese<u> Handlung</u> <u>bürde</u> dem Nutzer eine Last, ***d.h. die*** ***Verantwortung*** ***für das von ihm*** ***Gesagte auf***. Dies verdeutlicht Böll am <u>Beispiel des</u> <u>Wortes Brot,</u> dessent<u>wegen</u> <u>Kriege</u> geführt worden <u>seien</u> (vgl. Z.6). Daher fordert Böll alle Zuhörer auf, sich mit der Geschichte je<u>des</u> Wortes zu beschäftigen, um zu erkennen, dass „hinter jedem Wort eine Welt steht" (Z.10), ***also***

	Personen, die mit Worten arbeiten, sich auch diese<u>n</u> <u>Welten bewusst sein</u> <u>sollte und auch</u> **ihrer Wirkung**. <u>Böll`s</u> Meinung nach kann <u>das</u> Wort „den einen trösten" (Z.12) und „den anderen zu Tode verletzen"(Z.12f). <u>Danach kommt er</u> <u>auf die gefährliche</u> <u>Wirkung der Worte</u>. Die <u>Gefahr besteht</u> darin, dass „der Geist […] eine Gefahr" (Z.14) <u>darstellt</u> und <u>diese</u> <u>durch</u> Worte aus<u>gedrückt wird</u>.		*eine Vielfalt an* *geschichtlich* *erwachsenen und* *z.T. wieder* *vergangenen* *Bedeutungen*. Die Personen, die mit Worten arbeiten, sollten sich nach <u>Bölls</u> Meinung dieser ***Bedeu-*** ***tungsvielfalt und*** ***deren Geschichte*** ***ebenso wie der*** ***Wortwirkung*** ***bewusst sein***. Denn <u>ein</u> Wort könne „den einen trösten" (Z.12) und „den anderen zu Tode verletzen" (Z.12 f). <u>Diese</u> <u>gefährliche</u> <u>Wirkung der</u> <u>Worte bestehe</u> darin, dass „der Geist […] eine Gefahr" (Z.14) <u>darstelle</u> und <u>dieser sich durch</u> Worte ausdrückt.
2a Vergleich: Darstellung von	Die zentralen Gedanken des Sachtextes von Uwe Wesel sind die	Viel zu ungenau, keine am Text belegte Erar-	Wesel *vertritt die* *Aussage* (richtiger: gibt die Aussage von

Wesel	Veränderungen der Sprache sowie die Anpassung der Sprache, aber auch die genaue Verwendung von bestimmten Worten.	beitung!	Politikern wieder), dass Politik auf Worten beruhe und dass somit nicht die Taten zählen, sondern das Besetzen von Begriffen. Verdeutlicht wird dies an dem Wahlergebnis von 1969, als die CDU die Wahl verloren hat. Erklärt wird diese Niederlage durch einen Verlust der Sprache, welcher sich auf das Wahlergebnis niedergeschlagen habe. Um dies zu begründen, zitiert der Autor Kurt Biedenkopf, da dieser gesagt habe, dass die SPD „Sprachbarrieren gegen die Kommunikation der CDU mit der Bevölkerung" (Z.19f) errichtet habe. Diese

			Unterbindung der Kommunikation habe sich durch Besetzung positiv konnotierter Schlagwörter vollzogen. Dies alles nimmt Wesel zur Unterstützung seiner These, dass Sprache von besonderer Wichtigkeit in der Politik sei [...]
2b Vergleich Böll mit Wesel	Im letzten Absatz des Textes von Böll steht, dass die Politik nicht von den Menschen, sondern von den Worten gemacht wird. Genau diese Idee wird in dem Text von Wesel an einem Beispiel gezeigt. Es ist von extremer Wichtigkeit in der Politik, die richtigen Worte zu finden, um die Wähler von sich zu überzeugen. Schon vor vielen Jahren wurde dieses Konzept bekannt. Es ist wichtig, „dass	-Sa-verzerrend M:werde T/M: sei bekannt geworden M: sei M: seien Sa- verzerrend unklar	Im Vergleich der Sachtexte [messen beide Referenten] Worten und somit Sprache eine große Bedeutung zu: „[...]eine Verantwortung [...]"(Z.4, Böll) und „[...] nicht die Taten sind es, die die Menschen bewegen, sondern die Worte über die Taten."(Z.6f., Wesel) Daraus folgt, dass Worte mächtig sind, obwohl sie ein vom Menschen erdachtes, fiktives

man Begriffe besetzt"(W,Z.3), denn durch die Begriffe werden die Entscheidungen gefällt. Es *sind* nämlich nicht die Taten, die die Menschen bewegen, „sondern die Worte über die Taten"(W, Z.7) . <u>Genau das ist die Theorie von Böll.</u> <u>Die Worte werden zwar von den Menschen erfunden, dennoch sind die Worte die Bestimmer</u> [...]

Konstrukt darstellen. Belegt wird das zum einen an dem obigen Zitat von Wesel, dass Worte mehr sind als Taten im politischen Sektor.In Bölls Text kann man diese Aussage im zweiten Abschnitt identifizieren „Worte fast noch mehr gefürchtet als bewaffneter Widerstand." (Z.18, Böll) Weitere Übereinstimmungen lassen sich in dem Teilaspekt wiederfinden, dass der Mensch von der Politik manipulierbar ist. Bei Wesel wird dies anhand des Wahlergebnisses von 1969 beispielhaft verdeutlicht [...]Im Kontrast zu dieser positiven

			Darstellung, aus Sicht der Parteien, in Wesels Text sagt Heinrich Böll aus, dass „[...] es Worte sind, die den Menschen zum Gegenstand der Politik machen [...]"(Z.32). Daraus lässt sich derselbe Gedanke wie im zweiten Sachtext extrahieren, dass Politik auf Sprache basiert und der Mensch anfällig für Manipulationen ist. Gegensätzlich ist vor allem der grundlegende Ton der Sachtexte, da Heinrich Böll, im Kontrast zu Uwe Wesel, seine Meinung in einer eher negativen Weise präsentiert [...]

Häufigste Fehler:

a) **in der Einleitung**: vorgegebene Daten nicht benannt, Thema oft zu vage; keine klare Abgrenzung (durch Leerzeile!!) zur gegliederten Inhaltsangabe

b) **in der gegliederten Inhaltsangabe:** fehlende Benennung der Sinnabschnitte; nur selten distanzierende Darstellung durch Verwendung der indirekten Rede und durch Voranstellung des Verfassernamens; z.T. falsches Tempus; sprachlich bei vielen viel zu unselbstständig, d.h. zu eng an der Sprache der Textvorlage (oft pure Paraphrase); ungenaue inhaltliche Darstellung; ungenaue Wortwahl (*dies gilt auch für die übrigen Teile der Arbeit!*); keine klare Abgrenzung (durch Leerzeile!!) zur Interpretation

c) **in der Interpretation:** kaum mehr als eine erweiterte Inhaltsangabe, d.h. **erklärende Ausführungen fehlen fast völlig**; statt selbst zu erklären, wird häufig ein Zitat gebracht, bei anderen fehlt die Rückbindung an den Text durch Zitate fast völlig! Nur selten distanzierende Darstellung durch Verwendung der indirekten Rede und durch Voranstellung des Verfassernamens; z.T. völlig unreflektierter Gebrauch der Grammatik der deutschen Sprache, durch die falsche oder unklare Bezüge entstehen; entsprechendes gilt für Ausdruck und Satzbau! Kaum fachlich angemessene Beschreibung des Argumentationsaufbaus (These, Beispiel, Beleg, Folgerung,...)! Fehlende Benennung der zentralen These!

d) **im Vergleich:** zu ungenaue/oberflächliche oder gar fehlende explizite Erarbeitung des Vergleichstextes; kaum Differenzierung zwischen dem von Wesel Gesagten und dem von ihm Zitierten! Statt genau die Übereinstimmungen und/oder Unterschiede zu benennen, wird bloß referiert!

Gegenüberstellung Stärken/Schwächen bei der Analyse/ Interpretation eines Sachtextes mit Erörterungsaufgabe

Im ersten Abschnitt (Z.1-7) leitet Krischke (K) den Leser in das Thema ein, dass sich Sprache im Laufe der Zeit	Der vorliegende Text lässt sich in sechs Sinnabschnitte gliedern. Im ersten Sinnabschnitt (Z.1-7) stellt K. heraus, dass der von vielen Journalisten

verändert und der Wandel immer schneller wird. Im zweiten Sinnabschnitt (8-19) nennt der Autor mögliche Ursachen für den schnellen Wandel, so seien die englische Sprache und oder das Kommunizieren über das Internet auch Motive. Sein Leitmotiv sieht er, wie auch der erwähnte Sprachwissenschaftler Uwe Hinrichs (Z.11-17) , in der bilingualen Erziehung der Einwanderer in Deutschland. Sie vermischen Muttersprache mit der deutschen Sprache und vereinfachen Wort und Sprache. Ihnen sei nur die Verständigung im Vordergrund. Im vierten Abschnitt (Z.17-24) stellt er dar, dass ein großer Teil der Sprachforscher jenes Verhalten nicht kritisieren, sie setzen neue Maßstäbe ein und interpretieren den Wandel als potentiell gut. Im nächsten Abschnitt (Z.25-40) nennt er Empfehlungen anderer Forscher, die die verschiedenen sprachlichen Formen als Thema im Unterricht für gut heißen. K

kritisierte Sprachwandel in den Augen von Sprachwissenschaftlern als nicht weiter beachtenswert zu bewerten sei, da sich der Wandel in der Sprache schon seit Jahrhunderten vollziehe. Auch wenn die Geschwindigkeit dieses Wandels in den letzten Jahren rapide gestiegen sei, dürfe man ihr keinen allzu großen Wert beimessen. Der zweite Sinnabschnitt (Z.8-18a) thematisiert die Gründe für den Sprachwandel. Als solche werden hier der Einfluss des Englischen, das Schreibsprechen und die Vermischung mit fremdländischen Kulturen genannt. Der dritte gedankliche Abschnitt (Z.18b-24) beschäftigt sich mit der Position der Sprachwissenschaftler, die vordergründig zwar eine Wertfreiheit des Sprachwandels fordern, diesen jedoch tatsächlich begrüßen und Kritik an konservativen Kräften üben. Im vierten Sinnabschnitt (Z.25-31a) definiert K sein Verständnis der Aufgabe der Schulen im Hinblick auf den Sprachwandel und macht in diesem Zusammenhang deutlich, dass es Aufgabe der Schulen sein sollte, das nicht Selbstverständliche – in diesem Falle das Hochdeutsch – zu vermitteln.Im fünften der sechs Sinnabschnitte (Z.31-42a) beleuchtet Wolfgang K die Ursprünge des Hochdeutschen, die in der Aufklärung zu finden sind, und bringt zum Ausdruck, dass die im Zuge des Sprachwandels immer mehr verschwindenden Regeln

216

sieht das für ein Fehler, denn ihm nach soll der Schwerpunkt auf der Hochsprache bleiben, die man nicht überall gelehrt bekommt. Er erwähnt noch, dass die Grundlage des Hochdeutsch in der Zeit der Aufklärung gelegt wurde, um für ein geeintes Kommunikationsmedium zu besitzen, womit man auch über anspruchsvolle Themen reden kann. Im letzten Abschnitt (Z.41-44) bewertet K die Hochsprache als eine fortschrittliche Bildungspolitik, die es jedem ermöglicht ist zu lernen.

das Deutsche erst zu einer kultivierten Sprache gemacht hätten. Im letzten gedanklichen Abschnitt (Z.42b-44) resümiert K, dass das Hochdeutsch auch heute noch als erstrebenswert und sein Erlernen als fortschrittliche Bildungspolitik zu betrachten sei.

Am Anfang formuliert Wolfgang K die These, dass „Sprachkritiker mit ihren Ratschlägen zur Verlangsamung der Sprachwandlung sehr beliebt sind". Dies ist seiner Meinung nach nur notwendig, da die Sprachwandlung „Fahrt aufgenommen hat" (Z.5). Er erklärt am Anfang, warum sich die Sprache verändert hat, indem er zu dem wichtigsten Aspekt einen	Wolfgang K leitet seinen Artikel mit der beinahe selbstironischen Aussage ein, dass „Journalistische Sprachkritiker [im Sprachwandel eine] ´Verlotterung´ der Sprache" (Z.1) ___. Betrachtet man die Tatsache, dass K selbst Journalist ist, in Zusammenhang mit der übertriebenen Darstellung des Verbs „geißeln" (Z.1) und der umgangssprachlichen Form „Verlotterung" (Z.1) zeigt sich beim anfänglichen Lesen eine gewisse Ironie gegenüber dieser Aussage. Der beschriebene Effekt wird weiterhin verstärkt, indem K der Meinung der Journalisten die Aussage von Linguisten

Sprachwissenschaftler namens Uwe Hinrichs befragt. Dieser meint auch abschließend, dass sich die Veränderung immer weiter ausbreiten wird. Es sind neben weiteren Argumenten für die These aber auch einige Kriterien aufgeführt. Zum Beispiel in Z.21f. wird angeführt, dass es auch einige Linguisten gibt, welche den Wandel der Sprache durchaus begrüßen. Andere Linguisten raten dagegen den Schulen die Hochsprache zu lehren, aber den Schülern auch „verschiedene Kommunikationswelten" (Z.25) zu zeigen. Aber dies stößt nicht unbedingt nur auf offene Ohren. Einige Linguisten sind der Meinung, dass andere Kommunikationswelten auch ohne Thematisierung im Unterricht von den Schülern erlernt werden würden.(vgl. Z.28ff) Also solle die Schule sich darauf konzentrieren, die Hochsprache zu vermitteln.

____, der, so entspringt sie doch der „zünftige[n] Sprachwissenschaft" (Z.2f), ein größeres Gewicht beizumessen ist. Die Meinung der Journalisten wird als „Alarmismus" (Z.3) und „halbgebildete Schulmeisterei" (Z.3) abgewertet, da ein solcher Sprachwandel ja „schon seit Jahrhunderten wirkt" (Z.6) und keinesfalls nur die deutsche Sprache betrifft (vgl. 6f). Im weiteren Verlauf des Textes wird jedoch deutlich, dass K der Meinung der Linguistik nicht zustimmen kann und durch die übertriebene Darstellung der Überlegenheit der wahren Wissenschaft gegenüber dem Journalismus die Aussagen und Inhalte dieser lächerlich machen will. Im zweiten Sinnabschnitt führt K die Gründe für den Wandel in der Sprache an. Neben den gängigen Argumenten des Einflusses von Anglizismen und der „Durchmischung von Mündlichkeit und Schriftlichkeit" (Z.10), die er aber in einem vergleichsweise kurzen Abschnitt (Z.8-10) abhandelt, fügt er das Autoritätsargument des Leipziger Sprachwissenschaftlers Uwe Hinrichs __, ein wichtiger Faktor des Sprachwandels sei „die vielfältige Sprachmischung, die das Einwanderungsland Deutschland mittlerweile präge" (Z.12f). Diese führe zu einer Abschleifung und Vereinfachung der bestehenden Satzstrukturen (vgl. Z.15f), die sich auch

„jenseits der Immigrantenmilieus"
(Z.12f) weiter ausbreiten wird. Diesem
Faktor spricht K eine besondere
Gewichtung zu durch die explizite
Nennung des Sprachwissenschaftlers als
Autorität und der gesamten Länge der
Abhandlung dieses Argumentes (Z.11-
18) im direkten Vergleich zu den beiden
vorhergegangenen. Im dritten
Sinnabschnitt verdeutlicht K, dass sich
ein Großteil der Sprachwissenschaftler,
zu denen auch der zuvor zitierte
Hinrichs gehört, für eine „prinzipielle []
Bewertungsabstinenz" (Z.19)
aussprechen und urteilt im weiteren
Verlauf des Sinnabschnittes kritisch
darüber, dass diese Haltung nur „bloßer
Schein" (Z.20) sei. Zum ersten Mal
äußert sich K hier frei und direkt gegen
die Meinung der Linguisten, die neue
Sprachtrends begrüßen (vgl. Z.21) und
konservative Bewegungen der
Diskriminierung bildungsferner
Schichten bezichtigen (vgl. Z.24).
Wolfgang K drückt sein Unverständnis
über diese Position aus, indem er
herausstellt, dass viele Linguisten seiner
Meinung nach „mit vertauschten
Maßstäben" (Z.21) messen. Es wird
deutlich, dass der Journalist die Meinung
vertritt, Linguisten sollten sich mehr für
den Erhalt der Hochsprache als für den
„ökonomische[n] Minimalismus" (Z.22)
einsetzen. Auch die Empfehlung von
Sprachforschern, Schüler sollten in der

Schule die „verschiedenen Kommunikationswelten"(Z.25) kennenlernen, um zwischen ihnen unterscheiden zu können, lehnt K unter Hinzuziehung des normativen Argumentes, die „Schule sollte das vermitteln, was sich nicht von selbst versteht" (Z.30f) ab. Ein Argument gegen das Befürworten des Sprachwandels sieht Wolfgang K im Ursprung der deutschen Hochsprache. Die „standardisierte Norm" (Z.33) der Sprache wurde in der Aufklärung geschaffen, um die „orthografische Zersplitterung der frühen Neuzeit [zu] überwinden" (Z.36) und „das Deutsche zu einem differenzierten und kultivierten Medium" (Z.37f) hat werden lassen, nicht aber um „den Sprachwandel aufzuhalten" (Z.34). Anknüpfend an diesen Gedanken und aufzeigend, dass dem standardisierten und durch Regeln gebundenen Hochdeutsch eine emanzipatorische Idee __, die jedoch die Anstrengung sich selbst zu bilden (vgl. Z.41f) voraussetzt, nimmt K Rückbezug auf die Anschuldigung der Wissenschaft, die Hochsprache diskriminiere bildungsferne Schichten (vgl. Z.24) und entkräftet diese.

Abschließend resümiert der Journalist, dass seiner Meinung nach, entgegen der Ansicht der Wissenschaft, Immigranten wie auch Deutsche im Zuge einer modernen Bildungspolitik mit dem

Deutschen als Hochsprache schulisch zu konfrontieren (vgl. Z.42bff) __.

Alles in allem kann man sagen, dass die Ratschläge der Sprachkritiker auch gehört und angenommen werden, dass aber manche Linguisten und Lehrer davon nicht so viel halten und daher nicht darauf eingehen. Es gibt natürlich auch Pro- und Kontra-Argumente, ob Deutschunterricht die Hochsprache vermitteln sollte. Auf der einen Seite kann man zwar sagen, dass die Hochsprache das wichtigste ist, was im Deutschunterricht vermittelt werden sollte und sollte deswegen auch unbedingt vermittelt werden. Aber auf der anderen Seite kann man auch sagen, dass sich der Deutschunterricht nicht nur auf die Hochsprache __.
Man könnte auch zwischendurch mal über andere Kommunikationswelten reden, allerdings müsste in diesem Fall der Lehrer auch wissen, wovon er redet, da es bestimmt nicht so viele Lehrer gibt, welche auf

Grundsätzlich ist es als kritisch zu betrachten, dass Wolfgang K den Gegenstand der Problematik seines Artikels sehr einseitig beleuchtet. So will er den Leser nicht objektiv über den Sprachwandel oder dessen Gründe informieren, sondern drückt ihm seine sehr kritische Sicht gegenüber der Sprachwissenschaft und ihrer Position auf.
Er beschäftigt sich kaum mit den Argumenten der Gegenseite wie dem Einfluss von Anglizismen und der Durchmischung von Mündlichkeit und Schriftlichkeit im Zuge der Kommunikation über das Internet und diskreditiert diese Aussagen zusätzlich durch die ironische Darstellung der Überlegenheit der ´zünftigen` Sprachwissenschaft. Auch das Argument des Sprachwissenschaftlers Uwe Hinrichs, das im Hinblick auf die sechs Jahre nach Veröffentlichung des Textes mit dem Eintreffen der Flüchtlingsströme in Deutschland im Sommer 2015 mehr und mehr an Bedeutung gewinnt, verliert im Gesamtkontext Ks Artikel an Glaubwürdigkeit. Diesen Effekt erreicht K, indem er Uwe Hinrichs als einen der vielen Wissenschaftler abstempelt, die mit ihrem Prinzip der Bewertungsabstinenz die Menschen

anderen Ebenen des Sprachstils wissen, wie man sich dort besser verständigen kann. Nun könnte man zwar sagen, dass dann alle Kommunikationswelten gleich behandelt werden müssten, aber man sollte doch noch unterscheiden, ob manche Sachen sinnvoll sind, wenn man sie Schülern beibringt, oder ob man lieber die Finger davon lässt und abwartet, bis es die Schüler selber lernen.

Alles in allem würde ich sagen, dass man sich zwar auf die Hochsprache konzentrieren sollte, aber man auch durchaus andere Sprachstile unterrichten kann, wenn es einem sinnvoll erscheint.

täuschen. Ganz nach dem Sprichwort: „Wer einmal lügt, dem glaubt man nicht.", muss sich der Leser an dieser Textstelle fragen, wie vertrauenswürdig und seriös Hinrichs` zuvor getroffene Aussagen wirklich sind. Auch ist Ks grundsätzliche Ablehnung gegenüber der Empfehlung der Wissenschaft, verschiedene Kommunikationswelten in der Schule zu betrachten, als kritisch zu bewerten. Grundsätzlich ist es zwar gemeinhin nachvollziehbar, dass es Aufgabe der Schule sein sollte, Dinge zu vermitteln, die sich nicht von selbst verstehen, trotzdem bin ich jedoch der Auffassung, dass es durchaus sinnvoll sein kann andere Ebenen der Kommunikation zu betrachten, um eine klare Abgrenzung der Hochsprache von eben solchen Ebenen zu schaffen. Ob es sich dabei, wie von K salopp ausgedrückt, zwangsläufig um flirten in der Disco handeln muss, bleibt natürlich fraglich, aber eine grundsätzliche Abgrenzung ist durchaus als sinnvoll zu erachten.

Zwar präsentiert Wolfgang K seine Aussagen in einer sehr subjektiv geprägten Weise und lässt durch das ins-Lächerliche-Ziehen der Ansichten der Gegner sich selbst in einem fragwürdigen Licht dastehen, seine Argumente sind jedoch stark und zu großen Teilen allgemein verständlich und nachvollziehbar. So würde wohl keiner widersprechen, dass es primäres Ziel der Schule sein sollte, Themen zu vermitteln, die sich nicht von selbst verstehen. Auch die Begründung der strengen Regeln und standardisierten Normen des Hochdeutschen sowie dessen Ursprung in der Aufklärung sind in überzeugender Weise erklärt. Besonders der Aspekt des Ausbaus der deutschen Sprache zu einem differenzierten und kultivierten Medium, das auf einer Stufe mit Latein und Französisch steht, animiert die Leser der FAZ, die, wie schon erwähnt, zu konservativen und bildungsnahen Kreisen gehören, sich für den Erhalt der Sprache speziell auch im Unterricht einzusetzen.

Ausgehend vom Ursprung der Hochsprache bildet das Fazit Ks einen stabilen und überzeugenden Rahmen, indem er Rückbezug auf die Problematik der Migranten nimmt und einen Erhalt des Hochdeutschen fordert. Verantwortlich hierfür ist für ihn in erster Linie die Bildungspolitik - näher gesagt der Deutschunterricht an den Schulen.

Auch ich teile die Ansicht Ks, dass das Hochdeutsch, so gut es geht, erhalten bleiben muss und der Wandel in der Sprache zu verlangsamen ist. Der vorliegende Textauszug liefert zahlreiche Argumente, die mich in meiner Meinung bestätigen, es zeigte

	sich jedoch ebenfalls bei kritischer Betrachtung, dass Wolfgang K mit ihm entgegenstehenden Meinungen wenig objektiv umgeht. Dieser Umstand diskreditiert ihn in meinen Augen, zumal seine Argumente auch in einer neutralen Betrachtung gegenüber denen der einen sprachlichen Wandel begrüßenden Linguisten ___ gehabt hätten.